日本銀行
我が国に迫る危機

河村小百合

講談社現代新書
2696

まえがき

「イールド・カーブ・コントロールからの無秩序な出口は、世界第3位の経済にとって、劇的な事態となるだろう」

「悪夢のシナリオとなった場合、日本の政府負債の持続可能性に疑問を投げかける事態となることがあり得る」

「日本の経済政策は今や、グローバルな金融市場にとって罠であるようだ」

これは、英国の経済誌『The Economist』の２０２２年11月5日号の巻頭の論説記事[1]からの抜粋です（抄訳は筆者）。

「公的債務のＧＤＰ比が上昇軌道に乗っていることから、金利が急上昇し、ソブリン・ストレスがかかる（国の財政運営が行き詰まる）可能性がある」

「物価に関しては上振れリスクの方が大きい」

「日本のインフレ期待は主として後ろ向きであるため、ひとたび高インフレが発生するとそれが長期化しかねない」

こちらの方は、ＩＭＦ（国際通貨基金）が２０２３年1月26日に公表した『２０２３年対日4条協議終了にあたっての声明』からの抜粋です（カッコ内は筆者が加筆）。

日本銀行の黒田東彦《はるひこ》総裁の2期10年間にわたる任期が終わろうとしています。この間日銀は、黒田総裁の就任とともに打ち出した「量的・質的金融緩和」（通称〝異次元緩和〟）に、2016年からはマイナス金利政策やイールド・カーブ・コントロール（長短金利操作）政策を加える形で、超金融緩和政策を一貫して推進してきました。しかしながら最後の1年間は、世界経済が高インフレ局面へと急転換するなかで、日銀のみが独り超金融緩和政策を〝死守〟し続ける形となったため、金融市場では私たちが見ての通りの混乱を招く形になっています。

我が国はこの先、どうなるのか。冒頭で引用したように、国際金融界や国際機関からは、ここへきてたいへんに厳しい見方が示されるようになっています。日銀の金融政策は、もはや金融の世界の問題だけではなく、我が国の財政運営と深く結びついていることは明白で、「世界第3位の経済大国であるはずの日本の財政運営が、下手をすればこの先、行き詰まりかねない」との警告を彼らは発しているのです。

それに対して、当事者であるはずの私たちにはどれだけの危機意識があるでしょうか。「これまで10年間、何も起こらなかったから大丈夫なはずだ」と安易に考えてしまっていないでしょうか。

世界の経済・金融情勢は長らく続いた「低インフレ・低金利」局面から「高インフレ・

高金利」局面へと様変わりし、その状態はこの先もしばらく続きそうな情勢です。日銀は今や、我が国の先行きを大きく揺るがしかねない〝リスクの塊〟、〝火の車〟状態となりつつあります。本書の目的は、この本を手にとってくださった読者の皆さんに、金融政策と財政が絡み合ったこの深刻な問題の構造をできるだけわかりやすく説明すること、そして、我が国がこのまま突き進んだ場合、どういう事態に陥ることになってしまうのか、国内外の歴史的な事例や近年の類似する事例等を紹介しながら、ご一緒に考えていただく材料を提供することです。主な構成は以下の通りです。

プロローグでは、この1年間の世界的な経済情勢の変化のなかでの日銀の金融政策運営を振り返り、それが国際金融市場にどのような動きをもたらしたのか、それは我が国にとって何を意味しているのかを考えます。

第1章では、黒田日銀がここまで頑なに金融政策運営スタンスの転換を拒んできた本当の理由は、これまで彼らがひたすら口を閉ざし続けてきた日銀自身の財務悪化問題にあると考えられることを明らかにします。

第2章では、日銀がこの先赤字や債務超過に転落して〝異次元緩和〟を継続できなくなったとき、長年、財政再建を怠ってきた我が国の財政運営はどのような事態に陥るのかを明らかにします。

第3章では、黒田日銀が採用した〝量的・質的金融緩和〟や〝マイナス金利政策〟、〝イールド・カーブ・コントロール政策〟にどれほどの効果があったのか、黒田総裁就任前までの伝統的な金融政策運営による効果発現のメカニズムとも比較しながら考えます。

第4章では、一見、日銀と同じような金融政策運営を近年、展開してきたと思われがちな欧米の主要中央銀行が、実際には、黒田日銀とは大きく異なる考え方やアプローチを採用し、効果を慎重に確認しながらリスクをコントロールしてきたことを、様々な側面から明らかにします。

第5章では、〝アベノミクス〟の3本の矢の一つであった異次元緩和を、政権側がここまで長期化するように仕向けた背景には、放漫財政の継続を可能にするうえで欠かせなかった〝利払費の大幅な抑制〟という事情があったことを明らかにします。

第6章では、我が国自身が戦後に経験した苛烈な国内債務調整をつぶさに振り返り、現在の我が国の財政運営が行き詰まったらどういう事態に追い込まれるのかを考えます。

第7章では、戦後とは異なる、国際的な資本移動が自由な今日の世界において、一国の財政運営が行き詰まるとどのような事態が起こるのかを、近年の欧州の国々の実例から考えます。

第8章では、我が国がなぜ、このような状態に陥ってしまったのかを省察したうえで、何とかして最悪の事態を回避できる道はないのか、そのためには日銀、政府、そして私たち一人ひとりが、何をどう変えていかなければならないのかを考えます。

岸田政権は去る2月14日、黒田総裁の後任の次期日銀総裁として、経済学者の植田和男氏（元日銀審議委員）を指名しました。日銀総裁といえば、これまでの交代時にはしばしば、日銀出身者と財務省出身者とが激しい〝奪い合い〟をするなかで時の政権が指名を決定するさまを私たちは見せられてきました。ところが今回はどうも様子が違ったようです。選考プロセスは当事者以外の私たちには知る由もありませんが、〝奪い合い〟とは逆の事態となり、かなり難航していたのではないか、との見方もあるようです。もしそうであれば、そのことは、わが国が今、いかに困難な局面に立たされているのか、関係する当事者たちが、問題の真の所在について、私たち国民向けにはいかに口を閉ざし続けていようとも、それをどれほど重大なこと、深刻な事態と認識しているかの裏返しなのではないでしょうか。

わが国の経済運営は目下のところ、一見何の問題もなさそうな「無風」状態ながら、実際にはどのように深刻な事態が進行しつつあるのか、ご一緒にみていきたいと思います。

---

1 The Economist, "Inflation and Interest rates Japanese turning Financial danger could be brewing in the last bastion of low interest rates"（「インフレーションと金利　日本の曲がり角　低金利の最後の砦から金融面での危険が醸造される」）, November 5th, 2022.

目次

プロローグ

異次元緩和から９年、ついに現れた不穏な兆候

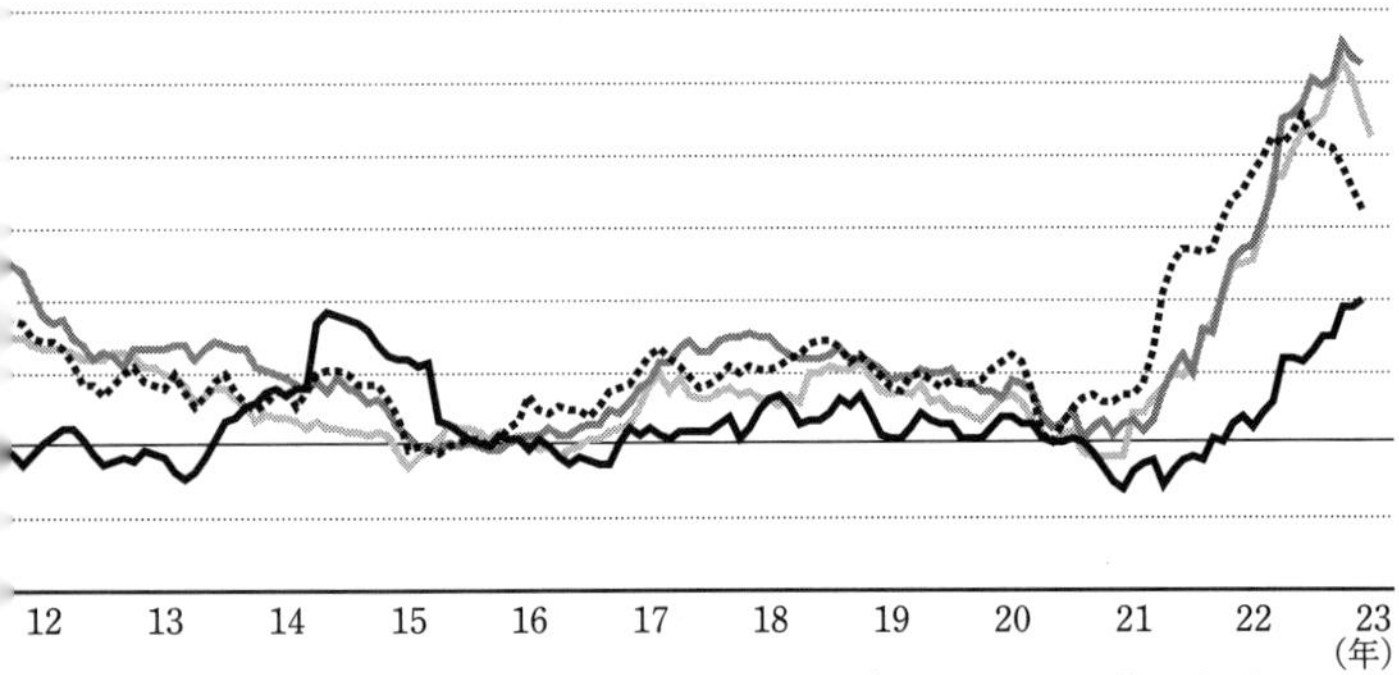

図表0-1　主要国・経済圏の消費者物価（総合、前年比）の推移
（資料）Refinitiv Eikonのデータを基に筆者作成

２０２２年は、我が国経済を取り巻く環境が一変した年でした。その象徴が、10月に一時、１ドル＝１５１円を超えて進んだ大幅な円安です。これは１９９０年８月以来の実に32年ぶりの円安水準です。２０２２年３月初め頃までは１ドル＝１１４～１１５円程度で推移していたことからすれば、わずか半年余りの間に一気に３割以上もの幅で円安が進んだことになります。

我が国は２００８年のリーマン・ショックの後、２０１１年には東日本大震災に見舞われました。その後間もない２０１２年末に誕生した第２次安倍晋三政権は、〝デフレ脱却〟を旗印に、①大胆な金融緩和、②機動的な財政出動、③民間投資を喚起する成長戦略という〝３本の矢〟から成る、いわゆる〝アベノミクス〟を高らかに掲げました。その中核的な役割を担ってきたのが、安倍

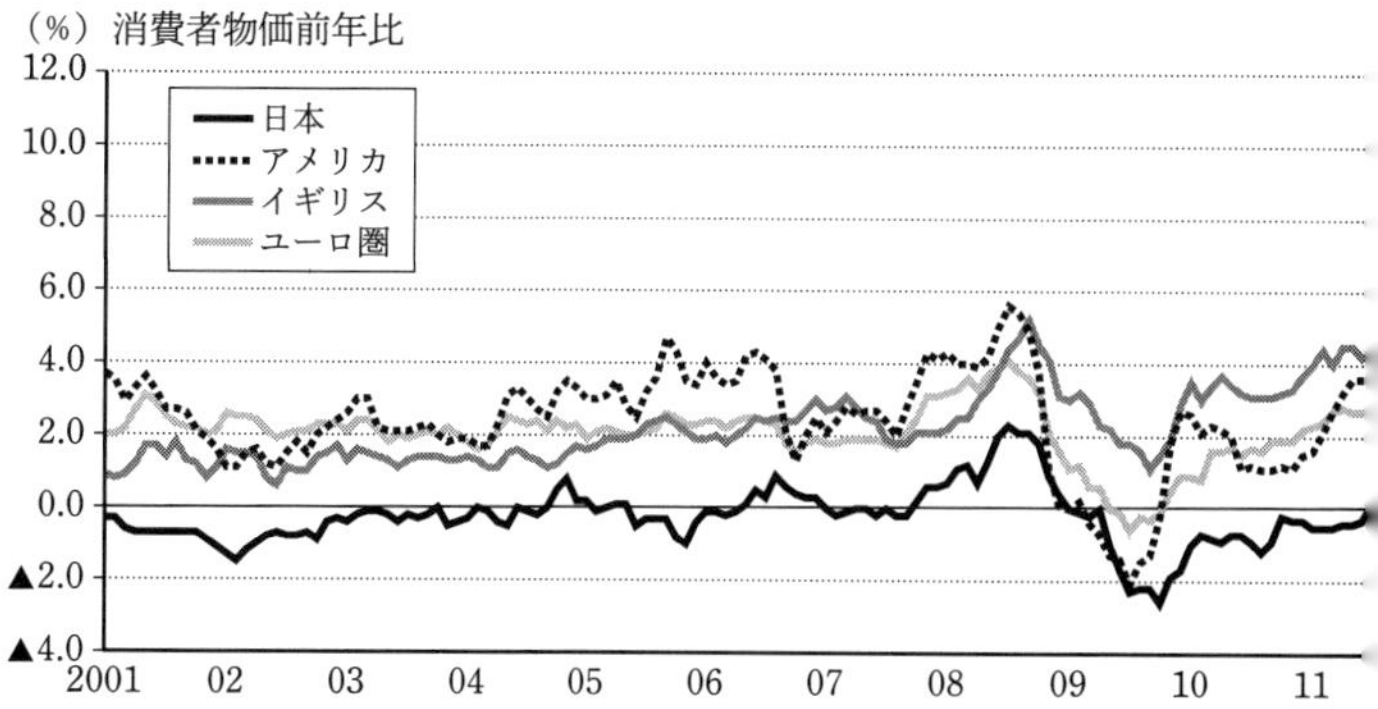

（注）日本の消費者物価前年比は2014年4月、および2019年10月の消費税率引き上げ（それぞれ５％→８％、８％→10％）の影響を含むベース

政権によって指名された黒田東彦《はるひこ》総裁のもとで日本銀行が展開してきた、前例のない大規模な超金融緩和政策、すなわち「量的・質的金融緩和」（いわゆる〝異次元緩和〟）政策だったのです。

そのもとで私たちは、これまで実に10年近くの長きにわたり、〝低インフレ・超低金利状態〟の恩恵にあずかってきました。２０２０年春には諸外国と同様、我が国もコロナ危機に見舞われ、政府は大規模な財政出動を余儀なくされましたが、私たちはそれから3年が経った今に至るまで、このコロナ危機対応のための目立った負担増を求められてはいません。それもこれもすべて、この〝低インフレ・超低金利状態〟のおかげだったのです。ところが、２０２２年に入り、情勢は一変しました。急激な円安は、この国をこれまで10年近くにわたって支えてきた政策運営の構図がもは

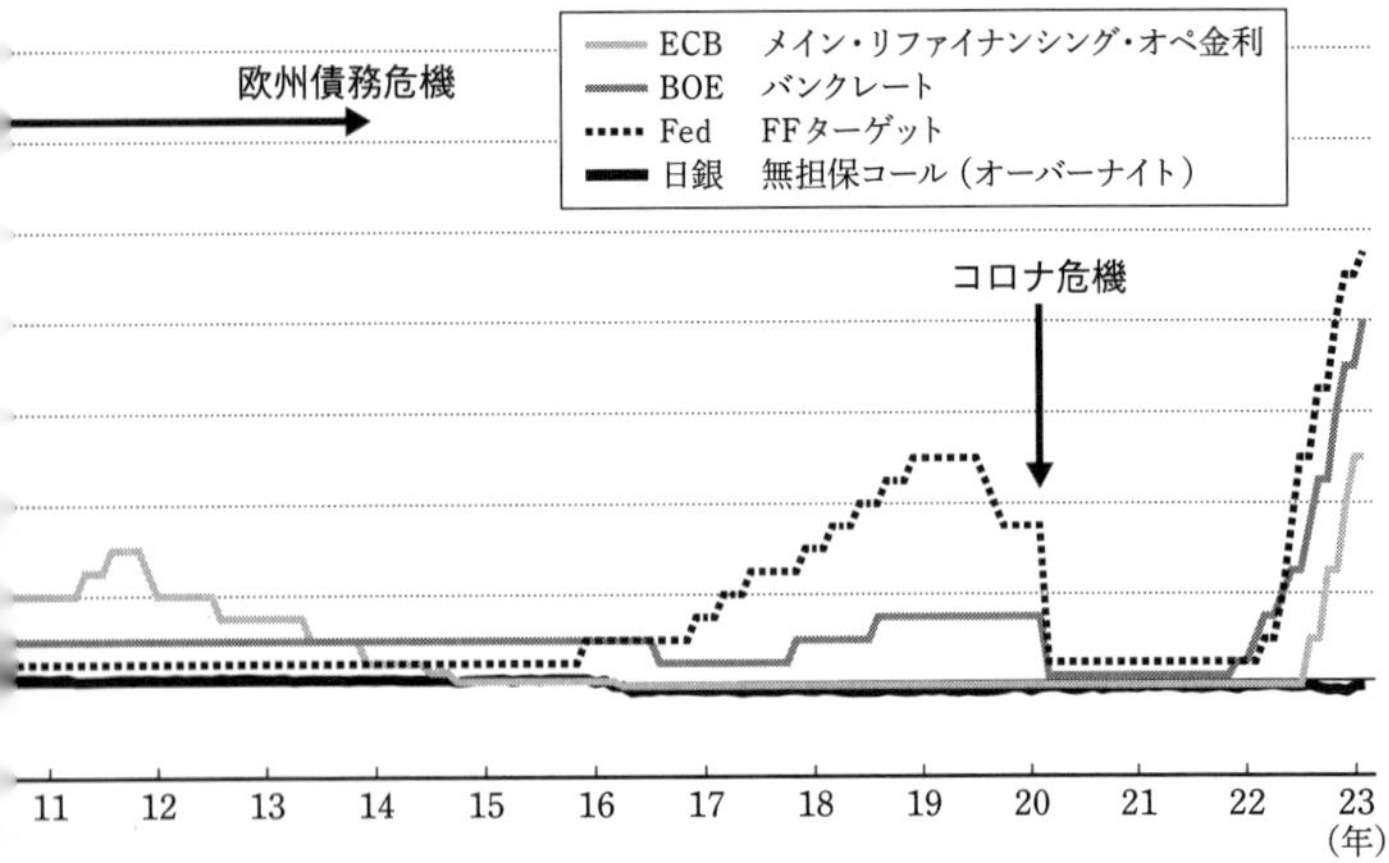

図表0-2　日米欧の主要中央銀行の主な政策金利の推移

や、続けられなくなっている、ということの警鐘なのです。今、いったい、何が起こっているのでしょうか。

高インフレ局面への急転換

図表0－1は、世界経済にとっての〝前回の危機〟であった2008年のリーマン・ショック前後からの世界の主要国（日本・米国・英国・ユーロ圏）の物価情勢の変化をみたものです。リーマン・ショック以降、総じて伸び悩んでいた各国の消費者物価前年比が、コロナ危機後の2021年頃から、突然、急激な上昇基調に転じていることがわかります。しかもその上昇幅は、ユーロ圏や英国では一時は前年比10％を超えたほか、米国もその寸前まで上昇するなど、

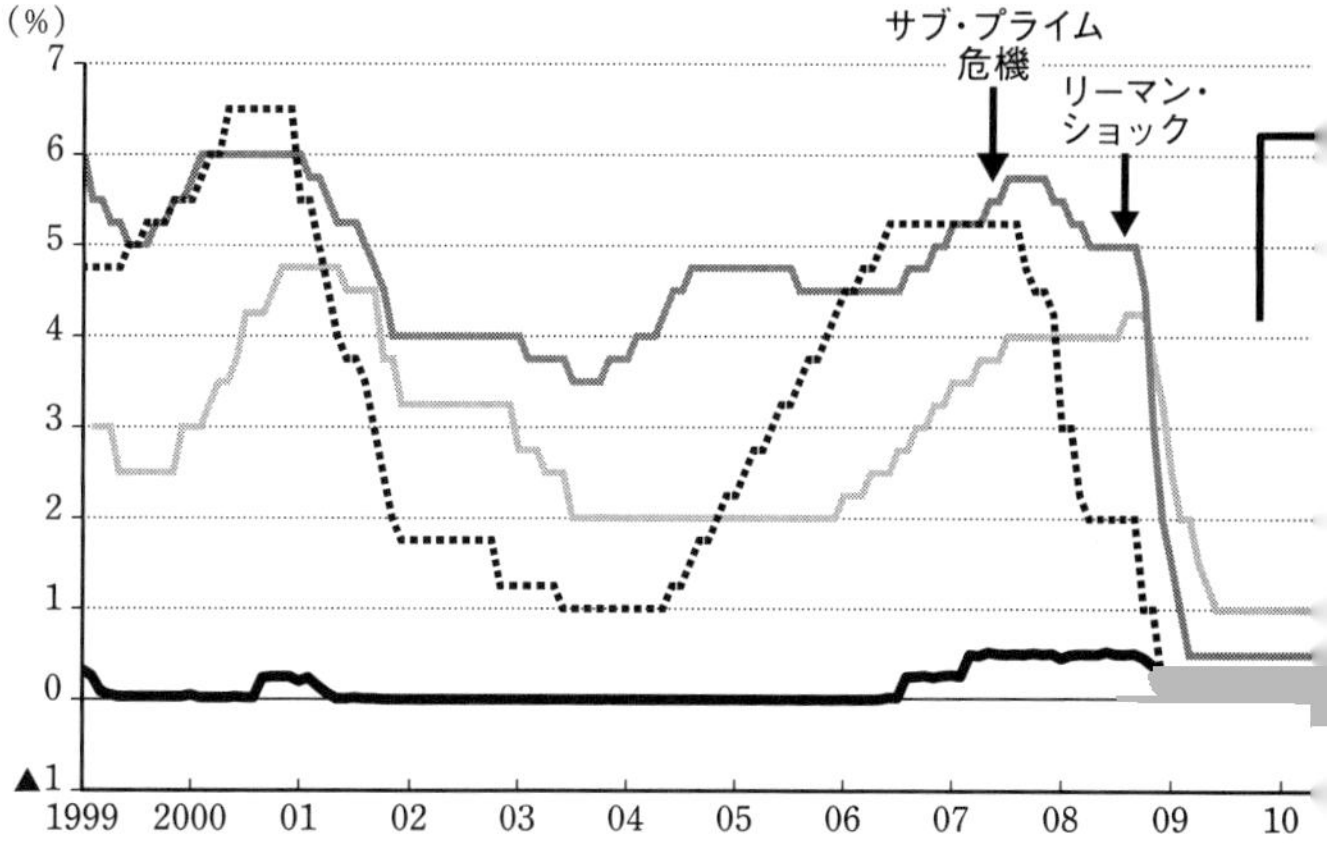

(資料) Refinitiv Eikonのデータを基に筆者作成
(原資料) Federal Reserve、Bank of England、European Central Bank、日本銀行

極めて大幅なものです。これは私たち市民が日々、暮らしていくうえではたいへんな負担増であり、今世紀に入ってからおよそ経験することがなかった物価上昇のレベルです。

コロナ危機下で各国の中央銀行は、自国の実体経済、企業や家計が受ける打撃を少しでも緩和しようと、2020年春以降は大規模な金融緩和を実施し、政策金利をほぼゼロ%近傍まで引き下げていました(図表0－2)。しかしながら2021年以降、こうやって各国経済が高インフレ局面に急転換していったことから、主要中央銀行は同年末〜2022年春頃からは金融引き締めに転じ、かつてなかったほど急激なハイ・ペースで政策金利を引き上げていま

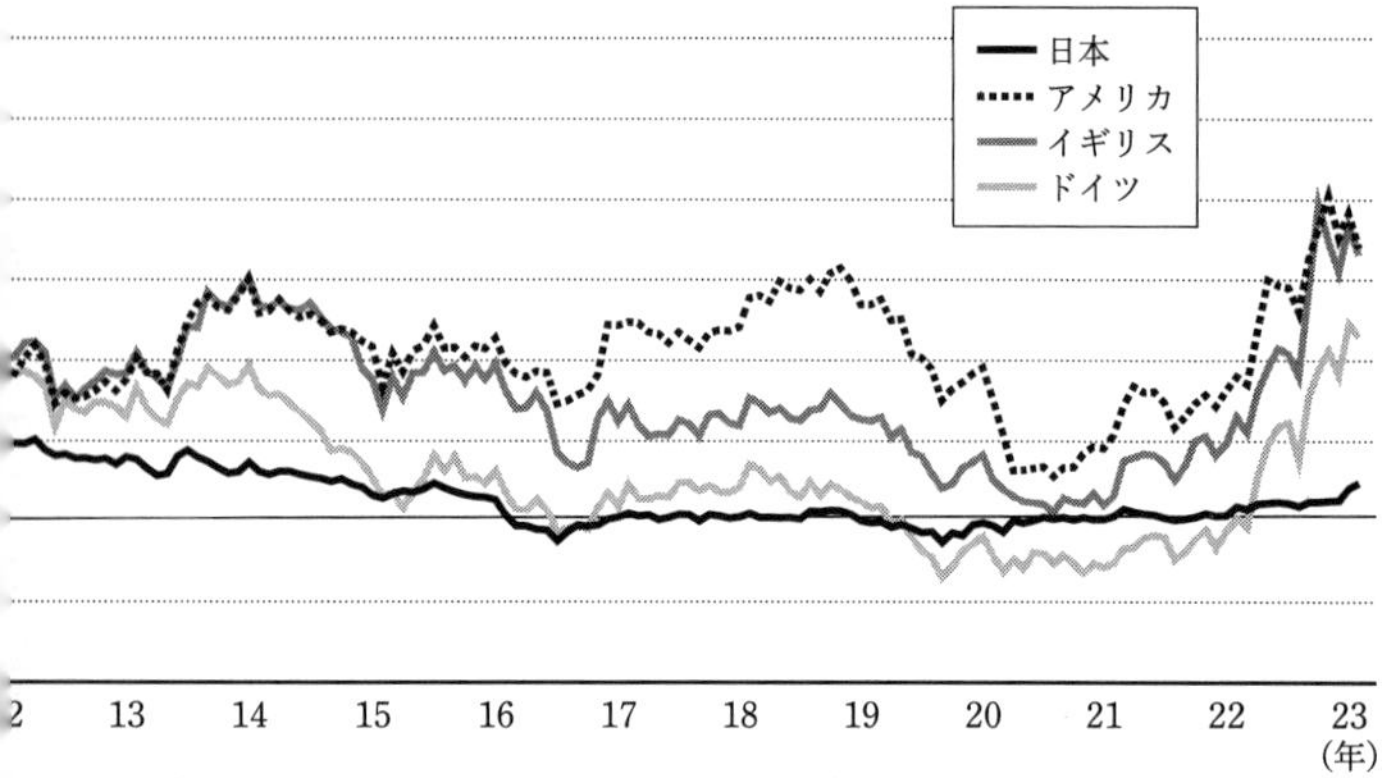

図表0-3　主要国の10年国債金利の推移

す。2021年末から2022年末にかけての約1年間での各中央銀行の政策金利の引き上げ幅をみると、米連邦準備制度（Fed：Federal Reserve System）が0・25%から4・5%、英国のイングランド銀行（BOE：Bank of England）が0・1%から3・5%、欧州中央銀行（ECB：European Central Bank）が0%から2・5%という具合です。

　こうやって高インフレ状況が続き、中央銀行も政策金利を引き上げて金融引き締めを強化するとなれば、長期の市場金利ももちろん上昇します（図表0－3）。前回の危機、リーマン・ショックからかれこれ十数年にわたり、世界各国では総じて低インフレ・低金利状態が続き、もしや、このままずっと半永久的に続いてしまうのではないか、などと皆が思っていたところ

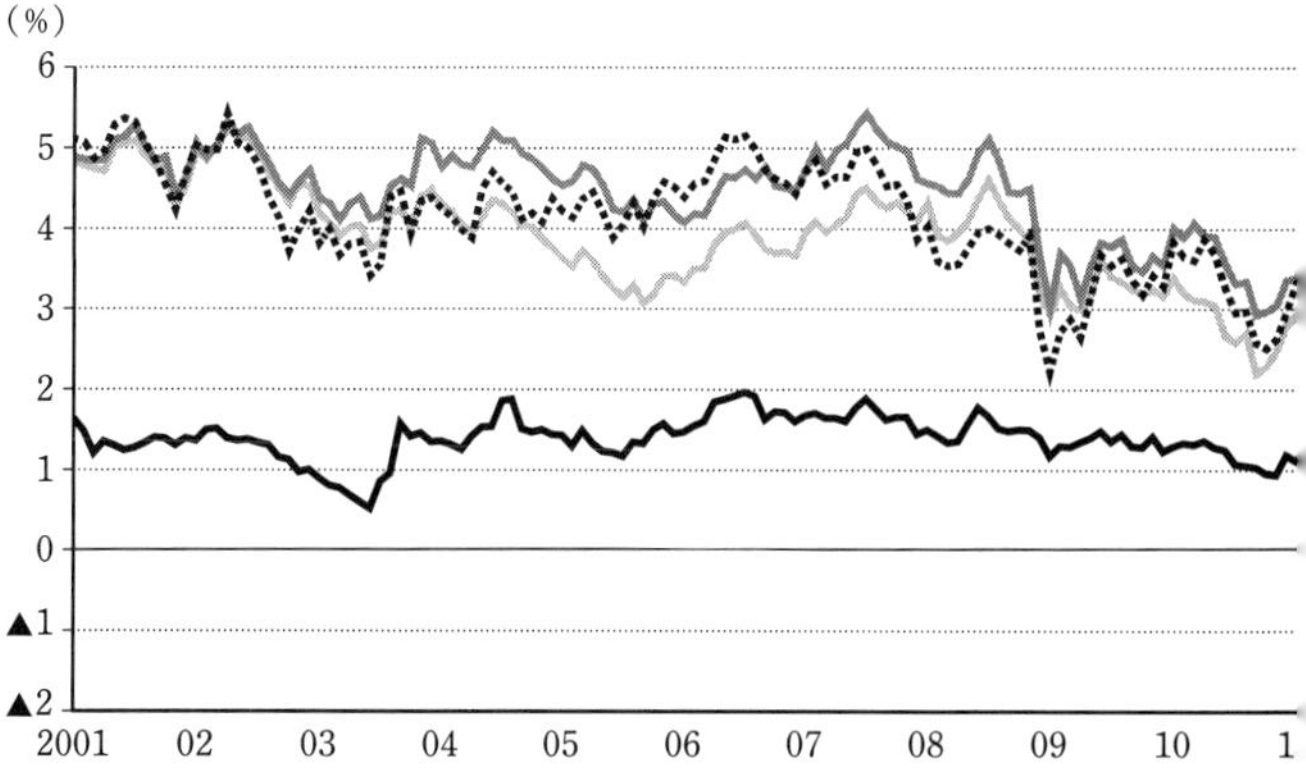

（資料）Refinitiv Eikonのデータを基に筆者作成

で、世界各国は突然、コロナ危機に見舞われました。ところが皮肉なことに、感染症そのものの収束傾向にあるタイミングで、経済の方は高インフレ・高金利基調に一変したのです。この傾向は一過性のものではなく、さらに長期化しそうな様相が日増しに強まっています。

唯一、超金融緩和を〝死守〟する日銀

そうしたなかで、他の主要中央銀行とは全く異なるスタンスで金融政策運営を続けているのが日本銀行です。日銀は、2013年に就任した黒田総裁のもとで、「これまで我が国がデフレから脱却できなかったのは、日銀の金融緩和が足りなかったからで、これから実施する異次元レベルの大規模な金融緩和によって2％の物価目標を2年間で達成する」と大見得を切って

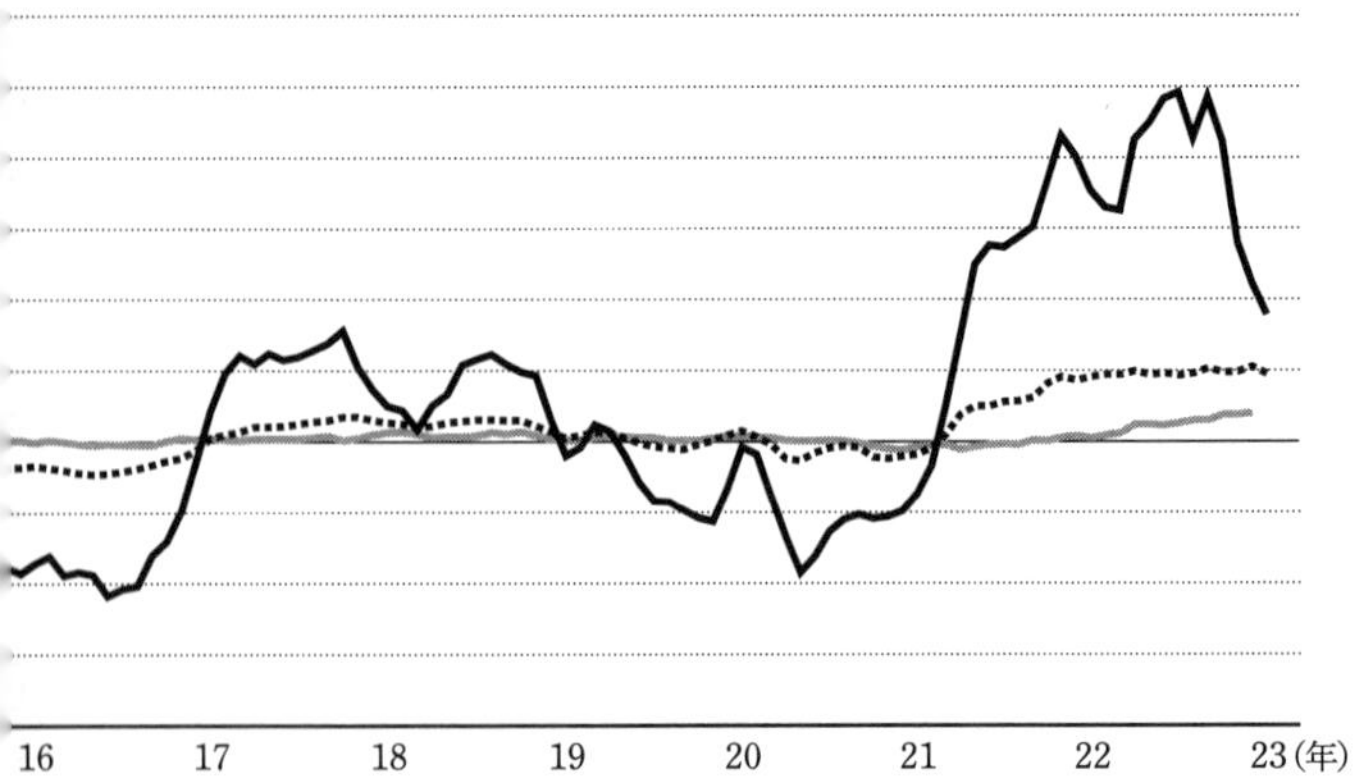

図表0-4　我が国の物価指標の推移

巨額の国債やETF（信託財産指数連動型上場投資信託）等を買い入れる「量的・質的金融緩和」（いわゆる〝異次元緩和〟）を開始しました。確かに最初の1年間は消費者物価は上昇しましたが、その後は続かず、「2年で2％」とはなりませんでした（前掲図表0－1）。2016年からはそれに「長短金利操作」（イールド・カーブ・コントロール）を加え、短期の政策金利にはマイナス金利政策を導入したほか、10年国債金利を、国債の買い入れを通じてゼロ％程度に抑えることを目標に据えて国債を買い入れるという金融政策運営を行っています。コロナ危機下ではさらに多額の国債を買い入れることになりました。この間、2％の物価目標は達成できないままでした。

ところが最近の状況をみると、我が国で

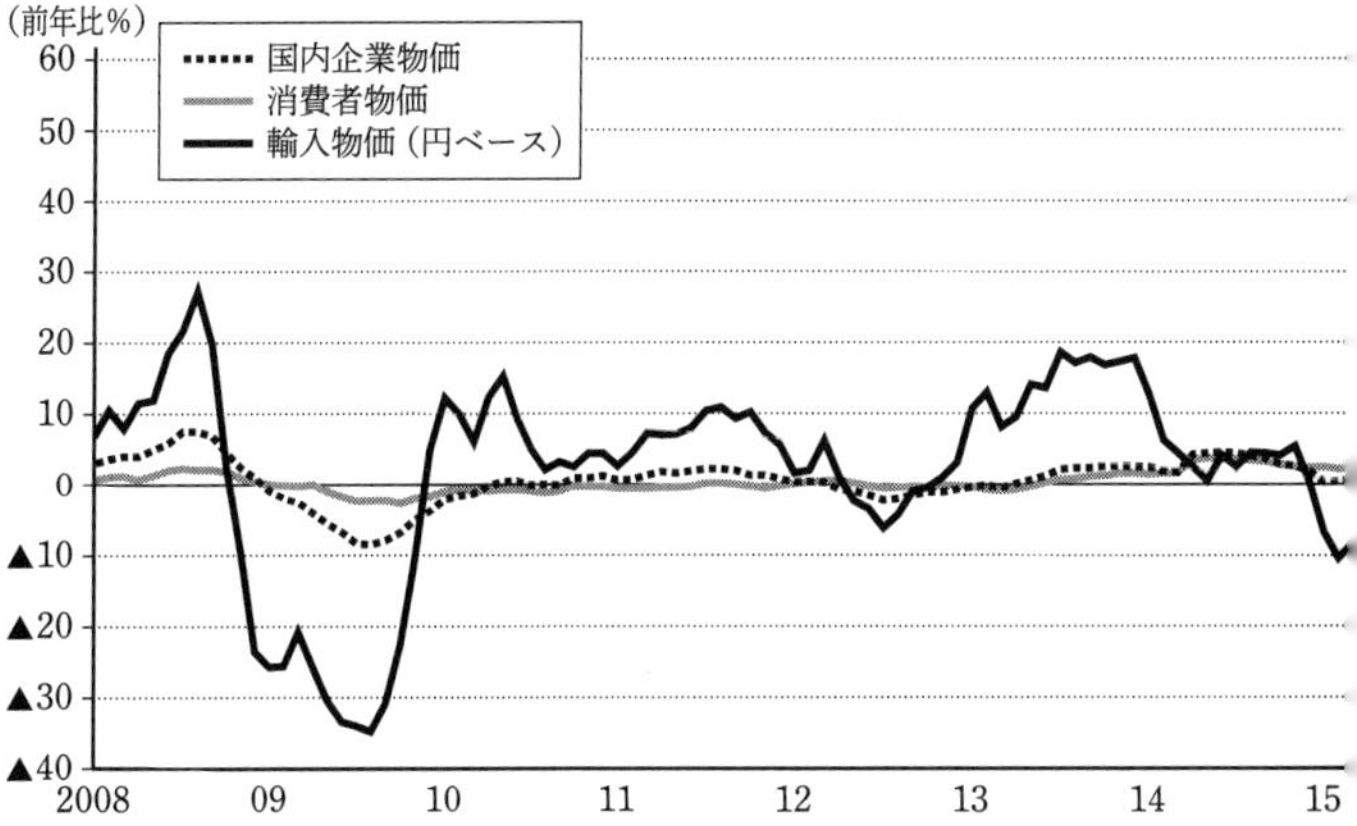

（資料）日本銀行『時系列統計データ』およびRefinitiv Eikonのデータを基に筆者作成

も、輸入物価が一時はなんと前年比50%アップに近い大幅な上昇になっていたことなどを受けて、消費者物価の前年比は目標の前年比2%をあっさりと上回り、4%にまで上昇しています（図表0－4）。これは、他の主要諸外国ほどではないとはいえ（前掲図表0－1）、我が国として2000年代入り後、およそなかった水準です。しかも、その状態は2022年4月以降23年1月に至るまで、ずっと継続しています（本稿執筆の23年2月時点）。

　にもかかわらず、日銀はあれこれと〝理由〟をつけて、今もなおイールド・カーブ・コントロールを〝死守〟し続けています。日銀が挙げる〝理由〟とは、①我が国の足許の物価上昇が、賃上げを伴う内需主導型の本格的なものではないこと、②ここで利上げに転じては、コロナ危機からの回復途上にある企業等の経済活動の足を引っ張りかねないこと、といったものです。2022年春以降は円安が急速に進展しましたが、日銀は③外国為替市場の動向に対応するために金融政策運営を行うことは適切ではないのでやらない、とまで言っています。

ところが2022年の春先からは、日銀のこうした金融政策運営の継続にはかなり無理があるとみた海外の投資家から、日銀は国債の大規模な売り攻勢を仕掛けられるようになりました。日銀はそれに対して、国債を指定した高値（債券の価格は金利とは逆に動くため、「価格が高い」＝「金利は低い」）で買い入れる〝指値オペ〟を大規模に実施するなどして、イールド・カーブ・コントロールを〝死守〟し続けてきました。

ひずみで円安が進展

しかしながら、そうした頑なな金融政策運営を強行することによるひずみは、外国為替市場の方で顕著に表れるようになっています。当然のことではありますが、お金は「金利の低い」ところから「金利の高い」ところへと流れていくのが普通で、国内外の金利差は外国為替相場動向に強い影響を与える主な要因の一つです。2022年の春以降は、こうした内外金利差の拡大にほぼ沿う形で、急激な円安が進展しました（図表0－5）。円ドル相場をみると、同年初には1ドル＝115円程度だったものが、10月には一時、1ドル＝150円を超えるような大幅な円安水準になったのです。財務省はおそらく、こうした急激な変動を憂慮したのでしょう。2022年9月22日、実に約24年ぶりとなる〝円買い・ドル売り〟方向での外国為替市場介入に、前代未聞の2・8兆円という規模で踏み切るまでの事態となりました。

「これだけ急激な円安に振れ、国内の物価も上昇しているのに、なぜ、日銀は全く動こうとしないのか」という各方面からの批判の声が高まるのを、日銀としても無視し続けるわけにはいかなくなったのでしょうか。外国為替市場における円安基調が秋口に比較すれば落ち着いていた2022年12月20日、日銀は金融政策決定会合で、市場の意表を突く形で、10年国債金利の許容変動幅を、それまでの±0・25%から±0・50%に拡大しました。黒田総裁は記者会見でこの決定を「利上げではない」と明言しましたが、今度はこの0・50%という日銀の〝防衛ライン〟突破を狙っての国債の売り圧力が再び強まっています。日銀は23年1月には23兆6902億円（単月としてはこの時点で過去最高）もの国債を買い入れて徹底抗戦する羽目に陥りながらも、本稿を執筆している23年2月時点ではイールド・カーブ・コントロールを〝死守〟し続ける構えをなお崩していません。

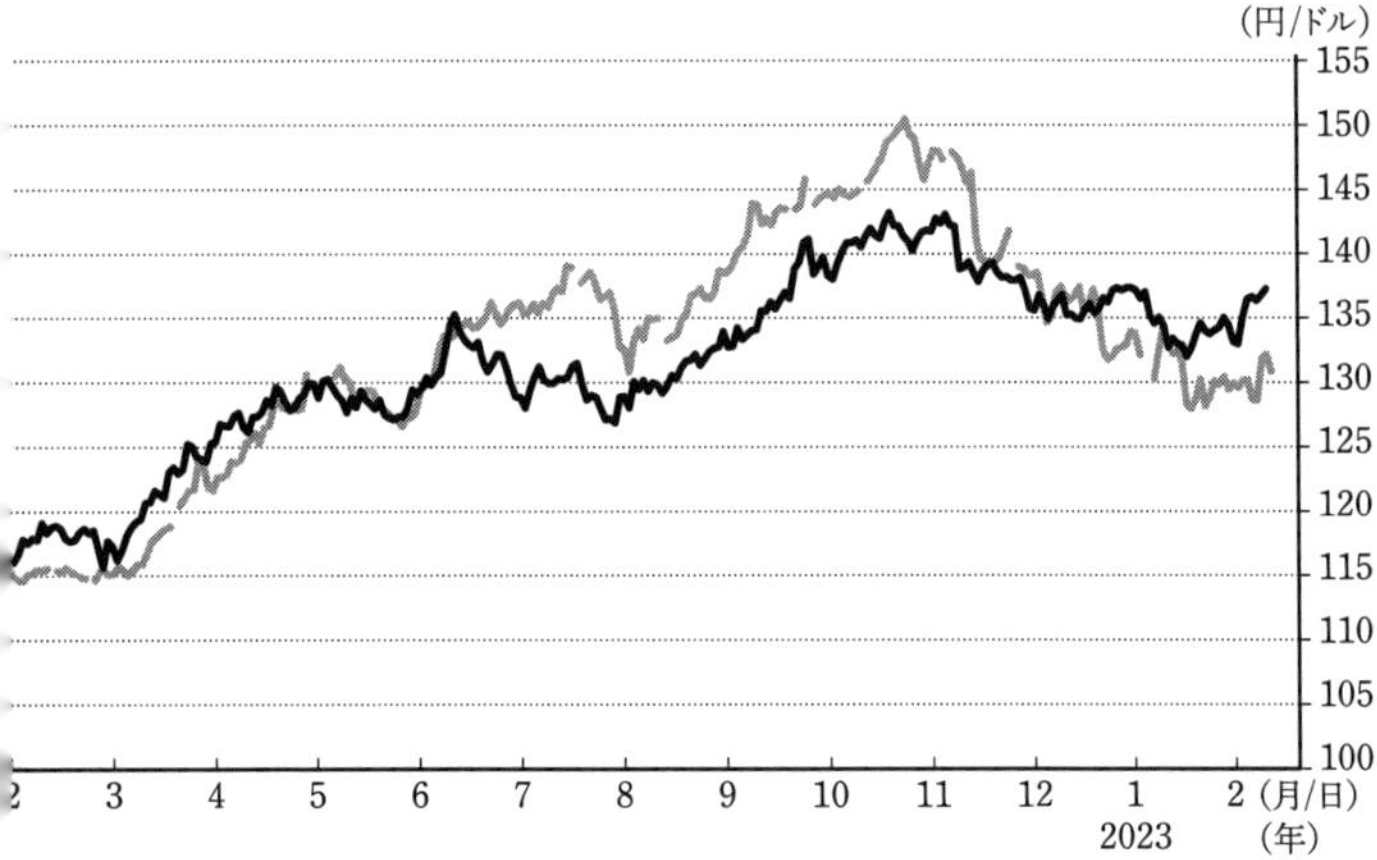

図表0-5　日米5年金利差と円ドル・レートの推移

市場からの警鐘

一国が安定的に経済・財政運営を続けられるかどうか、その鍵は、市場経済体制のもとにある国では通常、市場の信認が得られるかどうかが握っています。言い換えれば、市場金利がどこまで上がるか、上がらずに済むかで、利払費がどこまで増えるか、増えずに済むかで、要するに財政運営を安定的に続けられるかどうかが決まるのです。

ところが我が国の場合は、市場が金利を決定する機能は日銀の異次元緩和やイールド・カーブ・コントロールによって事実上失われて久しい状態です。では、我が国はこのまま〝ゆるゆる〟の放漫財政を続けても大丈夫かというと、決してそんなこと

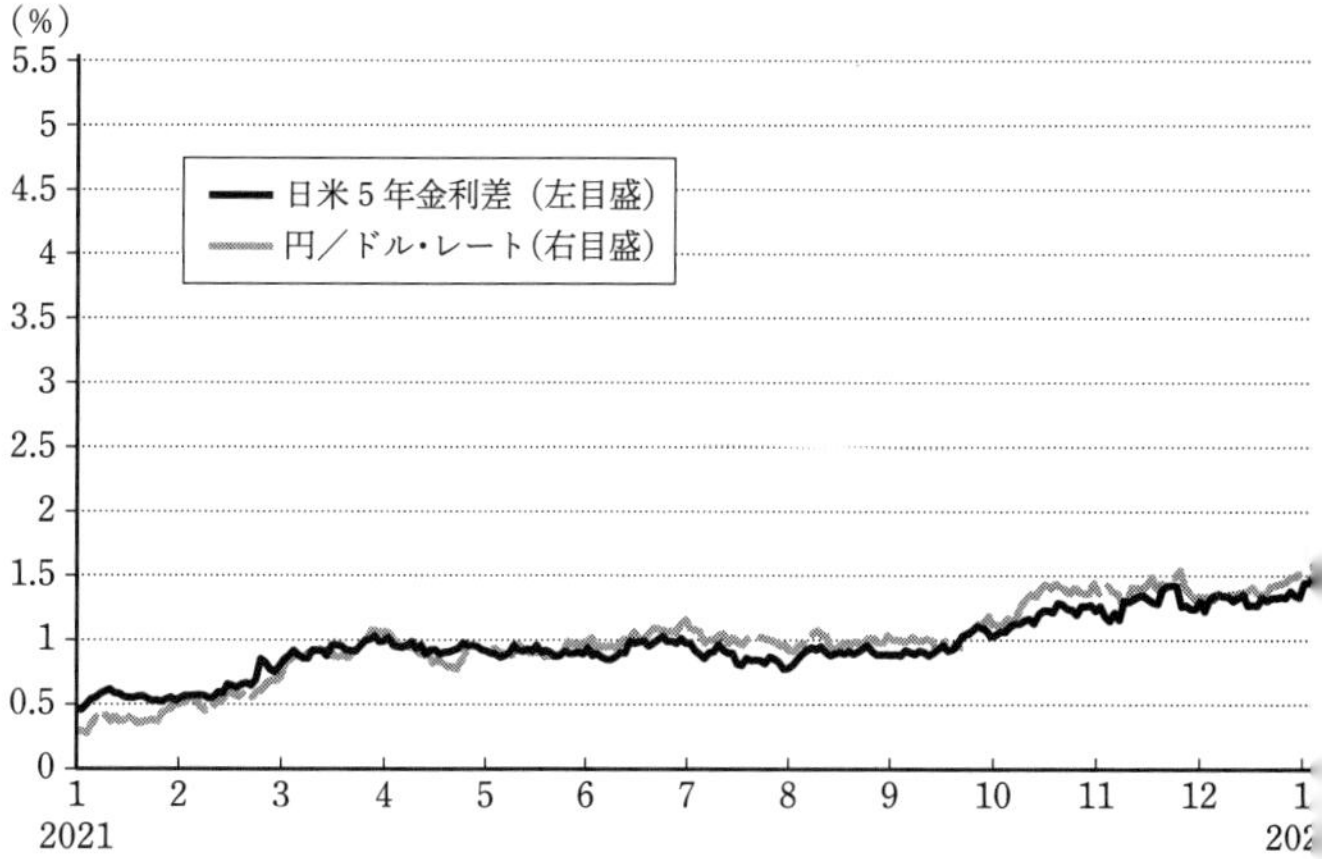

（資料）Refinitiv Eikonのデータおよび日本銀行『時系列統計データ』を基に筆者作成
（注）金利はスポット・レート・ベース

はありません。

我が国の場合、先行きの鍵は市場金利ではなく、中央銀行である日銀がこの先どうなるかにかかってしまっているのです。これは〝日銀が主体的に鍵を握ることができている〟のでは決してありません。日銀はこれまで9年あまりもの長期間にわたり、他の主要中央銀行の緩和策とは規模・内容・期間の面で大きくかけ離れた異次元緩和を展開してきた結果として、国内外の経済・金融情勢に応じて機動的に金融政策運営を行う能力を、事実上、すでに喪失しているのです。表向きは様々な他の〝理由〟をつけてはいますが、本当のところは、他の主要中央銀行のように、機動的に金利を引き上げることができなくなってしまっている。だからこそ、日銀は超金融緩和政策からの転換を頑なに拒み続けているのです。

日銀がこの先、どういう金融政策運営を余儀なくされ、それに伴いどういう状態に陥ることになるのか、それは我が国の経済や財政運営全体に、間違いなく大きな影響を及ぼすことになります。急激な円安は、そうした危険が近づきつつあることを知らせる、我が国にとって重要な、そして貴重なシグナルなのです。市場金利がもはやまともに機能していない我が国にとって、残された〝市場からの貴重なシグナル〟を、決して見過ごしてはいけないのです。私たちは、まずそのことをしっかりと自覚する必要があります。

日銀が異次元緩和を始めてから9年目にして、我が国はついに、世界経済の急激な局面の転換によって、この〝超低金利状態〟を維持できるかどうかの瀬戸際、まさに崖っぷちに立たされることになったのです。これだけ世界的な経済・金融情勢が大きく変化しているなかで、我が国がそうした警鐘を正面から受け止めず、これまでの放漫財政路線を安易に継続し、超金融緩和路線を強引に押し通し続けようとすれば、遠からず、どういう事態に陥ることになるのでしょうか。それを回避するためには、私たちはどうすべきなのでしょうか。

第１章　日本銀行に迫る債務超過の危機

コロナ危機後の2021年夏前後から、世界の主要国の経済は高インフレ局面へと急転換しました。米Fedをはじめとする主要中央銀行は2021年末頃から22年春頃にかけて、短期の政策金利を引き上げる金融引き締めに軒並み転換し、大幅な追加利上げを重ねつつ、コロナ危機で一段と膨張した各中央銀行自身のバランス・シートの縮小を急いでいます。これまで買い入れてきた国債を、各銘柄の満期が到来するのを待って手放すなどして、中央銀行自身の資産規模を縮小し、正常化を急いでいるのです。

日銀の頑なな姿勢の本当の理由

我が国でも、欧米各国ほどの高インフレではありませんが、2022年4月以降、消費者物価の前年比は、目標の2%を大きく上回る状態が、本稿執筆時点(2023年2月)ですでに10ヵ月、続いています。しかもこの間、外国為替市場では円安が急激に進展しました。にもかかわらず、日銀は、2022年12月には10年国債金利の許容変動幅を拡大しただけで、イールド・カーブ・コントロールによる金融政策運営の枠組み自体は〝死守〟し続けており、あれだけ民間銀行に負担を強いているマイナス金利政策も決して解除しようとはしませんでした。日銀がここまで頑なな姿勢を取り続けるのはなぜなのでしょうか。プロローグで述べたような日銀が言うところの表面的な〝理由〟ではなく、本当のところは、もっと深刻な別の理由があるはずだと私は思います。日銀関係者はこの本当の理由について、自分たちからは決して口にすることはありません。それは、どうでもよい問題だからではありません。それどころか、中央銀行として、また民間銀行と同じ〝銀行〟として、金融政策運営やそれ以外の業務運営を続けていくうえで決して看過するわけにはいかない重要な問題です。そんなことは、日銀関係者は諸外国の中央銀行の当局者たちと同様、最初から百も承知のはずです。国民全体が金融や金融政策、中央銀行に関する理解が乏しく、また〝お上頼み〟志向が強いことをよいことに、日銀関係者は、この〝本当の理由〟について世間で触れられたり問題視されることがないように、ひたすら国民に対して隠そうと、もしくは大した問題ではないとごまかそうとし続けているように私には見えます。

その〝本当の理由〟とは何か。日銀はこれまで、これほど大規模な異次元緩和を、これほどの長期間続けてきてしまった結果、ひとたび利上げ局面に入れば、中央銀行としての財務運営はたちどころに悪化し、赤字に転落するのが確実な状態にすでに陥っているのです。しかもその状態が数年続くだけで日銀は債務超過に転落するうえ、数十兆円単位、場合によってはそれ以上の相当に大幅な債務超過状態が、数年とか10年という程度の期間では済まず、数十年単位で長期化する可能性すらあるのです。一国の中央銀行がそうした状態に陥る、ということはその国の通貨が信認を失うこと、言い換えればその国自体が、世界の他の国々から、経済取引を行う相手として信用されなくなるであろうことを意味します。

中央銀行というのは、独自の収益源を持っているような経済主体ではありません。あくまで、民主主義社会のもとで然るべき手続きを踏んだうえで徴税権を行使できる政府と一体の存在で、その政府から通貨（正確には紙幣）の発行を独占的に担うことを任されているという立場です。ですので、中央銀行が毎年の業務運営を行って剰余金が発生すれば、国庫に納付するのが当然で、日銀ばかりでなく、どこの国の中央銀行もそうしています。それとは逆に、中央銀行が赤字に転落したり、赤字が続いて債務超過状態に陥り、それが長期化して自力で収益を回復できる見通しが立たない、となった場合には、その穴埋めは、今度は政府の側から、私たち国民が納める租税を充当して補塡するよりほかにありません。

突然、そのようなことになれば、国民からは、「異次元緩和にそんな深刻な副作用や弊害があるとはきいていない」「日銀は今まで何度となく、国会や記者会見の場で〝出口〟問題をいったいどうするのかときかれてきたのに、何も答えてきていないではないか」と強い反発や批判が出るのは間違いありません。

黒田総裁が率いてきた日銀は、この異次元緩和を始めた当事者であるはずの自分たちが責任を問われるそうした事態は、任期中には何としても避けたいと考え、日本国内の消費者物価の上昇が2％の目標を超えようが、いろいろと〝理由〟をつけて、短期の政策金利の引き上げさえ一切しなければ、問題を当面先送りでき、自分たちがそういう批判にさらされずに済ませることができる、と考えているように私には見えてしまいます。これこそ、日銀が、金融政策運営の転換を頑なに拒んできた〝本当の理由〟なのではないでしょうか。

しかしながら、そのような金融政策運営をされてしまっては、私たち国民の側はたまったものではありません。確かに、利上げを一切しなければ、日銀が赤字に転落することも、債務超過となることもありません。デフレ局面なら、利上げをする必要はありませんが、今は世界的な高インフレ局面で、この先も日銀が一切、利上げをしなければ、インフレはさらに加速してしまう可能性が高いでしょう。インフレというのは、消費者である私たち国民にとって、とりわけ経済的な余裕の乏しい層にとって、日々暮らしていくうえで、本当に重く、こたえるものです。それゆえ、インフレが過度に進行してしまうことのないように、中央銀行にはどの国でも、物価の安定という使命が課されています。だからこそ、今まさに欧米の主要中央銀行は、足許の高インフレ基調を何とか抑えようと、急ピッチで政策金利を引き上げてきているのです。日銀が本来必要な利上げを怠れば、赤字になることも債務超過になることもないため、私たちは税金で日銀の赤字を補填せずに済みますが、その代わり、インフレが放置されてしまうことになり、私たち国民にはいわば〝インフレ税〟の形で同じ重い負担がつけ回されることになります。利上げをすればするほど、日銀の債務超過幅は大きくなるため、それを避けようと、物価情勢からすれば本来必要なはずの利上げを日銀が怠れば、最初は大したレベルではなかったはずのインフレがあっという間に進んで、抑え切れなくなってしまう可能性すらあるのです。世界の歴史を辿れば、中央銀行の債務超過転落でインフレを抑えきれなくなってしまった例が実際にいくつかあり、近年の局面でも、そうなっては困ると、政府があらかじめ対応策を講じている例も先進国のなかにあるのです（第4章で述べます）。

なぜ日銀はこのような状態に陥ってしまったのでしょうか。それは、これだけ大規模で、過去の経験の蓄積もおよそない異例の手法による金融緩和を10年もの長期間にわたり、漫然と続けてきてしまったからにほかなりません。2％の物価目標がなかなか達成できないからと、期待される効果が発揮できていないことは誰の眼にも明らかなのに、効果が出るまで〝粘り強く〟続けると言い張ってきたのです。軌道修正を怠ってきたのです。そういうことを続けていては、この国がこの先、どういう事態に陥ることになってしまうのか、10年間にわたる期間中の金融政策決定会合で、まともに検討した形跡もありません。こうした日銀の姿勢は、昨今の他の主要中央銀行の金融政策運営とは極めて対照的で（第4章で説明します）、一国の金融政策という、最重要な経済政策の一翼をあずかる中央銀行として、責任ある態度とは到底いえないでしょう。

規制金利時代から市場金利誘導へ

では、日銀は利上げしたら、なぜ赤字になるのでしょうか。その点を説明する前に、そもそも、中央銀行はどうやって〝利上げ〟を行っているのかを確認しておきましょう。

民間の金融市場が相当に発達している今日の先進各国の世界では、我が国に限らず、中央銀行が、1週間物、1ヵ月物、といった短期金利をそれぞれ何％にする、と日々決めて、市場参加者に従わせているような国はありません。確かに我が国でも、民間金融機関の力が十分に発達していなかった1980年代後半頃までは、日銀が各タームの金利水準を日々決めて市場関係者に通知していた〝規制金利〟の時代もあったのは事実です。

しかしながら1990年代に入るころから、民間金融機関が扱う資金量も多くなり、国内外の金融取引が段階的に自由化されて、裁定取引や先物取引をはじめ様々な金融技術も発達し、取引全体に厚みが出るようになりました。そうやって市場が成熟してくると、各中央銀行が短期金利の水準をタームごとに細かに決めて市場参加者を従わせるようなやり方では、かえってうまくいかなくなります。中央銀行は、市場参加者全員の見方を承知しているわけでもなく、中央銀行が設定する金利水準が、市場全体の見方と乖離しているのに無理に従わせようとすると、様々なゆがみやひずみが出てきてしまうからです。そこでこの頃から先進各国の中央銀行は、最も短いタームであるオーバーナイト金利（ある日の夕方にお金を借りて翌朝に返す金融取引につく金利）を金融政策運営上の政策金利に据えて目標水準を定め、実際に取引されるオーバーナイトの市場金利がその近辺の水準になるように、お膝元である短期金融市場において中央銀行が行う金融調節を通じて、〝引き上げ誘導〟したり、〝引き下げ誘導〟したりするようになったのです。短期金融市場の参加者は主として中央銀行と直接、取引のある民間銀行等に限られるため、短期金融市場全体の資金量は、中央銀行が金融調節を通じてほぼ完全にコントロールすることができます。だからこそ、この最も短いタームの金利の〝引き上げ誘導〟や〝引き下げ誘導〟が可能になるのです。そして、それよりも長いタームの市場金利は、最も短いタームの金利に示された中央銀行の金融政策運営スタンスに、様々な市場参加者の見方等が加わって反映される形で形成されていくようになったのです。

世界金融危機前の引き上げ誘導の手法

ただし、その〝引き上げ誘導〟や〝引き下げ誘導〟の際の手法は、1990年代以降、2008年の世界金融危機（リーマン・ショック）までの時代と、それ以降の時代とでは大きく変化することになりました。それは、量的緩和やそれに類する金融政策運営を行った中央銀行であればどこにも共通することです。

日銀のバランス・シートの見取り図の大まかな変化（図表1－1）を例に、金融調節の手法がいかに劇的に変わったのかをみてみましょう。

図表1－1の一番左側は、我が国がバブル崩壊後の不良債権問題で苦しみ、大手金融機関の経営破綻が相次いだ後の2000年末の日銀のバランス・シートを示したものです。日銀は民間銀行から手形を買い入れたり、ごく限定的な規模で国債を買い入れたりして（バランス・シートの左側の資産サイド）、その対価のお金を、民間銀行経由で世の中に供給していま す（同右側の負債サイド）。円紙幣である日本銀行券は、私たちが持っていれば〝資産〟ですが、日銀にとっては〝負債〟になります。ただし、これは私たちの日頃の使い方からしても当然ながら、金利がつくものではありません。また、日銀が世の中に供給するお金の大部分は、私たちが財布に入れて持っている日本銀行券としてではなく、民間銀行預金の形をとっています。その民間銀行は日銀に当座預金を預けていますが、利子がつかないため、民間銀行は当然ながら、日銀に預けるのは必要最小限の額にとどめていました。図表1－1の一番左側の2000年末時点では、日銀当座預金の金額はごく限られていたことがわかります。その際の〝必要最小限〟の意味は2つありました。一つには民間銀行どうしで日々、決済する場合には、各行が日銀に預けている当座預金の間でお金をやり取りするため、日々

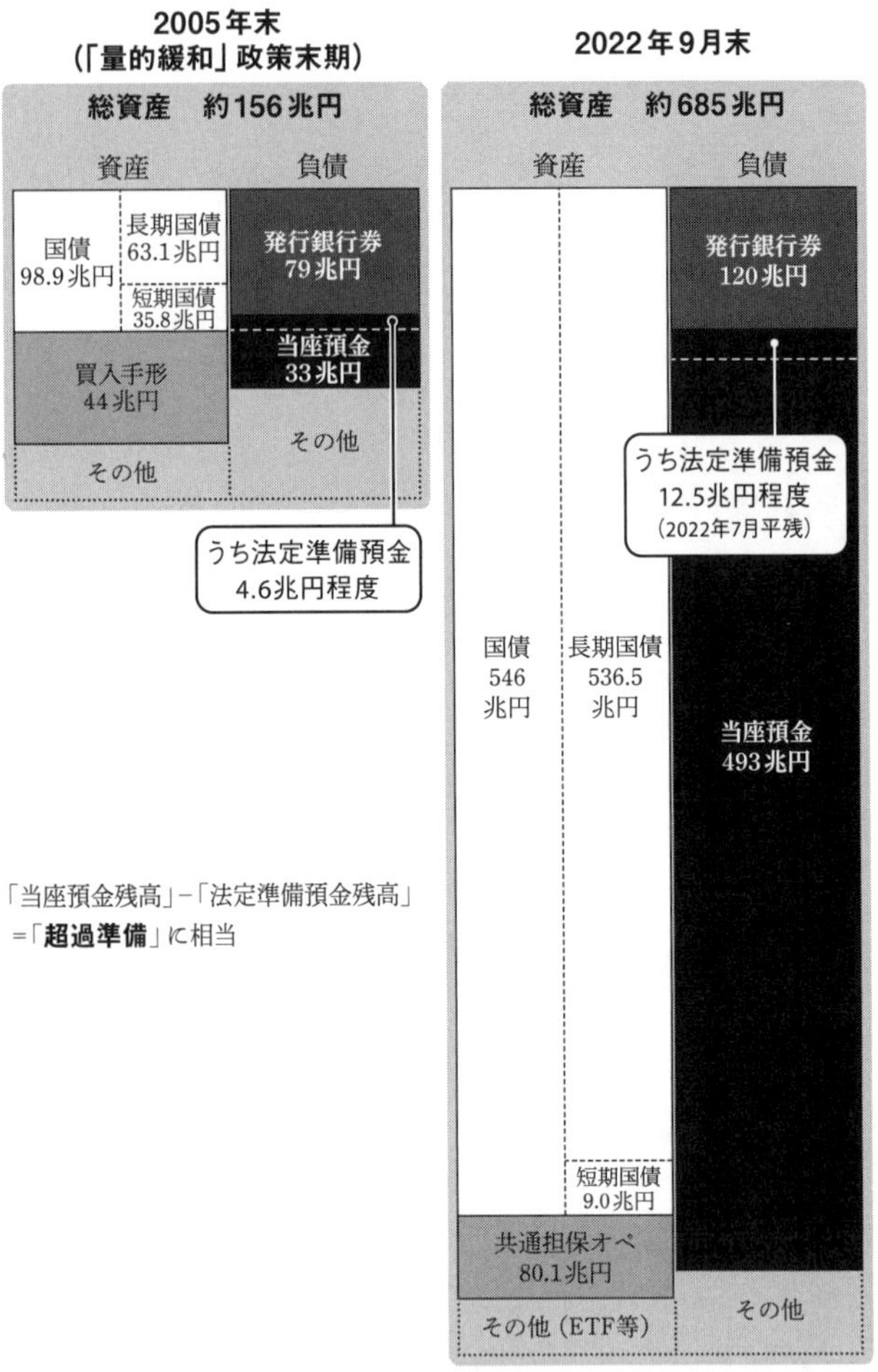

図表1-1　日銀のバランス・シートの大まかな見取り図の変化

（資料）日本銀行『金融経済統計月報』、『営業毎旬報告』各号の計数を基に筆者作成

2000年末
（「ゼロ金利」政策解除直後）

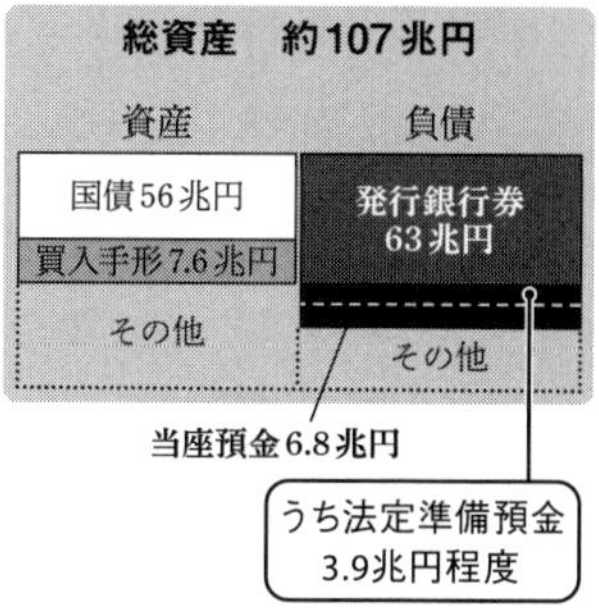

のそうした決済に必要な最小限の額、という意味です。もう一つは、我が国のように準備預金制度が設けられている国では、民間銀行は自分たちが私たち顧客から受け入れている預金の一定割合を中央銀行に預けなければならないことになっており、そのために必要な分、という意味です。民間銀行が日銀当座預金に預ける金額が、必要最小限にとどめられていた、ということは、短期金融市場全体として、〝余り金〟はほとんどなかった、ということになります。そして当時の短期金融市場の市場参加者のなかには、いつも資金不足になりがちな金融機関と、逆に資金余剰になりがちな金融機関の両方が存在していました。恒常的な資金不足先の典型例が当時の都市銀行（今のメガバンク）で、優良な貸出先の企業を多く抱えているものの、顧客からの預金の受け入れ額がそれに追いつかないため、日ごろ、資金不足になりやすいという立ち位置にありました。逆に、恒常的な資金余剰先の典型例は地方銀行で、顧客からの預金の受け入れは潤沢ですが、貸出先になる企業は都市銀行ほど抱えているわけではないため、資金が余りやすかったのです。短期金融市場にそうやって、資金不足の参加者と資金余剰の参加者の両方が多

く存在するからこそ、お金の貸し借りをする金融取引が起こり、市場金利が形成されます。

日銀は日々、短期金融市場で市場参加者を相手に公開市場オペレーションを実施して金融調節を行っています。市場に資金余剰の参加者と資金不足の参加者の両方がそれなりの数で存在することで、例えば日銀が公開市場オペレーションでまとまった金額の資金を吸収すれば、短期金融市場全体でさらにお金が足りなくなり、お金の貸し借りをする金融取引につく金利は上昇することになります。逆に、日銀がオペでまとまった資金を供給すれば、資金不足先はお金を借りやすくなり、市場金利は低下することになります。当時の中央銀行は、日銀に限らずどこも、こうやって市場金利を引き上げ誘導したり、引き下げ誘導したりして、金融政策運営を行っていたのです。なお、その際、短期市場金利を何%に引き上げ誘導しようと、中央銀行自身にコストがかかるようなことは一切、ありませんでした。

福井総裁時代には、〝銀行券ルール〟遵守で4ヵ月で正常化完了

ところが、中央銀行が、短期の市場金利はすでにゼロ%近傍まで下がっていて、それ以上、下がりようがないのに、それでも多額の国債を買い入れて多額の資金を民間銀行に供給する、いわゆる〝量的緩和〟を実施するようになると、市場金利を引き上げ誘導する手法を大きく変えざるを得ないことになります。

世界で初めて、量的緩和に踏み切ったのは、ほかならぬ日銀でした。バブル崩壊によって１９９０年代末に我が国は深刻な銀行危機状態に陥りました。日銀は政策金利であるオーバーナイトの無担保コール金利を、前代未聞のゼロ%まで引き下げ誘導したものの（前掲図表０－２）、なお危機状態は収まらず、それでも何か中央銀行として国の経済のためにできることはないかと苦慮した日銀は、まだ他のどの中央銀行もやったことがなかった量的緩和に踏み切ったのです。

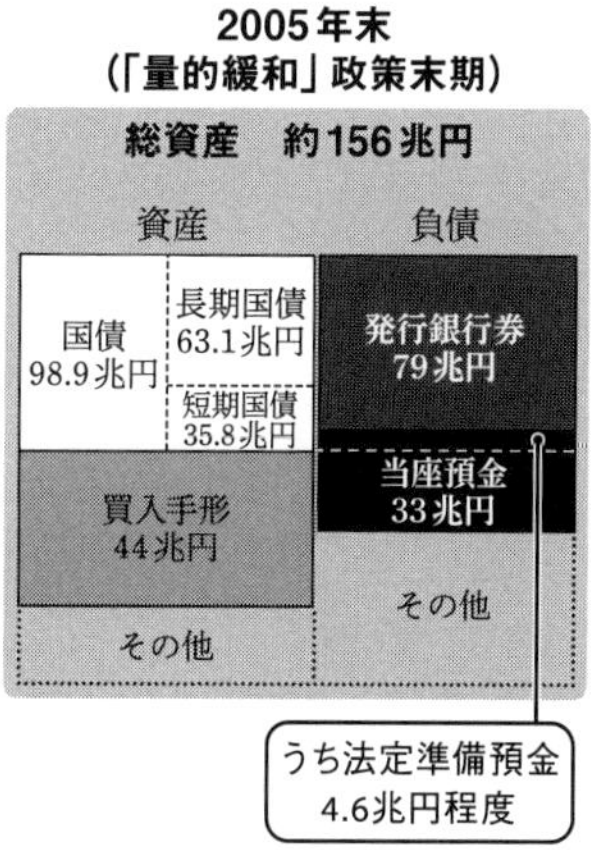

図表1-1　真ん中の図再掲

図表１－１（再掲）の真ん中の図は、２００１年3月から5年間実施された量的緩和政策の末期（解除直前）の日銀のバランス・シートの見取り図です。２０００年末時点では６・８兆円しかなかった日銀当座預金が33兆円にまで増えていることがわかります。当時も日銀当座預金は無利子でしたが、なぜこうなっていたのかといえば、日銀が量的緩和で多額の国債を民間銀行から買い入れる際、当然ながらその対価として多額の代金を渡すわけですが、民間銀行の方は、そんなにたくさんの資

金を日銀から供給されたところで、新しい貸出先の企業が次々と生まれてくるわけでもなく、持って行き場のないお金を仕方なく、無利子の日銀当座預金に預けていたのです。要するに当時の短期金融市場には、実に33兆円規模という巨額の〝余り金〟があったわけです。

そして日銀がついに量的緩和を解除して、短期金利の引き上げに少しずつかかるぞ、となった際、こうした短期金融市場の金余り状況で、果たして引き上げ誘導ができるものでしょうか。答えは否です。なにしろ、当時の短期金融市場には33兆円もの巨額の〝余り金〟があり、市場参加者のなかに、資金不足になりがちな先など、誰もいなくなっていたのです。それではいつまでたってもお金の貸し借りは起こらず、市場金利もつかず、永遠にゼロ金利のままになってしまいます。そうした状況になるであろうことを最初から分かっていた当時の日銀は、いざ、引き上げ誘導をすることになった際に、この日銀当座預金を大幅に減らせる手立てをあらかじめ仕組んでいました。日銀は当時、福井俊彦総裁の時代でしたが、量的緩和で国債を買い入れる際、〝長期国債の買い入れ残高は銀行券の発行残高までにとどめる〟という〝銀行券ルール〟を遵守することを自らに課していました。その結果、バランス・シートの大まかな見取り図でみると、負債サイドの発行銀行券にほぼ見合う形で、資産サイドには国債があり、負債サイドの日銀当座預金にほぼ見合う形で、資産サイドには国債とは別の、短期金融市場への資金供給オペレーションの結果としての買入手形がある形になっていたのです。この膨れ上がった33兆円の当座預金を解消するには、ごく単純に考えれば、それまで量的緩和で買い入れてきた国債を市場に売り戻せばよいことになります。しかしながら、そうなれば、日銀は国債の売却損を被ることにもなりますし、国債の市場金利の急上昇を招きかねず、現実的な手段ではありません。

そこで日銀は、別の方法でこの巨額の〝余り金〟を市場から吸収する手段を考えていたのです。図表1－1の一番真ん中の図（2005年）をご覧ください。日銀のバランス・シートの見取り図の左側（資産サイド）にある「買入手形」は、数週間とか数ヵ月とか、日銀が一定の期間を決めて手形を短期金融市場から買い入れる見返りに資金を供給するという手段です。日銀は2006年3月に、5年間続けてきた量的緩和政策の解除を決めましたが、この頃、日銀は実施していた買入手形のオペレーションの終期がすべて4ヵ月後の7月までに到来するように設定していました。買入手形オペの終期が到来した時点でロールオーバー（再度、同額で手形を買い入れること）をしない限り、日銀が買い入れていた手形は民間銀行等の取引相手に戻され、同時にその代金が日銀側に支払われることになります。そうやって日銀は、わずか4ヵ月間で40兆円規模の資金を吸収して、今でいう〝正常化〟を完了させ、7月には以前と同じ手法で、政策金利であるオーバーナイトの無担保コール金利を0・25％に引き上げ誘導することができたのです。

量的緩和で様変わりした引き上げ誘導の手法

ところが、黒田総裁時代に入り、異次元緩和によって、ここまで大きく日銀のバランス・シートが膨張した今日では、とてもそうはいきません。図表1－1の一番右側の図は、短期金融市場全体の〝余り金〟である日銀当座預金が、すでに約500兆円にまで膨れ上がっていることを示しています。これでは、市場には誰も資金不足の参加者などいないので、お金を貸し借りする金融取引はほとんど行われなくなってしまいます。かつての〝銀行券ルール〟も黒田総裁の就任時に停止されてしまい、今日に至っています。日銀がかつて2006年に正常化する際に使った「買入手形」に相当するのは「共通担保オペレーション」ですが、その残高も、わずか80兆円しかありません。これでは、共通担保オペレーションで供給した資金を一斉に日銀が引き揚げても、500兆円もの余剰資金はとても吸収し切れません。それでは永遠に、ゼロ金利のままになってしまいます。

ではどうするか。量的緩和を世界で一番最初に実施したのは2001年の日銀でしたが、その後、2008年にリーマン・ショックが起こったことなどをきっかけに、FedやBOE、ECBといった主要中央銀行が相次いで、この量的緩和に類似する多額の国債買入れオペレーションを実施するようになりました。そうした量的緩和〝後〟の局面で、どうやって短期金利を引き上げ誘導するかは各中央銀行に共通した課題でしたが、一番先にこの問題に取り組んだのはＦｅｄで、新たな引き上げ誘導の手法を編み出したのです。

それは、このようなものです。かつては無利子が当然だった中央銀行当座預金に、中央銀行が利息を払う（付利する）ようにするのです。そのうえで、大規模な資金吸収オペレーションを実施すれば、資金不足になる参加者が発生します。そうなると金融取引が起こりますが、その際につく金利がどうやって決まるようになるかというと、Ｆｅｄが付利している金利水準は、どこの銀行でもＦｅｄに預ければつけてもらえる金利、ということで、市場金利の最低ラインとして機能するようになり、実際にお金の貸し借りが行われる際の金利は、Ｆｅｄの付利水準を少し上回る形で形成されるようになりました。そしてＦｅｄが付利水準をさらに上げて大規模な資金吸収オペレーションを実施すれば、市場金利を引き上げ誘導できるようになったのです。

日銀は利上げ局面に入ればほどなく赤字に転落

これはたいへん画期的なことで、Ｆｅｄ以外の中央銀行も量的緩和を実施するようになった後の局面では、どこも基本的にはこのやり方で、市場金利の引き上げ誘導をするようになっています。日銀も、いずれ正常化局面に入れば、この手法によるであろうことを認めています。しかしながら、この手法には、かつての引き上げ誘導の手法にはなかった難点があります。中央銀行が市場金利の引き上げ誘導をするのに、中央銀行当座預金への付利という形で、コストがかかるようになってしまったのです。かつて中央銀行は、負債サイドにある銀行券にも当座預金にも金利はつかなかったため、資産サイドにある国債等についている利回りがまるまる、中央銀行の収益になりました。これが〝通貨発行益〟です。民間銀行が、負債サイドの預金につく金利と、資産サイドの貸出金につく金利の利ざやで稼ぐのとは大きな違いです。これは、中央銀行が通貨を独占的に発行することが許されているからこそ得られる利益ゆえ、基本的にはどの国でも、必要経費を引いた後の金額は国庫に納付されます。

ところが、量的緩和後の時代においては、中央銀行も当座預金に利息を支払わなければならなくなったのです。しかも悩ましいのは、資産サイドの国債についている金利と、負債サイドの当座預金への付利水準との間で、果たして〝利ざや〟が稼げるか、という点です。そこで、日銀の運用資産利回りの推移をみると（図表1－2）、日銀はこれまで長らく超低金利の国債を買い入れ続けてきたうえ、２０１６年からは10年国債金利をゼロ％近辺に抑えつけるイールド・カーブ・コントロールという金融政策をやってきた結果、日銀自身が買い入れた国債についている利回りの加重平均も低下する一方で、２０２２年9月末時

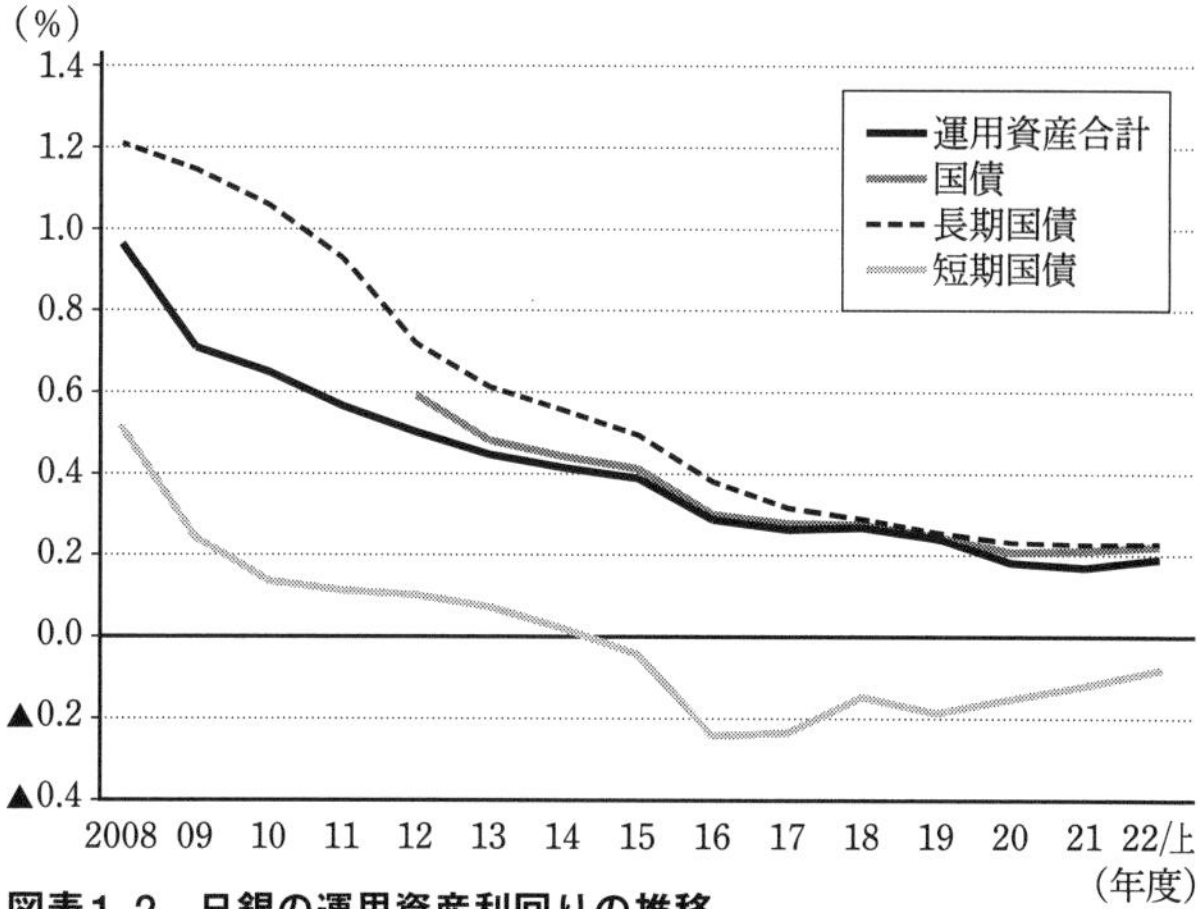

図表1-2　日銀の運用資産利回りの推移

（資料）日本銀行『各事業年度決算等について』を基に筆者作成

点ではわずか0・221％しかありません。国債以外の買い入れ資産も含めた運用資産全体でみても0・190％しかありません。要するに、日銀が今後、短期金利をわずか0・2％に引き上げるだけで、日銀自身が〝逆ざや〟状態に陥ることを意味します。しかも現在の日銀の当座預金の規模は約500兆円あります。日銀が例えば短期の政策金利を1・2％に引き上げれば逆ざやの幅は1％ポイントになりますが、この逆ざやの幅が1ポイント開くごとに、年度当たり5兆円のコストが日銀にのしかかることになるのです。

図表1－3は、日銀の近年の経常利益の推移を内訳別にみたものです。国債を実に540兆円も保有しているにもかかわら

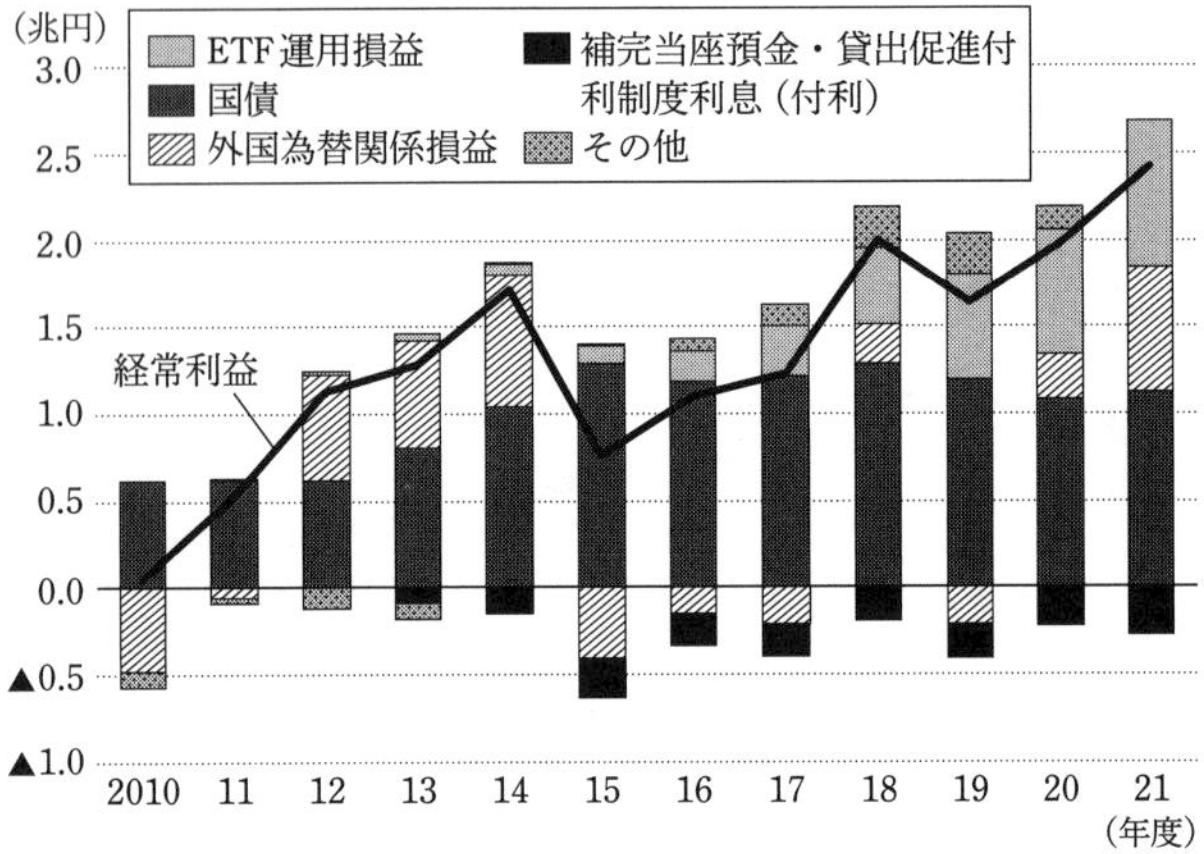

図表1-3 日銀の近年の決算における経常利益の主な内訳の推移

（資料）日本銀行『各事業年度決算等について』を基に筆者作成

ず、国が日銀に払っている国債の利息はわずか1兆円強しかなく、近年ではETFの収益頼みになっていることがよくわかります。この状態で日銀が利上げ局面に入り、当座預金の付利水準を0・2％に引き上げるだけで毎年度1兆円、1％に引き上げれば同5兆円のコストがかかることになります。日銀が金利引き上げ局面に入れば、他の条件（株式市況等）が動かないと仮定しても、あっという間に赤字に転落することは自明でしょう。

しかも、日銀のバランス・シートをみると（図表1－4）、日銀の自己資本は、準備金や引当金を含めても11兆円強しかありません。日銀も将来、利上げ局面に入ればこうなることはわかっているため、2015

（億円）

資産		負債・資本	
金地金	4,413	発行銀行券	1,201,516
現金	3,759	当座預金	4,930,198
短期国債	90,310	その他預金	344,619
長期国債	5,364,902	政府預金	213,353
CP等	25,333	売現先勘定	27,559
社債	83,338	引当金勘定	77,006
金銭の信託（信託財産株式）	3,729	資本金	1
金銭の信託（ETF*1）	369,058	準備金	34,440
金銭の信託（J-REIT*2）	6,575		
貸付金（共通担保資金供給）	801,416		
外国為替	89,073		
その他含む 資産合計	6,849,212	その他含む 負債・資本合計	6,849,212

（引当金勘定・資本金・準備金：自己資本11兆円強）

図表1-4 日銀のバランス・シート

（資料）日本銀行『営業毎旬報告（令和4年9月30日現在）』、2022年10月7日
（*1）信託財産指数連動型上場投資信託　（*2）信託財産不動産投資信託

年度から国債から得られる利息収入の一定部分を債券取引損失引当金として積み立ててはいますが、とてもそれで賄えそうな赤字の幅ではないのです。日銀の赤字が年度当たり5兆円となれば、ほぼ2年で自己資本は食いつぶしてしまうことになります。そうなれば、正真正銘の債務超過転落です。利上げで赤字となる期間が1年や2年で済む保証はどこにもありません。むしろ長期化する可能性の方が高く、ひとたび、債務超過にまで転落すれば、相当長期化する可能性も否定できません。

中央銀行は、民間銀行と同じ〝銀行〟ではありますが、一国の通貨を発行するその特別な立場ゆえ、債務超過に転落したからといって、すぐに金融政策運営やそれ以外

の中央銀行としての様々な業務運営が継続できなくなるわけではありません。しかしながら、インフレが相当に進行しているのに、中央銀行が、自らの債務超過幅がさらに悪化することを避けようと、十分な利上げを行わなければ、インフレはさらに進行します。そうなれば、同じ100円や1万円でも、実際に買えるものの量が少なくなるわけで、円という通貨の実質的な購買力は損なわれることになります。つまり、その通貨の信認が大きく損なわれる可能性が極めて高くなります。どういうことが起こるかというと、我が国を含む多くの国々が外国為替の変動相場制を採っている今日の国際金融市場において、円は大幅に売られることになるでしょう。

日銀が異次元緩和を始め、漫然と続けてすでに約10年が過ぎました。確かに、今は何も起こってはいませんが、この先、日銀が利上げ局面に入れば間違いなく起こるのはこういう事態なのです。逆に、利上げに踏み切りさえしなければ、インフレの進行が放置されるリスクは高まりますが、日銀は赤字にも債務超過にもなりません。このことこそが、日銀が超金融緩和からの転換を頑なに拒み続ける本当の理由なのだろうと私は思います。いかに当局者たちが口を閉ざそうとも、背後にはこうした深刻な問題が隠れていることを、私たちはきちんと認識しなければならないと思います。そして、〝本当の理由〟は、実はもう一つあります。それは次章で説明します。

〈コラム〉日銀保有国債の時価評価と、先行きの赤字幅（付利コスト）の関係

日銀が２０２２年11月末に、２０２２年度上半期の決算を発表した際、日銀が保有する国債の時価評価額が黒田総裁のもとで初めて８７４９億円の含み損に転落したことが大きく報じられました。この点について、雨宮正佳日銀副総裁は、２０２２年12月2日の参議院予算委員会での参考人質疑で「赤字や評価損が短期的に生じても金融政策の遂行能力が損なわれることはない」と述べたと報じられています。[1] 確かにその通りで、買い入れた国債を途中で売却せずに満期まで保有し続ければ、含み損があっても満期到来時点ではゼロになることになります。

ただし、この買い入れた債券の時価評価には、日銀の今後の金融政策運営とそれに伴う財務運営を考えるうえで、もう一つ、重要な意味があることに注意する必要があります。

ファイナンス理論上、金利上昇に伴う国債評価の変化（下落額）は次の公式で表されます。

国債評価の下落額＝国債残高×平均残存期間（デュレーション）×金利上昇幅

日銀は、保有する国債の平均残存期間の計算結果を公表してはいませんが、雨宮副総裁は前記の参議院予算委員会での参考人質疑の際、今後、長期金利が1%上昇した場合に日銀が保有する国債に発生する含み損は28・6兆円、と答弁しています。2022年11月末時点での日銀の国債の保有残高は561兆円、長期国債に限れば552兆円なので、そこから逆算すれば、日銀が保有する国債の平均残存期間は5年程度であろうということがわかります。

これらの国債を満期まで日銀が保有し続けるとして、単純化のために、全ての国債が満期5年で、今から5年経過後に一気に全額、満期を迎えるとします。そうすると、それまでの5年間、日銀は、長期金利が上がっているのに、付利水準をそのままに据え置くわけにはいかず、単純化すれば同幅の1%相当で付利水準を引き上げながら当座預金を維持しなければならなくなるはずです。その際、日銀の当座預金の付利コストがいくら増えるかを考えると、ここもごく単純化して、国債保有残高=当座預金残高、とすれば、[2]付利水準を1%引き上げれば年当たり約5・5兆円程度の付利コストが増えることになります。その状態が、国債の満期到来まで5年間続けば、合計で27・5兆円ということになります。これは前述の含み損の28・6兆円にかなり近い額です。このことからわかるように、金利上昇時に発生する国債の評価損の金額は、国債の満期到来までに必要になる付利コストの増加額にほぼ等しくなることが知られているのです。

雨宮副総裁は前述の参議院予算委員会での参考人質疑の際、今後、長期金利の上昇幅に応じて日銀が保有する国債に発生する含み損は、1%上昇の場合28・6兆円、2%上昇の場合52・7兆円、5%の場合108・1兆円、11%の場合178・8兆円、と答弁したと報じられています。要するに、これらの含み損の金額は、仮に満期まで日銀が国債を保有し続けたとしても、現実的に付利コストとして、日銀の財務にのしかかってくる金額でもあるのです。これらの含み損の金額は、日銀が、今後の金利情勢次第では相当深刻な債務超過状態に陥りかねないこと、また、ひとたび債務超過に転落することになれば、政府の側からの損失補填を受けられない限り、回復までには場合によっては数十年単位の長い年月を要するようになることを物語っているといえるでしょう。

1　日本経済新聞夕刊2022年12月2日付報道による。
2　実際には、日銀のバランス・シート上、国債買い入れ額の見合いには発行銀行券の残高も存在する。

第２章　我が国の財政運営に待ち受ける事態

黒田日銀は、これほど世界的な経済・金融情勢が変化しているにもかかわらず、自らの任期中における超金融緩和政策の転換を頑なに拒み続けてきました。２０２２年12月に10年国債金利の許容変動幅を±０・５０％に拡大させた際にも、黒田総裁は「これは利上げではない」と言い張っています。なぜここまで頑ななのか。黒田総裁らが表向きは決して口にすることはありませんが、第1章で挙げた日銀の財務問題以外にもう一つの〝本当の理由〟があり、それは、我が国の財政運営であることは間違いありません。

超低金利状態が長期化してしまっている我が国では、それが当然と安易に信じてしまって疑わないような風潮が蔓延しきっています。なかには、超低金利状態は、第2次安倍政権時代のように、強い政治のリーダーシップさえあれば、中央銀行が簡単に作り出せるものので、いくらでも長引かせることができ、今後ももっと続けるべきだ、という意見もあります。ただし、〝リフレ派〟と呼ばれるそうした方々の見解に、完全に欠落している点があります。現実問題として、日銀に今後、かかってくるコストがどれほど大きいか、国全体としてそれをどう乗り切るのか、という問題です。超低金利状態は、日銀が国債を買い入れ続けさえすれば、何のコストも負担もなく作り出せるものでは決してないのです。

この先、そう遠くない将来に、超低金利状態を作り出すうえでの相当なコストにもう日銀自身が耐えられない、ということが突然、明らかになったとき、我が国の財政運営は、これまで長らく続いてきた「無風」状態から一転、現状の歳入・歳出構造のままでは一気に行き詰まる可能性があるのです。世間からは、「そういう事態に至る引き金を日銀が引いた」と受け止められるかもしれません。自分たちの任期中には、そういうことには決してなってほしくない。そういう理由もあるからこそ、黒田日銀は超金融緩和政策の転換を頑なに拒んできたのでしょう。

赤字・債務超過転落で国債買い入れは続行不能に

第1章で説明したように、日銀の今後の財務運営がどうなるか、日銀が赤字に転落するか、果ては債務超過となるのかは、ひとえに、短期の政策金利をこのままマイナス金利やゼロ金利のままで、どこまで引っ張れるかどうかにかかっています。我が国でもすでに消費者物価指数（全国、総合）の前年比が4％にまで上昇し、日銀の「2023年度には物価の伸びは1％台に下がる」という見通しとは裏腹に、企業がこれまでにはなかった強気の価格転嫁傾向をみせていることなどもあって、今後も相応の物価上昇が続くのではないか、という声も多く聞かれるようになっています。円安圧力も依然、根強いなかで、超低金利が物価の押し上げ圧力を下支えしていることも否めないでしょう。そして日銀が短期の政策金利の引き上げに踏み切らざるを得なくなったとき、現在、他の欧米主要国の中央銀行がとっているような3％とか4％というような水準ではなく、もっと手前のわずか1％の水準に短期の政策金利を引き上げるだけで、日銀は今のままでは一気に赤字に転落するのです。しかも、その状態が2～3年程度継続するだけで、日銀はほどなく、〝単年度の赤字〟レベルを超え、バランス・シート上の債務超過状態に転落することになります。

では、そうした局面では、国債につく長期金利は果たしてどうなるでしょうか。

現在の10年国債金利の0・50％という水準は、多様な市場参加者の見方、相場観の純粋な集大成として形成されている金利水準では決してありません。日銀が力ずくでの国債買い入れによって、そうした動きを無理やり抑え込んでいるのが実態です。しかも、2022年12月に、日銀が10年国債金利の許容変動幅を±0・50％に拡大してからの方がむしろ、市場参加者による金利の押し上げ圧力は一段と強くなっており、日銀はかつてないほどの金額での国債の買い入れを余儀なくされています。

普通の中央銀行であれば、こうしたオペレーションはまずやりません。いずれ必ず来たる正常化局面では、中央銀行の赤字幅は「〝逆ざや〟の幅」×「資産規模」で決まります。〝逆ざや〟の幅が同じでも、当該中央銀行の資産規模が大きければ大きいほど赤字幅は大きくなってしまいます。中央銀行が特定の国債金利の水準を防衛しようと、超低金利の国債をさらに買い入れて中央銀行自らのバランス・シートに抱え込めば、いずれ来たる正常化局面での赤字幅をさらに拡大させることになってしまうため、政府から真の意味で独立した立場にあり、〝中長期的な物価安定〟という目標の達成のために金融政策を運営する普通の中央銀行であれば、こうしたオペレーションは、まず、やりません。中央銀行自身の財務悪化を通じて、先行き、本来、必要なタイミングで金利を引き上げられなくなり、金融政策の機動的な運営能力が損なわれたり、最終的には重い国民負担につながってしまったりしかねません。そうなることは最初からわかっているため、まず、やらないのです。

ところが黒田日銀はそうしたオペレーションを、あたかも平然とやり続けてきました。しかしながら、この先、日銀が短期の政策金利を引き上げざるを得なくなり、赤字や債務超過への転落が現実のものとなった局面ではどうでしょうか。10年国債金利を、例えば0・50％に抑え続けるために、多額の国債を買い入れ続けることは、日銀自身がこの先、利上げ局面に入ったときに、赤字幅や債務超過幅をさらに悪化させることにつながります。

一国の中央銀行の財務の大幅な悪化やその長期化は、当該国の財政運営とも相まって、国家の信用、通貨の信認を大きく揺るがしかねない事態です。その評価は、当事者である当局者がどう言い張ろうと、最終的には国際金融市場、世界の市場参加者が決めるものです。外国為替市場における円相場の動向が鍵を握ることになりますが、実際には、日銀が赤字に転落する前の段階で、すでにこれだけ円安が進んでいます。今後、日銀の赤字や債務超過への転落が現実のものとなれば、それは小幅の赤字などでは到底済まず、また短期間の赤字でも到底済まないことが一気に白日の下にさらされることになるのです。通貨の信認はさらに揺らいで円安が一層進み、日銀は間違いなく、国債をそれ以上、買い入れることはできなくなるでしょう。それどころか、自らの赤字幅や債務超過幅を少しでも縮小させなければならなくなり、すでに買い入れた国債をできるだけ手放して、資産縮小をしなければならなくなるはずです。

「日銀が赤字になって困るのなら、国債を発行して日銀に買い入れさせ、それを元手に日銀の損失を補填すればよい」などという声を耳にしたこともあります。繰り返しますが、日銀の赤字幅は、ごく大ざっぱに考えれば、「〝逆ざや〟の幅」×「日銀当座預金の残高（≒国債買い入れ残高）」で決まります。日銀の国債買い入れ額がさらに増大すれば、日銀が直面する〝逆ざや〟の幅が仮に同じでも、そこから発生する赤字幅はさらに膨らむことになります。そうなれば、まさに〝火に油を注ぐ〟形で円安をさらに加速させることになり、そうした考え方がいかにナンセンスであるかは自明でしょう。仮に私たち国民が増税に応じてそれを元手に政府が日銀の損失の補填をするとしても、日銀が国債を買い入れ続ければ日銀の赤字は無尽蔵に増え続けます。それを国民が増税で負担し続けることなど不可能でしょう。要するに、日銀が力ずくで〝超低金利状態〟を作り出すことは、もはや不可能になるのです。

歳出一律4割カットの悪夢

ではそうした局面で、我が国の財政運営はどうなるでしょうか。

図表2－1は、我が国の2023（令和5）年度一般会計予算（本稿執筆時点では政府案ベース）の歳入・歳出の内訳をみたものです。予算規模（歳入・歳出総額）は114兆円強で、右側の歳入の円グラフを時計に見立てれば、12時の位置から時計回りに「租税及び印紙収入」が示されており、「その他収入」（日銀の国庫納付金等）を合わせても、税収等は歳入全体の約3分の2しかないことがわかります。この不足分をまかなっているのが「公債金」で36兆円弱、要するに新規発行国債による資金調達分です。「特例公債」（赤字国債）と「建設公債」があります。

図表2－2は、こうした姿の一般会計を支える我が国の国債発行額の推移を示したものです。2023年度当初予算ベースの国債発行予定額は約190兆円です。新規国債発行は36兆円弱なのに、なぜこんなに多いのか、と思われる方もあるかもしれませんが、国債の発行は新規発行分だけではありません。我が国の場合、過去に発行した新規国債について、5年なり10年なり20年なりという満期が到来しても、その時点で税収を元手に元本を

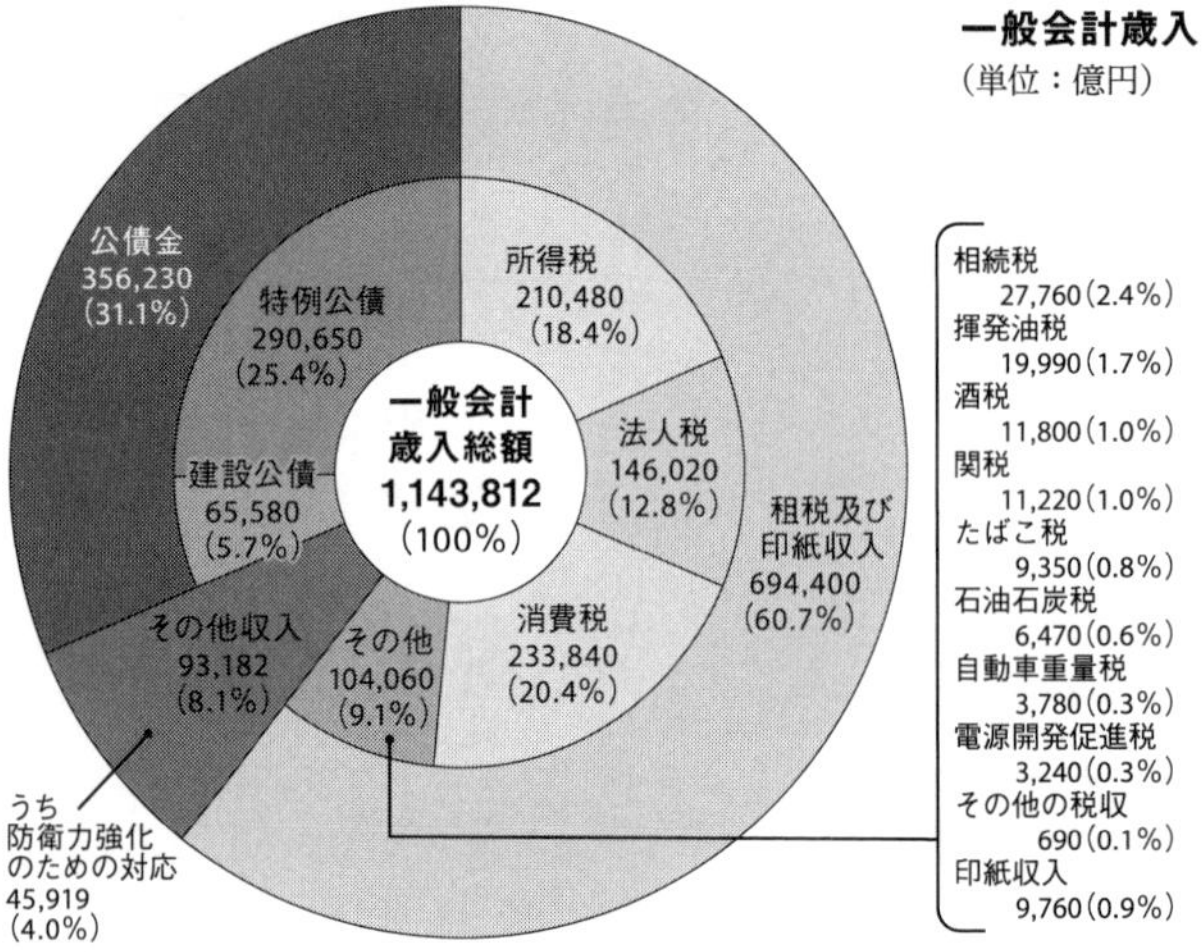

図表2-1　我が国の2023年度一般会計予算の歳出・歳入の構成
（資料）財務省『令和５年度予算のポイント』2022年12月23日

全額償還する、言い換えれば市場からの借金を全額返済することはやっていません。元本を償還するのは満期が到来した分のごく一部で、満期が到来した国債の元本の大部分は、借換債《かりかえさい》を発行して市場から新たに借りた資金で形式的に償還する、ということを繰り返しています。だからこれほど、毎年の国債発行額が大きくなってしまっているのです。

　図表２－１に戻り、今度は左側の歳出の方をみてみましょう。12時の位置から時計回りに、まず社会保障、次に防衛関係費と、一般歳出が示されています。その次にあるのは地方交付税交付金等で、これは自前の地方税収が十

一般会計歳出
(単位：億円)

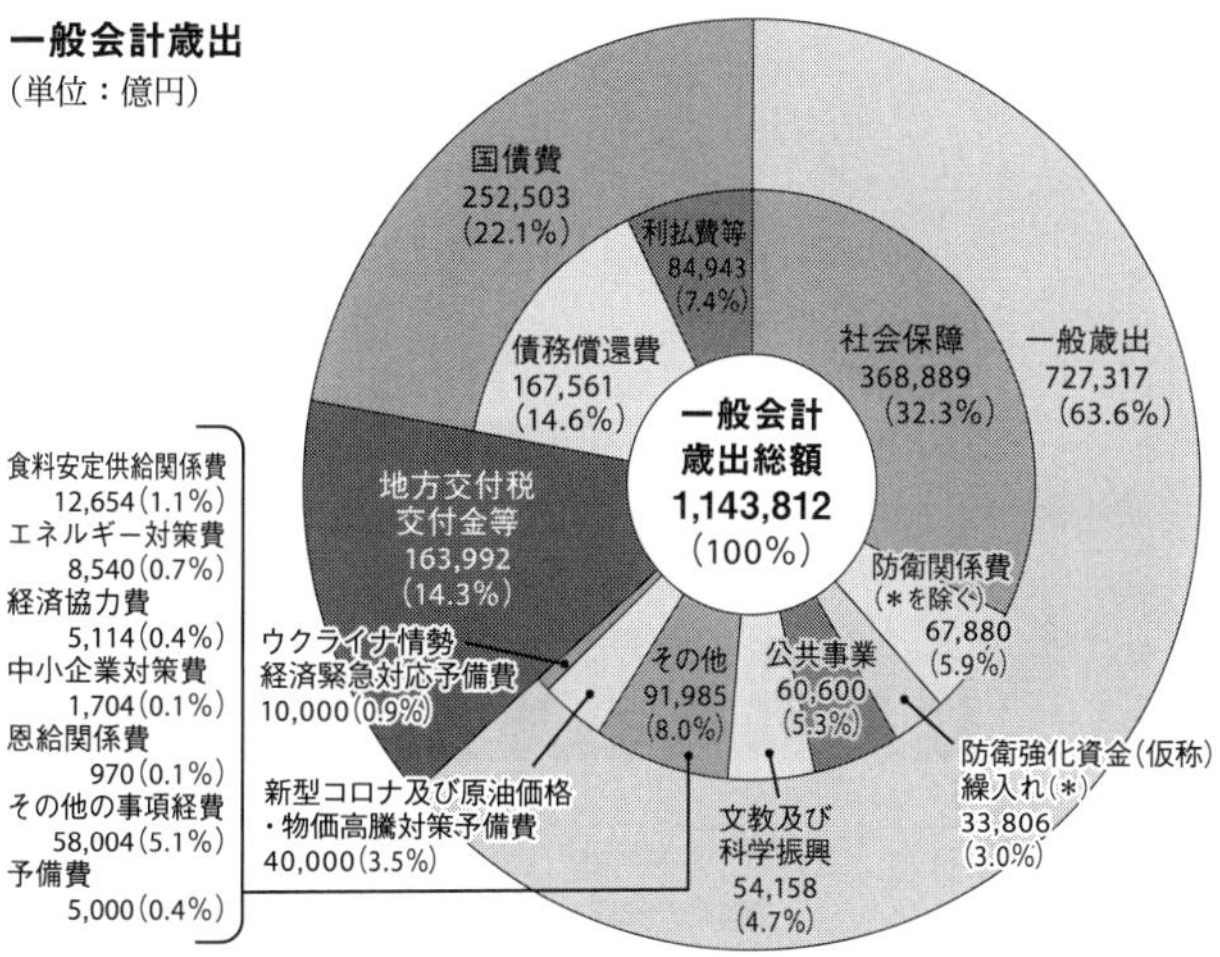

※「一般歳出」とは、歳出総額から国債費及び地方交付税交付金等を除いた経費のこと
※「基礎的財政収支対象経費」(＝歳出総額のうち国債費の一部を除いた経費のこと。当年度の政策的経費を表す指標)は895,195(78.3%)
(注1)計数については、それぞれ四捨五入によっているので、端数において合計とは合致しないものがある　(注2)一般歳出における社会保障関係費の割合は50.7%

分にあがってこない、財政力の弱い地方自治体に対して、一定水準の行財政運営が行えるように国が資金の使途を限定せずに交付するものです。ここまで合わせて歳出全体の約78％になり、残りの2割強が国債費です。国債費は合計で25兆円ですが、そのうち、過去に発行した国債の満期到来時の元本償還に充てる「債務償還費」は、国の普通国債残高は、２０２２（令和４）年度末には１０４３兆円に達する見込みだというのに、わずか17兆円弱で済ませています。先述のように、我が国は国債の満期が到来しても、その大部分を借り換

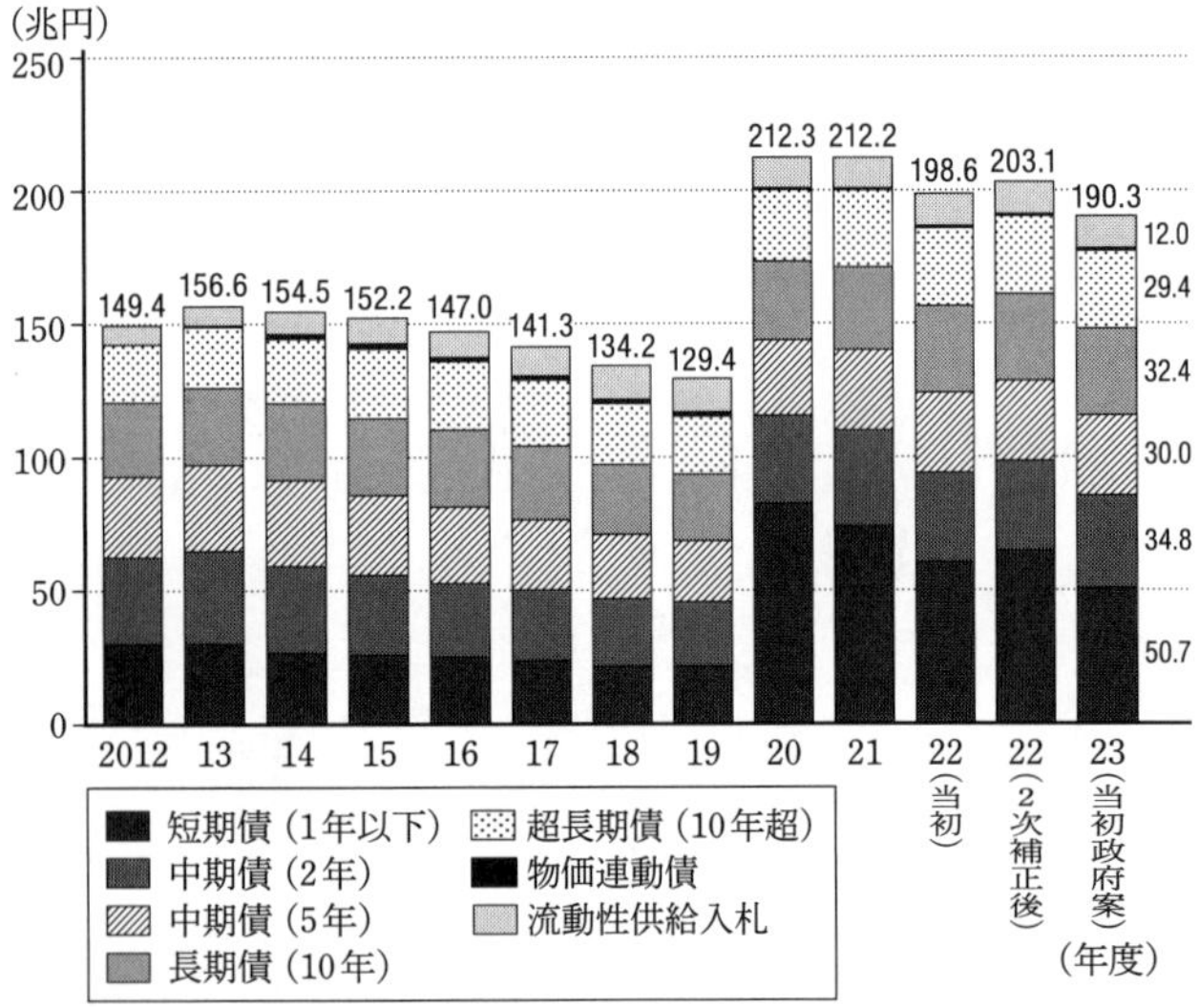

図表2-2　我が国の国債のカレンダー・ベース市中発行額の推移

（資料）財務省『国債発行計画の概要』各年度版を基に筆者作成
（原資料注）2021年度までは最終補正ベース
（注）本図では、物価連動債のみデータラベルを非表示にしている

えているからです。そして、国債の利払費もわずか8・5兆円で済ませることができています。普通国債残高全体の1％にも達しない額しか、利払費を払っていないのです。それもすべて、日銀がこれだけ巨額の国債を買い入れ、しかもイールド・カーブ・コントロールをやって、10年国債金利をゼロ％近傍で抑えつけ続けてきたからでしょう。

　こういう財政運営を長らく続けているところで、日銀が赤字に転落し、円安も進んで、もうこれ以上、国債を買い入れるわけにはいかなくなりました、となったらどうなるでしょうか。おそらく長期金利は上がります。どこまで上がるかは定かではありませんが、8・5兆円程度の利払費ではとても済まなくなるであろうことは容易に想像がつきます。そして我が国の場合、短期国債の発行額が、極めて大きいままになっています(図表2－2)。このグラフからも明らかなように、短期国債は2020(令和2)年度に突然、大幅な増額になっていますが、これはコロナ禍に見舞われた同年度の第2次・第3次補正予算で、実に73兆円もの歳出が積み増しされたことによるものです。これだけの規模の新発債を突然、長期国債で追加発行した場合、安定的に消化されるかどうか財務省も見通せなかったということなのだろうと推察されますが、コロナ対策の73兆円の大部分は期間1年以下の短期国債の発行によって調達されたのです。

短期国債の発行額は、その後徐々に減額されてきてはいますが、2023(令和5)年度当初予算の時点でもまだ50兆円もの規模で残っています。これは我が国の場合、長期金利が上昇した場合に予算上の利払費が膨張するだけではなく、日銀が短期金利を引き上げることによっても、利払費が膨張することを意味します。これまで「利息は事実上ゼロ」、すなわち、市場から借金するコストはほぼタダ同然の状態で発行されていた短期国債にも利息がつき、しかも相当に膨らむ可能性があります。

こうした局面で、財政運営はどうなるのか。これまでのような、年度当たり200兆円前後もの規模で国債を発行し続けることは難しくなるでしょう。市場の長期金利がどんなに上昇しても、また日銀が短期の政策金利をどれだけ引き上げても、政府の側として利払費を予算編成上きちんと工面できるのであれば問題はありません。現に、2021年末〜22年春前後から高インフレ対応で中央銀行がどこも金融引き締め局面に入っている欧米各国では、長短市場金利が相当な幅で上昇していますが（図表2―3）、たいへんながらも利払費の増加分もきちんと確保し、対応できています。

しかしながら、我が国のこのような歳入・歳出構造では、とても無理でしょう。日銀がもはや、長期金利を抑えつけられなくなったことが白日の下にさらされれば、長期金利は間違いなく上昇します。〝上昇〟どころではなく、〝急騰〟になってしまうかもしれません。そうなれば、我が国としても、諸外国と同様、低金利は市場からの信認によって獲得するしかなくなるのです。そのためには国債発行額を減らすしか方法はありません。

コロナ禍のような危機下でも、中央銀行が国債を過度に買い入れてしまわず市場の金利形成機能を尊重し、活かし続けてきた国では、長期金利の上昇局面でも金利の変化の仕方に連続性があり、極端な〝急騰〟にはなっていません。ところが、我が国は違います。黒田日銀のもとで、市場の金利形成機能をずっと封じ続けてきたものが突然、外れることになるのです。タガが外れた長期金利は糸の切れた凧のようになってしまう可能性が高いと

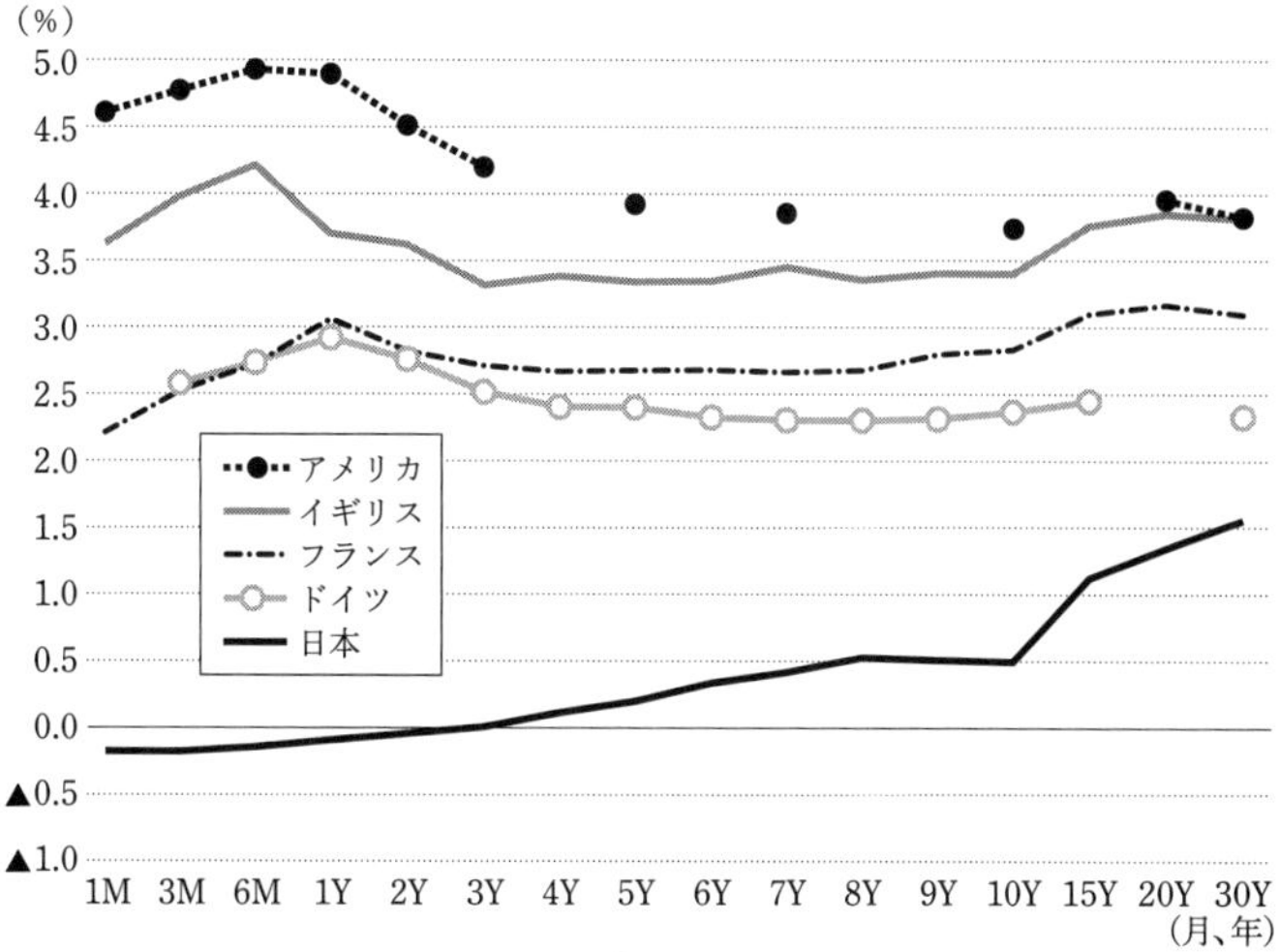

図表2-3　主要国のイールド・カーブの形状の比較（2023年2月10日時点）

（資料）Refinitiv Eikonを基に筆者作成　（注）2023年2月10日時点のスポット・レート。国によりデータのない年限があり折れ線がつながらない部分がある

思われます。そうしたなかで市場金利の上昇を少しでも抑えるには、新規国債の発行は見送らざるを得なくなり、発行金額を減額するどころでは済まず、新規国債の発行はいっさい不可能になる、という事態も絵空事ではありません。市場金利に低下してもらえるようになるためには、実際にはさらに踏み込んで、満期到来債の元本償還額を増やして、借換債の発行額を減額し、国債発行額全体の縮小を迫られる可能性もあるでしょう。

では、仮に「新規国債の発行は一切不可能」という状態に陥った場合、どういう予算編成を迫られることに

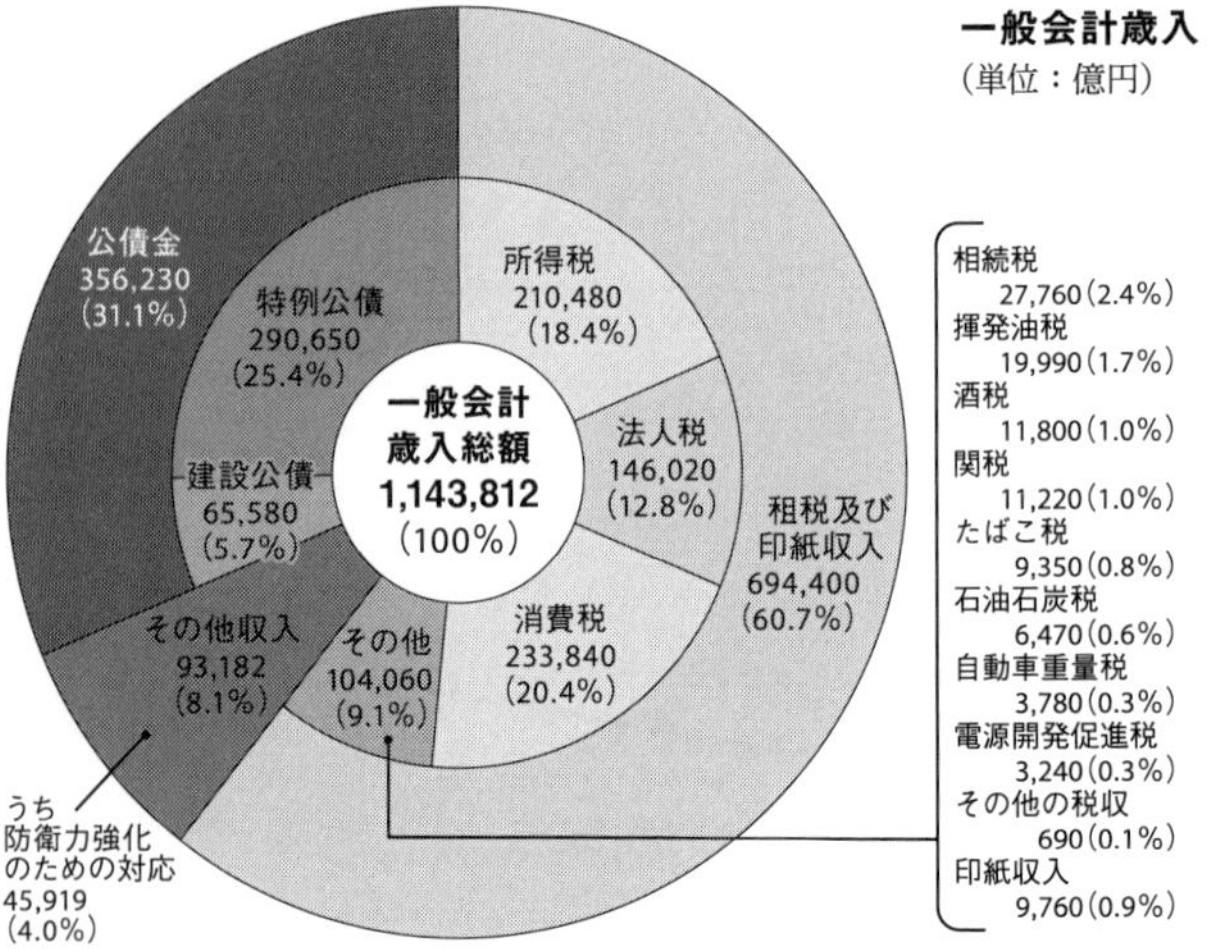

図表2-1　我が国の2023年度一般会計予算の歳出・歳入の構成（再掲）

（資料）財務省『令和５年度予算のポイント』2022年12月23日

なるのでしょうか。図表２―１（再掲）の右側の歳入の円グラフで、12時の位置から反時計回りの方向に示されている、公債金の約36兆円がすっぽりと抜け落ちることになります。

この、左上の３分の１が欠けたドーナツのような形のなかに、左側の歳出をまるまる、収めなければならなくなるわけです。単純に考えれば、欠けた３分の１の部分相当を、増税で賄えれば問題は簡単に解決します。しかし、もともと一般会計の税収が69兆円の国で、突然、36兆円規模の増税ができるかというと、いくら何でもそれは無理でしょう。では、単純化して考えるために、増税は一切できない一方、一般

一般会計歳出
（単位：億円）

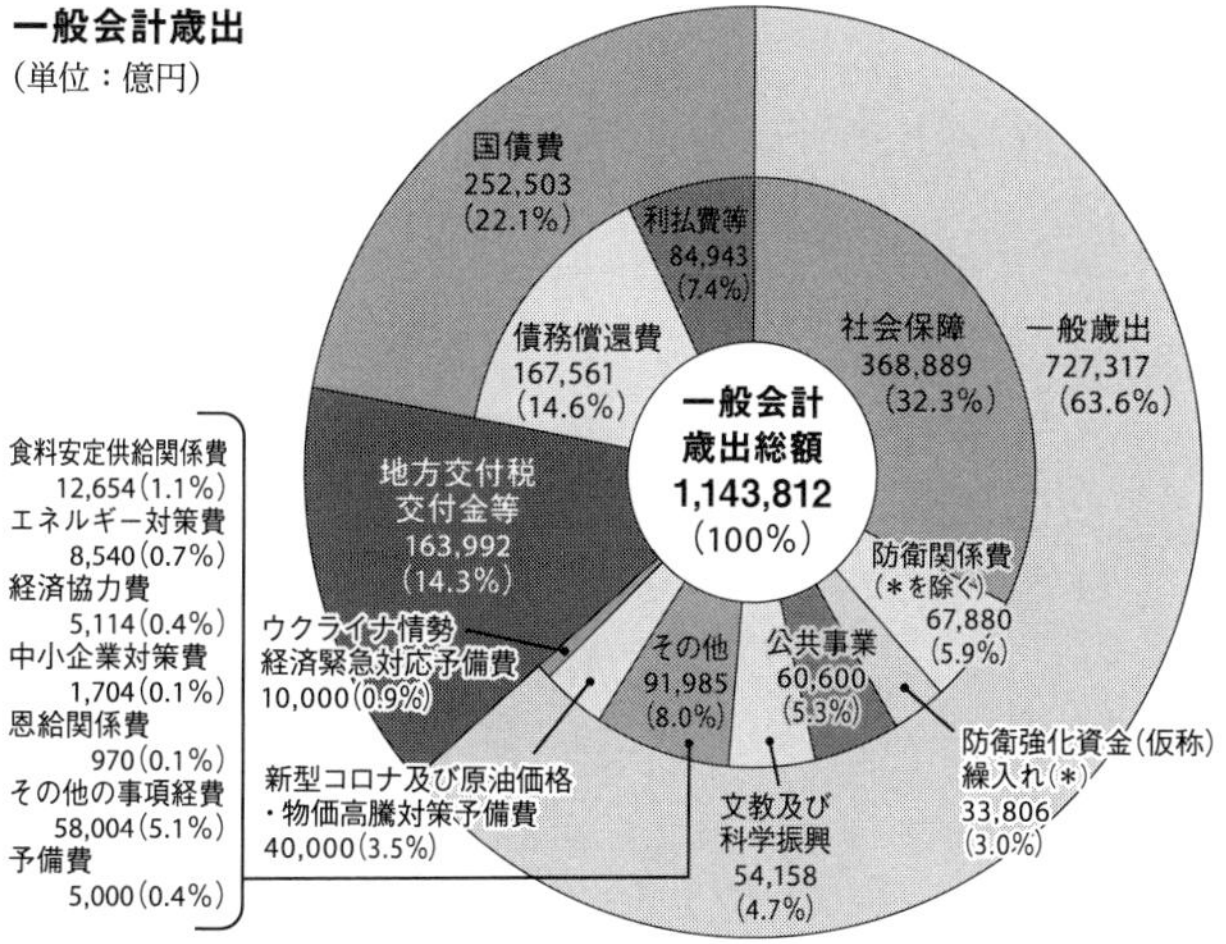

※「一般歳出」とは、歳出総額から国債費及び地方交付税交付金等を除いた経費のこと
※「基礎的財政収支対象経費」（＝歳出総額のうち国債費の一部を除いた経費のこと。当年度の政策的経費を表す指標）は895,195（78.3%）
（注1）計数については、それぞれ四捨五入によっているので、端数において合計とは合致しないものがある　（注2）一般歳出における社会保障関係費の割合は50.7%

会計の税収見込みも何とか69兆円で維持できると仮定します（そうした厳しい局面では所得税・法人税・消費税という基幹税収はどれも減収になる可能性が高いため、かなり楽観的な仮定ですが）。その3分の2のドーナツのなかに優先的に充当しなければならない歳出項目はどれでしょうか？　社会保障費でしょうか、それとも地方交付税交付金等でしょうか？　答えは違います。最優先させざるを得ないのは、他のどの歳出項目よりも、国債費になるのです。満期が到来した国債の元本が予定通りに償還できないか、もしくは利払費を一部でも支払えな

いとなれば、我が国はその時点で正真正銘の財政破綻（デフォルト＝債務不履行）になってしまいます。それを回避するには、国債費を優先させるしかありません。そうした局面で、実際の国債費は図表2－1に示されているよりももっと膨張していると思われますが、仮に25・3兆円のままとして（ここも相当に楽観的な仮定です）、一般会計の税収とその他収入の合計額（78・8兆円）から差し引くと、53・5兆円しか残りません。この53・5兆円のなかに、社会保障等の一般歳出と地方交付税交付金等の合計額（2023年度予算では約89兆円相当）を収めなければならなくなるのです。単純計算では、これらの歳出のすべてを、社会保障費も防衛費も義務教育の国庫負担金も地方交付税も、一律とすればすべて4割カットしなければ収まらない、ということになります。実際には国債費がもっと膨張するでしょうから、カットする幅はもっと上乗せせざるを得なくなるでしょう。ただし、私たち国民がある程度の増税の負担に耐えられれば、このカット率はその分だけ少なく済ませることもできます。日銀が利上げ局面に入って財務が悪化し、国債の買い入れを続けられなくなって長期金利を抑えることができなくなった局面で、我が国が財政運営上、直面すると想定されるのは、こういう厳しい事態なのです。

矢野財務次官の警告の意味

2021年の秋、当時財務事務次官だった矢野康治氏が月刊誌に財政の危機的状況を訴える寄稿[1]をしたことが話題になりました。私たち国民の側からは「財政運営には財源が必要だ、ということを、今さらながら思い知らされた」「財政運営が本当に深刻で大変なことになっているのがよくわかった」という声がきかれた一方で、与党内などでは、それまでのアベノミクスのもとで一貫して展開されてきた財政拡張路線を批判する内容だとして、相当な波紋、反発も拡がったようです。この寄稿のなかで矢野氏は、次のように述べています。

あえて今の日本の状況を喩えれば、タイタニック号が氷山に向かって突進しているようなものです。氷山(債務)はすでに巨大なのに、この山をさらに大きくしながら航海を続けているのです。タイタニック号は衝突直前まで氷山の存在に気づきませんでしたが、日本は債務の山の存在にはずいぶん前から気づいています。ただ、霧に包まれているせいで、いつ目の前に現れるかがわからない。そのため衝突を回避しようとする緊張感が緩んでいるのです。

1　矢野康治「財務次官、モノ申す『このままでは国家財政は破綻する』」文藝春秋、2021年11月号。

…（中略）…

先ほどのタイタニック号の喩えでいえば、衝突するまでの距離はわからないけれど、日本が氷山に向かって突進していることだけは確かなのです。この破滅的な衝突を避けるには、「不都合な真実」もきちんと直視し、先送りすることなく、最も賢明なやり方で対処していかねばなりません。そうしなければ、将来必ず、財政が破綻するか、大きな負担が国民にのしかかってきます。

あくまで私の解釈ですが、矢野氏の文章にある〝霧〟は黒田日銀が展開してきた異次元緩和のことだと思います。矢野氏のこの寄稿からすでに1年余りが経過した今、国内外の経済・金融情勢は大きく変化することになり、日銀と我が国はその〝霧〟を待ったなしで晴らさざるを得ない状況に追い込まれているのです。〝破滅的な衝突〟とは、まさに前述のような事態のことで、〝財政が破綻する〟は、3分の2の形になったドーナツに、国債費を優先的に充当する、という政治的な合意ができないケースのことでしょう。〝大きな負担が国民にのしかかってきます〟は、歳出の一律4割カットを余儀なくされるケースに相当すると思います。

財政健全化努力を怠ってきた国の末路

世界第3位の経済大国であるはずの我が国が、なぜこういう事態に追い込まれることになってしまうのでしょうか。それは我が国が、今まで財政健全化目標の達成を先送りし続けてきたからに外なりません。我が国の財政健全化目標は、プライマリー・バランス（基礎的財政収支）を黒字化するというものですが、２００８年のリーマン・ショック後、この金融危機の震源地であった欧米各国ですら財政再建努力を加速させたのに、我が国のみが「まだデフレ状態にあるから」という甘えた言い訳をして、政府債務残高が積み上がる一方だというのに、黒字化目標の達成先送りを続けてきたのです（図表２－４）。

プライマリー・バランス均衡とはどういうことかというと、図表２－５の左から２番目の図にあるように、税収等で政策的経費（図表２－１の左側の図では、「一般歳出」と「地方交付税交付金等」の合計）が賄えているということです。仮に我が国が現時点で、このプライマリー・バランス均衡を達成できていたとしたら、新規国債発行額はもっと少ないはずで（図表２－１に則してみれば25兆円）、日銀が国債買い入れ不能に陥ったとしても、財政運営全体に与える打撃の程度はより少なくて済みます。欧米各国の場合は、我が国のようなプライマリー・バランスではなく、より厳しい財政収支の均衡や黒字化達成を財政運営上の目標に据えています（図表２－５の右から２番目の図）。財政収支均衡まで実現できていれば、新規国債

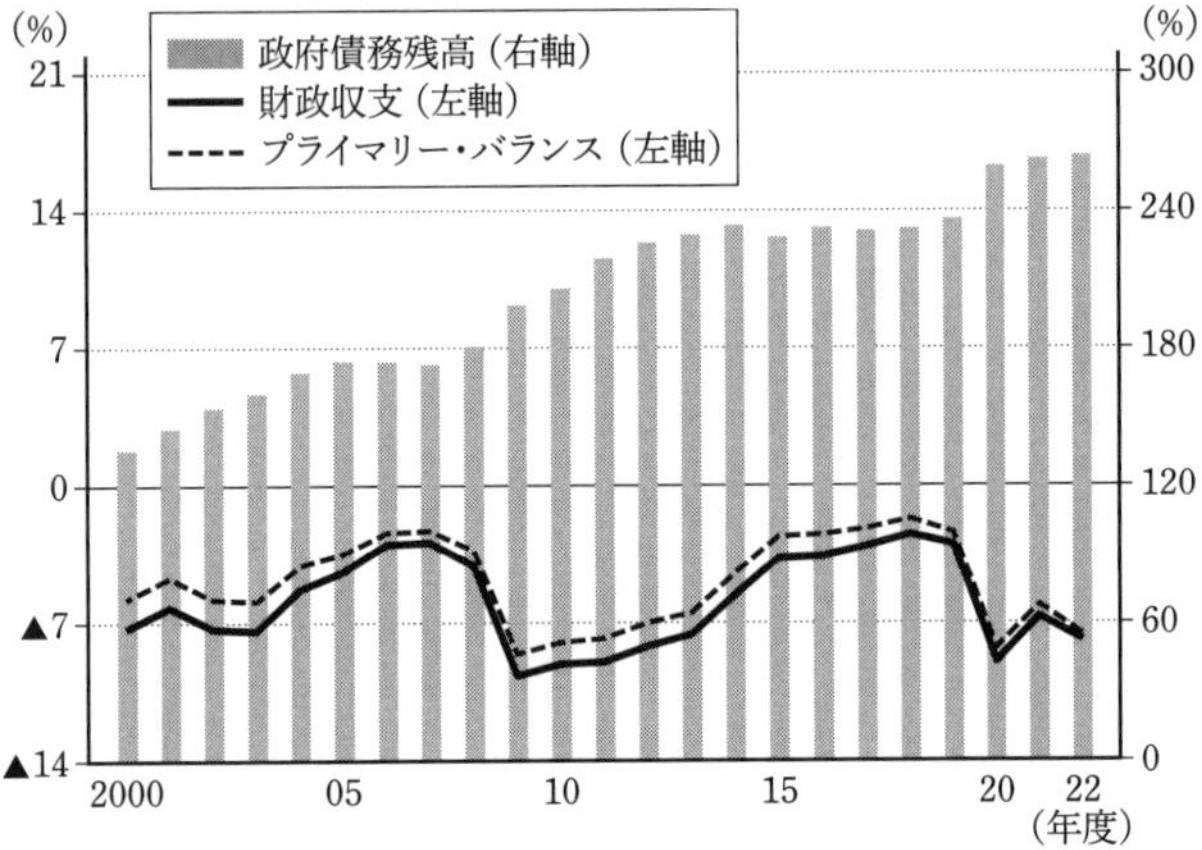

図表2-4　2000年代以降の我が国の財政指標（いずれも名目GDP比）の推移

(資料) IMF, World Economic Outlook Database, October 2022を基に筆者作成
(注) 2020年以降は、2022年10月時点におけるIMFによる実績見込みおよび見通し

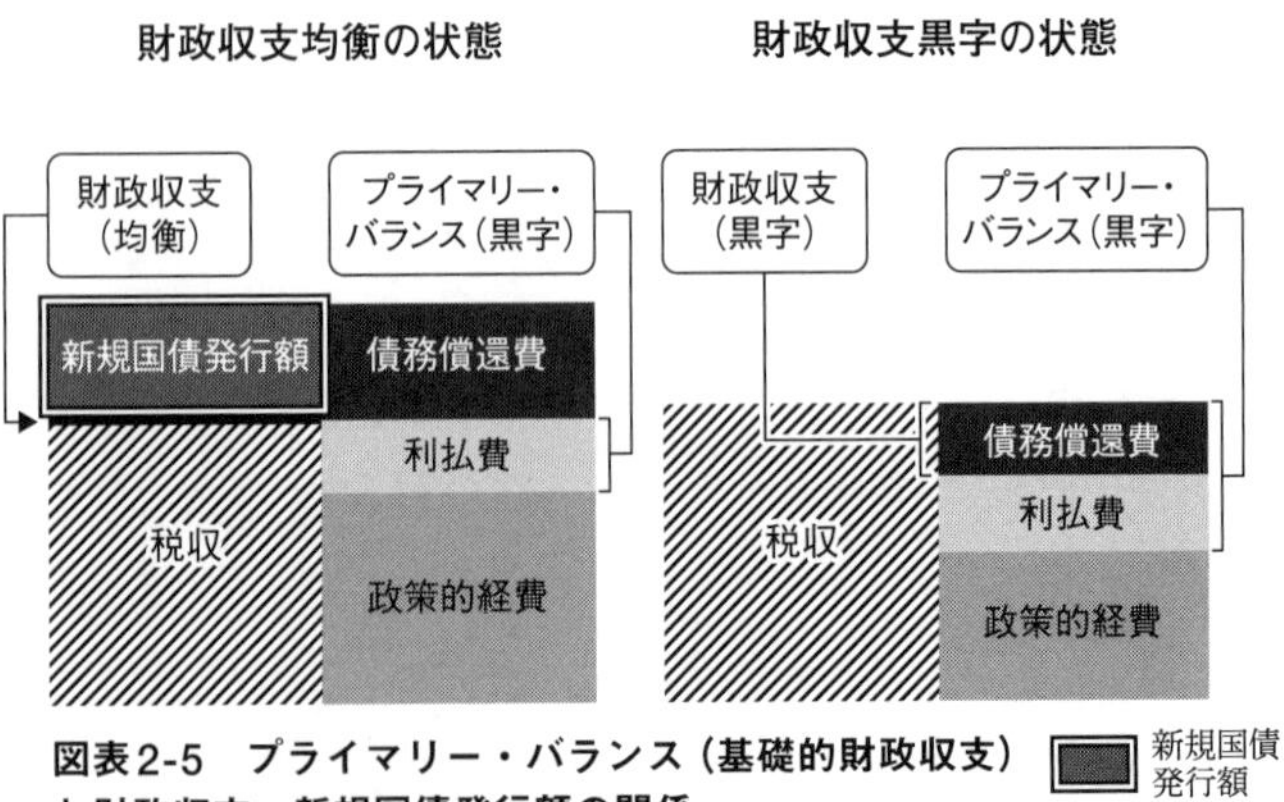

図表2-5　プライマリー・バランス（基礎的財政収支）と財政収支、新規国債発行額の関係

発行額は、我が国のケース（図表2－1）に置き換えれば、16・8兆円にさらに減らせていることになります。さらに財政健全化が進んで、ドイツのように財政収支の黒字化を達成できていれば（図表2－5の一番右の図）、新規国債の発行はゼロになります。そこまで財政健全化を進めることができていれば、急に市場が荒れるような事態になっても、税収ですべての政策的経費も国債費も賄えているため、突然「○割カット」を迫られるようなこともなく、国民の生活も安泰です。ちなみに、コロナ危機前の時点で、財政収支の黒字化を達成していた国はドイツだけではありません。カナダ、ニュージーランド、スイス、オーストリア、デンマーク、ノルウェー、韓国等の多くの国々が達成しています。リーマン・ショック後に実際に財政破綻

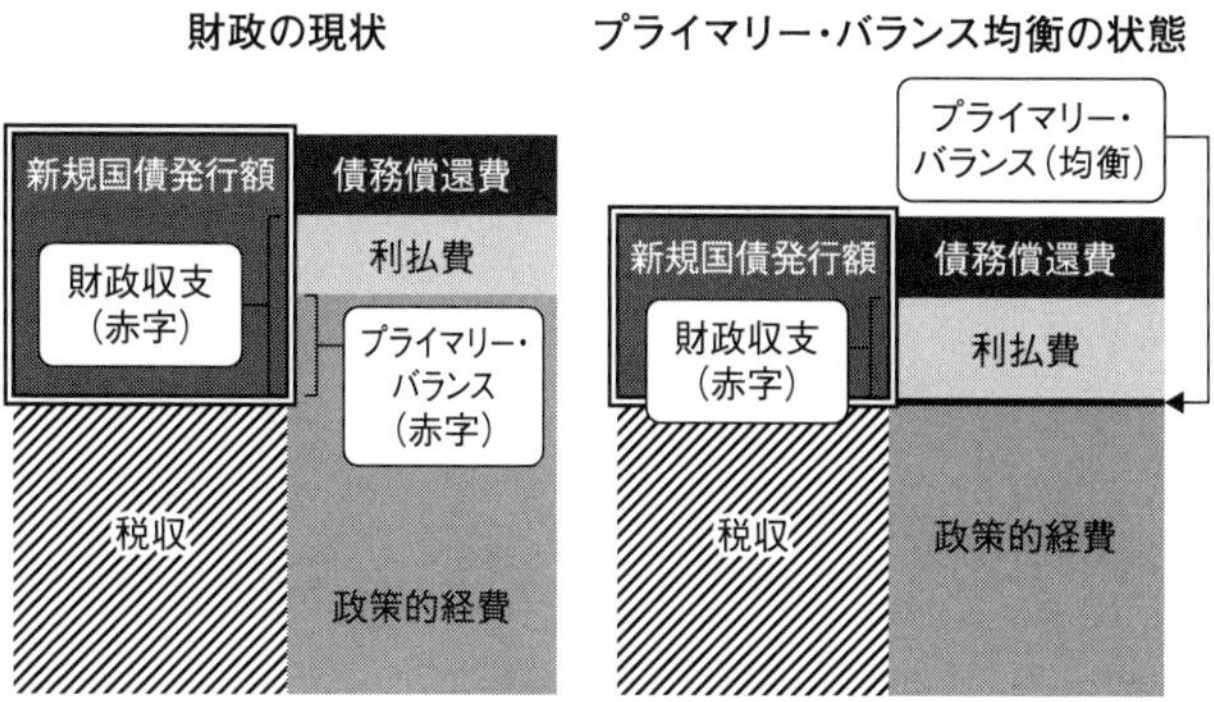

（資料）財務省『日本の財政関係資料』2022年10月を参考に筆者作成

や、〝事実上の財政破綻〟に追い込まれたギリシャやキプロス、アイスランド（第7章で説明します）ですら、コロナ危機前にはきちんと財政収支黒字の状態に戻しています。各国はこうやって、平時にきちんと、国民の痛みも伴う財政再建努力を積み重ねているからこそ、次の危機到来や世界経済情勢の急転換にも、慌てることなく対応していくことができるのです。これに対して我が国は、これまで長年にわたり、〝デフレ〟を都合のよい〝言い訳〟にして、本来やっておくべき財政再建努力を怠ってきたことのツケが、これから一気に表面化することになる、といえるでしょう。

第3章 異次元緩和とはどのようなものだったのか

黒田日銀の異次元緩和とは、我が国にとって、日銀自身、そして財政運営への計り知れない影響を通じて、これほどまでに後世に禍根を残す引き金となりかねないものです。では、黒田総裁の下での10年近くの間、日銀は実際にどのような金融政策を展開してきたのでしょうか。それは、白川方明《まさあき》総裁時代までの日銀や他の中央銀行が行ってきた金融政策と、どのように違うものだったのでしょうか。どのような経路で効果を及ぼすことが期待され、実際にその通りに機能したのでしょうか。果たして効果はどうだったのでしょうか。

そもそも金融政策でどうやって景気を刺激できていたのか

異次元緩和の効果の現実をみる前に、そもそも、中央銀行は従来からのいわば〝伝統的〟な金融政策運営を通じて、すなわち短期（通常は最も短いオーバーナイト〈夕刻から翌朝まで〉）の政策金利を上げ下げすることによって、どのような経路で景気に影響を及ぼすことができていたのかを確認しておきましょう。我が国でいえば、黒田日銀が異次元緩和を実施するよりもさらに前の、２００１〜06年の量的緩和の実施前の世界です。

我が国の銀行システムの全体像をみると、中央銀行である日銀を頂点に、その下にメガバンク（かつての都市銀行）、地方銀行等がぶら下がる形で構成されています。このうち、日銀と直接当座預金取引を行い金融調節のオペレーションの相手方となるのは、メガバンクや地方銀行、信用金庫であれば主に本店等で、信用組合等の協同組織金融機関であればその中央機関（全国信用協同組合連合会や労働金庫連合会、農林中央金庫等）です。それらの下には、銀行や信用金庫であれば各々の支店がぶら下がり、全信組連の下には各信用協同組合がぶら下がり、労金連の下には各労働金庫が、農林中金の下には各農協等が、さらに支店等の形で枝分かれして数多くぶら下がっているのです。そしてこれらの支店等が中心となって、日本全国津々浦々の現場での金融仲介業務、すなわち企業向けの貸出や家計向けの住宅ローンの貸出、預金の受け入れなどを担っています。銀行システムとはいわば、日銀を頂点として、その下に各銀行等の本店、支店等が、あたかも木が枝分かれするような形状で連なる構成となっていることがイメージできると思います。

こうした銀行システムのもとで、日銀が金融政策運営上、金融緩和することを金融政策決定会合で決めたとします。金融調節担当（現在であれば金融市場局）は民間銀行の本店等を相手方に金融調節オペレーションを行って資金を供給し、短期金利を引き下げ誘導しますが、その効果は民間銀行の本店等から銀行システムの枝分かれしている形状に乗る形で広く世の中に伝播していくのです。具体的には、各銀行の支店等がわれわれ家計や民間企業向けに実行する貸出が増加して、設備投資や住宅投資が増えて経済活動全体が活発化するように後押しするのです。

金利がプラスの状態にある通常の世界では、国内外を問わず、民間銀行がこのように企業や家計向けに実行する貸出の全体額は、回り回って民間銀行が企業や家計等から受け入れる預金（＝「マネーストック」）に等しくなりますが、その伸びは、おおもとの日銀が各銀行の本店等に向けて供給する資金（＝「マネタリーベース」）の伸びよりはるかに大きくなることが知られています。マネタリーベースとは、前掲図表1－1で示した日銀のバランス・シートの右側の負債サイドにある、銀行券の発行残高と日銀当座預金の合計のことです。そのマネタリーベースから、私たちの手もとに届く資金量を示すマネーストックは何倍に増えるのか。その倍数は「信用乗数」と呼ばれます。その「信用乗数」の値は、その時どきの経済情勢等にもよるため、一定の値に定まるものではないことが知られていますが、この「信用乗数メカニズム」「信用乗数効果」こそが、伝統的な金融政策運営が経済に効果を及ぼす基本的なメカニズムで、日銀に限らず世界各国の中央銀行は、このメカニズムに立脚して、政策金利の上げ下げによる金融政策運営を行ってきたのです。私たちにとっても、銀行システム全体が、次々と枝分かれしていく形状で構成されていることからすれば、この点は感覚的にも理解しやすいのではないでしょうか。

要するに、金融政策運営は、全国津々浦々にある民間銀行等にも連動して動いてもらって初めて効果を発揮するものであって、中央銀行が〝独り相撲〟をして効果を発揮できるようなものでは決してありません。民間銀行等は中央銀行にとって本来、大切な仲間、欠くことのできない仲間なのです。ちなみに各国全体として、金融仲介機能がどのように果たされているのかをみると、これまでの歴史的な経緯や国ごとの慣習の違い等もあり、米国のように資本市場を通じた直接金融が中心の国と、我が国や欧州各国のように、銀行等による間接金融が中心の国とがあります。その間接金融が中心の我が国や欧州各国にとってはなおのこと、中央銀行の金融政策運営は、民間銀行にも連動して動いてもらえてこそ効果が発揮できるものといえましょう。

量的緩和の効果の現実

第1章で説明したように、我が国で不良債権問題による深刻な銀行危機の影響がまだ尾を引いていた2001年、日銀は世界で初めて、短期の政策金利をもうこれ以上は下げられないという「ゼロ金利制約」に直面しました（図表3－1）。当時の日銀は、短期金利をゼロ%よりさらに低くは下げられなくとも、中央銀行としてまだできることがあるのではないか、と考えたようです。オペレーションで短期金融市場にこれでもか、これでもかと巨額の資金を供給すれば、その効果が各民間銀行の本店等から支店等を通じて拡大し、市場でプラスの金利がついている時と同様に企業や家計向けの貸出が増え、経済活動を押し上

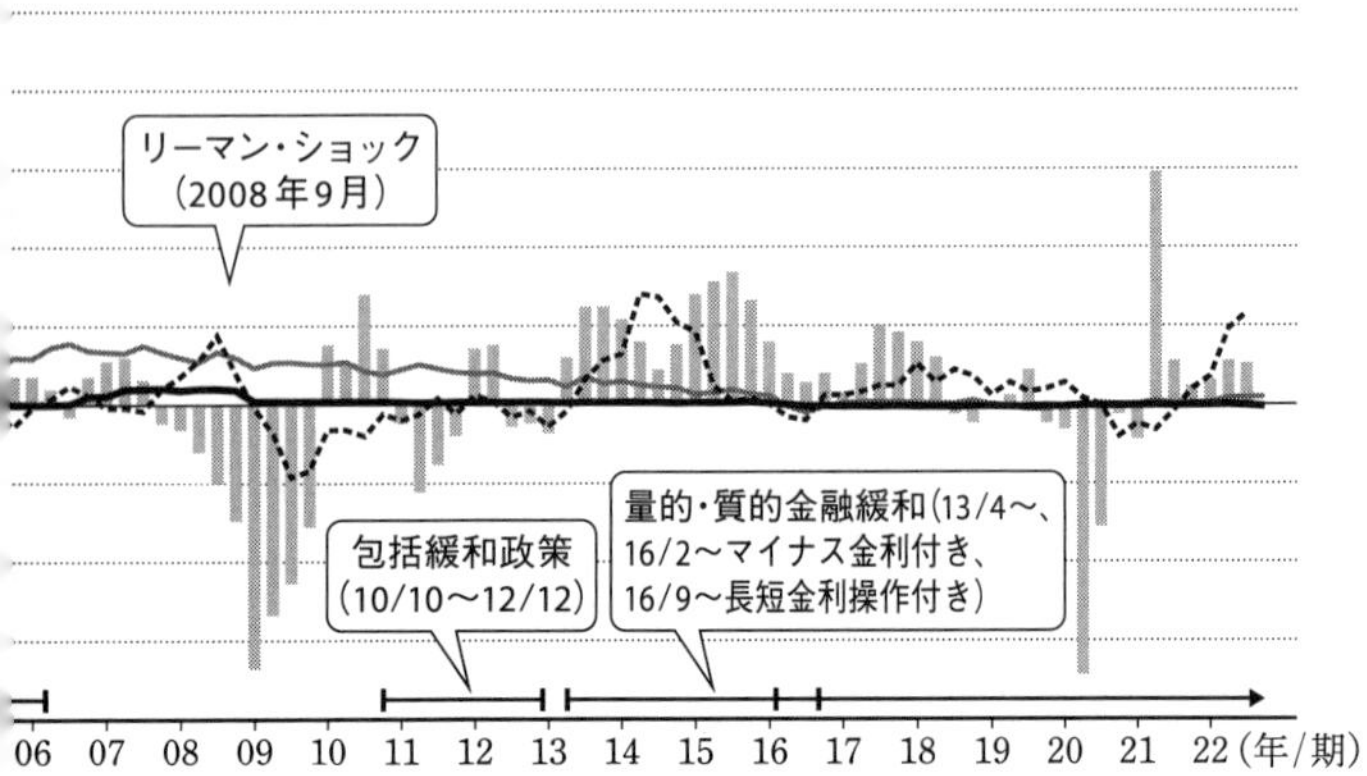

図表3-1　我が国の経済情勢と日銀の金融政策運営の推移
（資料）Refinitiv Eikonのデータを基に筆者作成

げられるかもしれないと考え、ゼロ金利下での量的緩和に踏み切ったのです。これは、世界で初めて試みられた実験的な金融政策でした。

では、その量的緩和の効果は現実にはどのようなものだったのでしょうか。

図表3－2は、1990年代末からの我が国のマネー関係指標を指数化した推移を示したものです。このうち、「マネタリーベース」（濃い折れ線）は日銀が短期金融市場でオペを通じて民間銀行に直接供給した資金（＝日銀当座預金）の残高に、銀行券の発券残高を加えたものを表しています。「信用」（薄い折れ線）は、民間銀行から企業や家計向けの貸出の残高のことです。「M2」は「マネーストック」の代表的な指標の一つで、民間銀行が私たち顧客

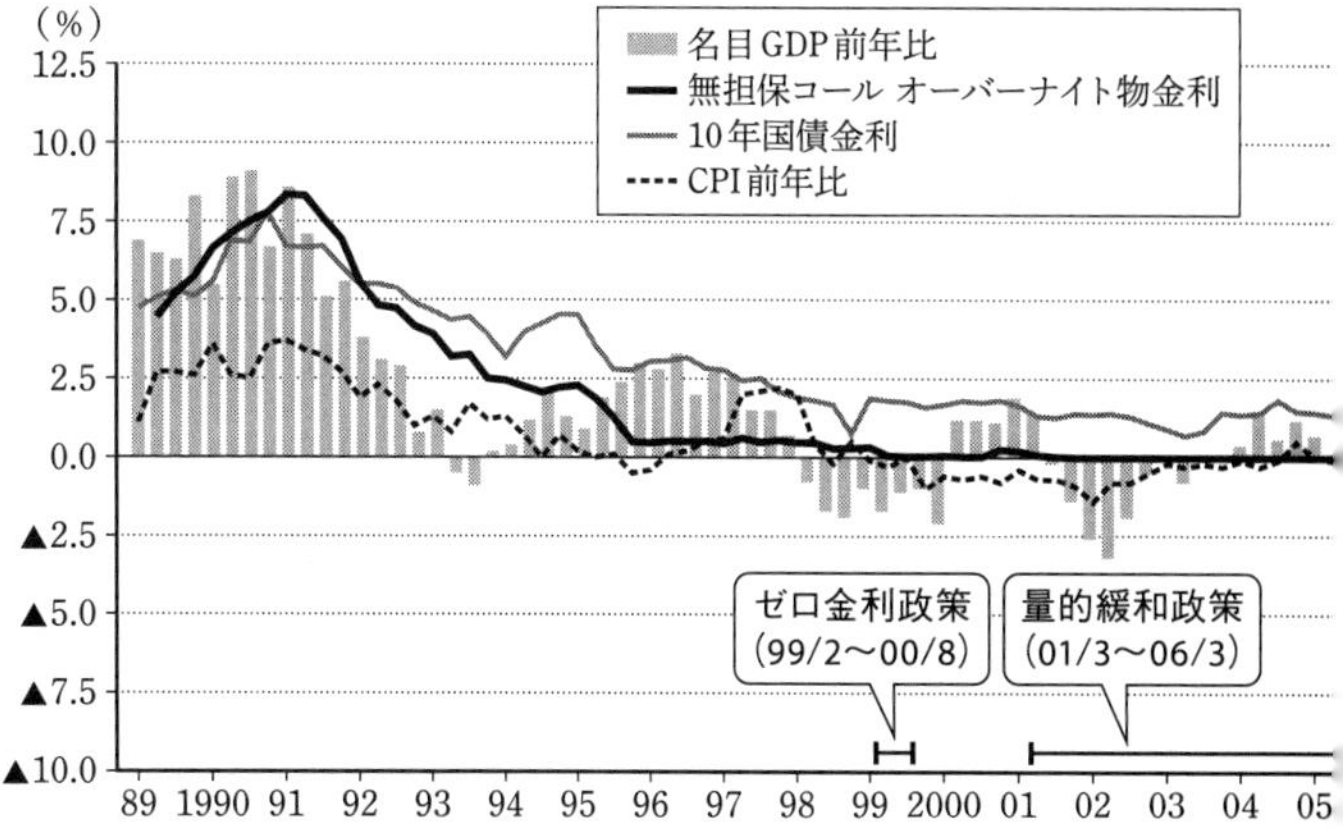

（原資料）日本銀行、総務省統計局、内閣府
（注）CPI前年比には消費税率引き上げの影響を含む

から受け入れる預金等の残高を示すものです。企業や家計向けの貸出は、それがひとたび実行され、設備投資等の資金として使われることになれば、いずれかの民間銀行の預金としていずれは戻ってくることになるため、民間銀行全体として大きく捉えれば、貸出が増えれば預金も同じように増える筋合いのものです。

金利がプラスの状態にあったかつての時代には、中央銀行が民間銀行等を相手に供給するマネタリーベースの量を増やせば、言い換えれば、短期金融市場にオペで資金を供給して短期金利を引き下げ誘導すれば、それとともに、マネタリーベースを大きく上回る形で民間銀行による貸出（図表3－2中の「信用」）やマネーストック（図表3－2中の「M2」）が伸

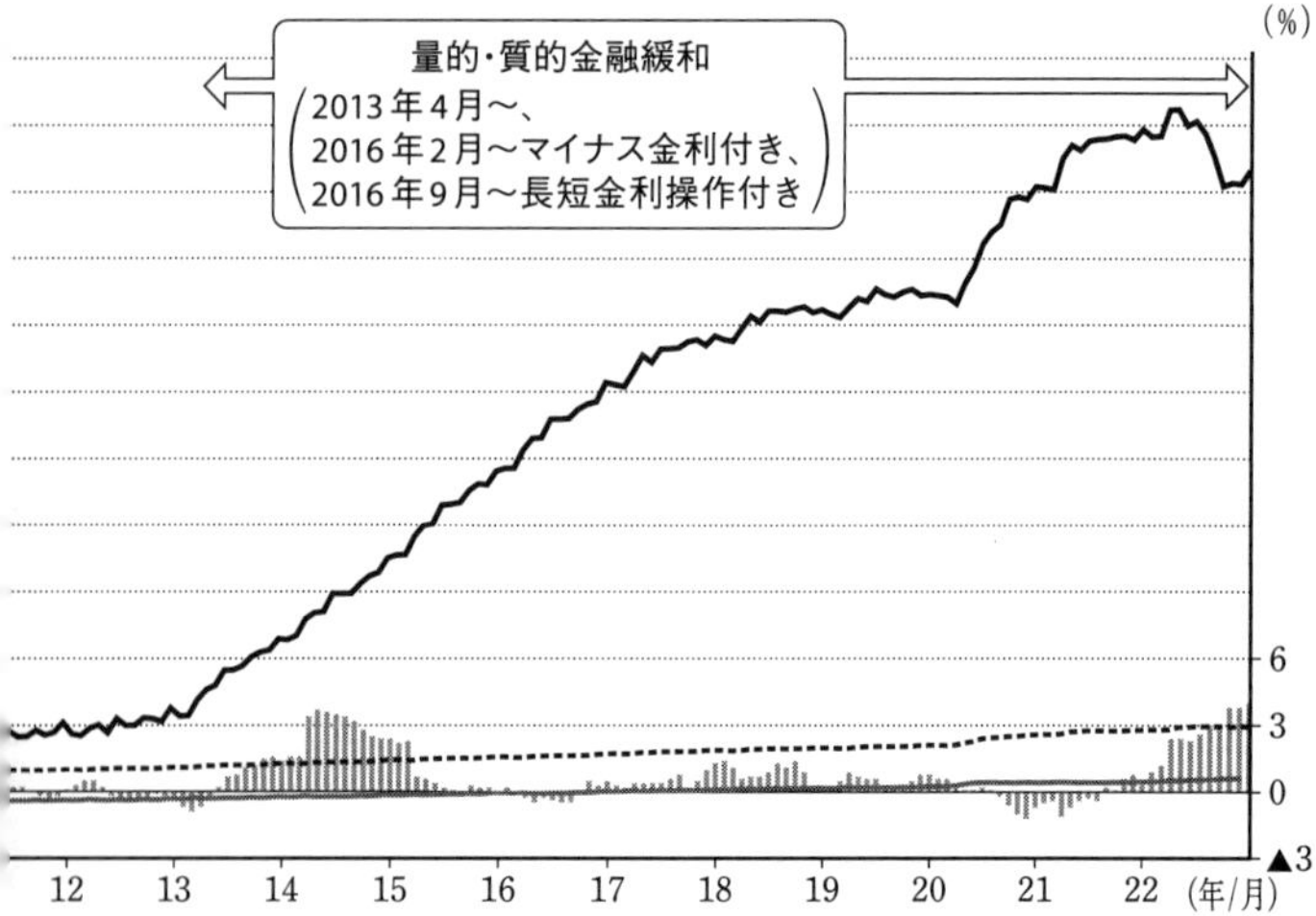

図表3-2　我が国のマネタリーベース・広義マネー・信用（1999年4月＝100）と消費者物価指数前年比の推移

（資料）日本銀行『時系列統計データ』を基に筆者作成

び、経済活動を刺激することができていました。これは我が国に限らず、各国を通じて共有されていた経験で、金融政策運営の基本を支えるメカニズムとなっていたのです。

ところが図表3－2が示すように、金利がゼロ％にまで低下したもとで、日銀が量的緩和によってマネタリーベースを大幅に増加させても、民間銀行の貸出や、貸出が還流する形で戻ってくる預金（マネーストック）は、金利がプラスであった時代のように伸びることはなかったのです。金利がプラスの時代と同じ動きをするのであれば、指数化したマネーストックや民間銀行の貸出は、

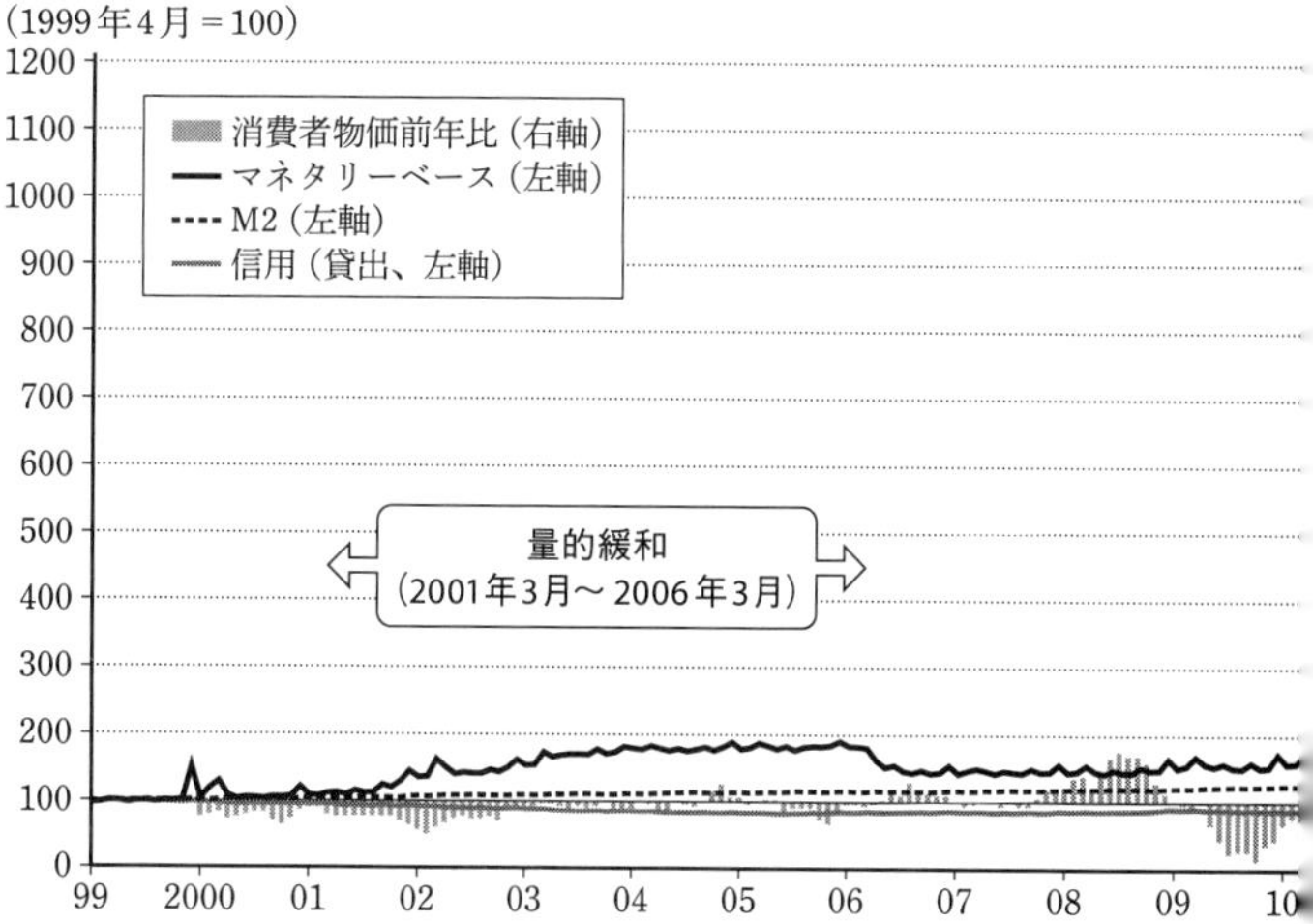

（注1）マネタリーベース、M2、信用（貸出）は1999年4月=100として指数化。消費者物価のみは前年比で、2014年4月および2019年10月の消費税率引き上げの影響を含むベース
（注2）M2は連続する統計がないため、2003年4月時点の旧統計（M2＋CD〈譲渡性預金〉）ベースの指数（1999年4月＝100とすると110.4）が一致するように新統計を接続して表示
（注3）貸出金は国内銀行銀行勘定と信託勘定の合計

同じく指数化したマネタリーベースを大きく上回って推移するはずであるところ、上回るどころか大きく下回る結果になってしまったのです。民間銀行の貸出が伸びない以上、社会全体の経済活動が活発化することもなく、図表３－２が示すように、物価が上がることもなく、その後、我が国ではデフレ状態が長期化することになったのです。これは、中央銀行がそれまで、政策金利の上げ下げによって、民間銀行の力を借りて経済への効果を及ぼしていた金融政策運営の基本的なメカニズムが機能しなくなったことを意味します。

その後の専門的な実証分析等を通じ、当時の日銀の量的緩和の効果としては、国債を大量に買い入れてマネタリーベースを供給する、すなわち流動性の供給を通じて金融危機を収束させるうえでは効果があったことが確認されています。金融危機時には、金融機関同士が相手の経営状態や返済能力について相互不信状態に陥るため、市場で資金不足者と資金余剰者が効率的に取引することは難しくなります。そのため、短期金融市場では、通常時よりもはるかに多くの資金（流動性）が必要になりますが、日銀はそのための潤沢な資金を、量的緩和によって市場に供給したのです。また同時に、専門的な実証分析を通じては、当時の量的緩和は実体経済や物価の押し上げにはほとんど効果がなかった、という理解が一般的になっていました。この点は、専門的な分析を経ずとも、この時期に我が国で経済活動を営んでいた私たち国民の、景気や物価動向に関する肌感覚とも合致するものだったのではないでしょうか。そして白川総裁時代までの日銀も、量的緩和の効果に関するこうした評価や理解を受け入れつつ、以降の金融政策運営を組み立てていたのです。

社会科学である経済学や金融論は、自然科学の世界とは異なり、研究室内の机上で構築した理論が現実にも通用するのかどうかを、あらかじめ実験して確認することはできない筋合いのものです。「金利が〝ゼロ金利制約〟にあるもとでは、中央銀行が民間銀行向けに供給するマネタリーベースをいくら増やしても、金利がプラスの時代のように、民間銀行から市中の企業や家計向けの貸出が伸びることはない」というのは、日銀が世界で初めて、ゼロ金利制約下で量的緩和政策を試みて初めてわかったことだったのです。

突如、マネタリーベース・ターゲティングを採用した黒田日銀

しかしながら第2次安倍政権のもとで就任した黒田総裁は、2000年代の日銀の経験から得られた量的緩和の効果の評価を、素直に受け止めることはしませんでした。黒田氏は2013年3月の国会での所信聴取では「それまでの日銀の金融緩和の度合いが足りなかったから、日本はデフレから長年、脱却できなかった」「自らが日銀総裁に就任すれば、2%の物価目標を、2年程度で達成することをめざし、大胆な金融緩和を実施する」と述べています。要するに、量的緩和の規模を〝異次元〟に大きくすれば、2000年代に我が国が経験したのとは違う効果が出てくるはずだ、ということを言っていたのです。

日銀は2013年4月から「量的・質的金融緩和」(いわゆる〝異次元緩和〟)を開始しました。これは、黒田総裁の「マネタリーベースを大幅に増加させれば物価は上昇する」とのかねてからの持論に基づくもので、日銀はこの時点から、金融調節のターゲット(操作目標)を、それまでの短期金利(政策金利)から、日銀が民間銀行相手に供給する資金量であるマネタリーベースに変更するという、「マネタリーベース・コントロール」を採用したので

す。これは、当時の世界を見渡しても、中央銀行の金融政策としては極めて異例のものでした。何をターゲットに金融調節を行うのか、短期金利なのか資金量なのか、というのは、金融政策運営上、極めて重大な政策運営戦略にかかる問題で、他の主要な中央銀行であれば相応の時間と労力をかけて検討して結論を出すはずの問題です（次章で触れます）が、その点に関して、黒田総裁就任後の金融政策決定会合（政策委員会）で検討された形跡はありません。そうした検討なしに、決定会合のメンバーである審議委員たちは、あたかもオセロゲームのように、すなわち、盤上の石の大半が白色でも、空いている四隅に黒い石が置かれてしまえば、あっという間に盤上の石全体が白から黒へとひっくり返るように、あっさりと黒田総裁率いる執行部の提案に賛成し、あっという間に「マネタリーベース・コントロール」への切り替えが行われたのです。

２０１３年４月４日の決定内容に関する日銀の対外公表文書にあったのは、「量・質ともに次元の違う金融緩和を行う」「量的な金融緩和を推進する観点から、金融市場調節の操作目標を、無担保コールレート（オーバーナイト物）からマネタリーベースに変更し、…（後略）」という表現のみでした。私たち国民や市場関係者に対しても、どういう理由で金融調節のターゲットを短期金利から資金量に替えるのか、という点に関する、金融政策運営戦略の重大な変更に関する明確な説明はありませんでした。

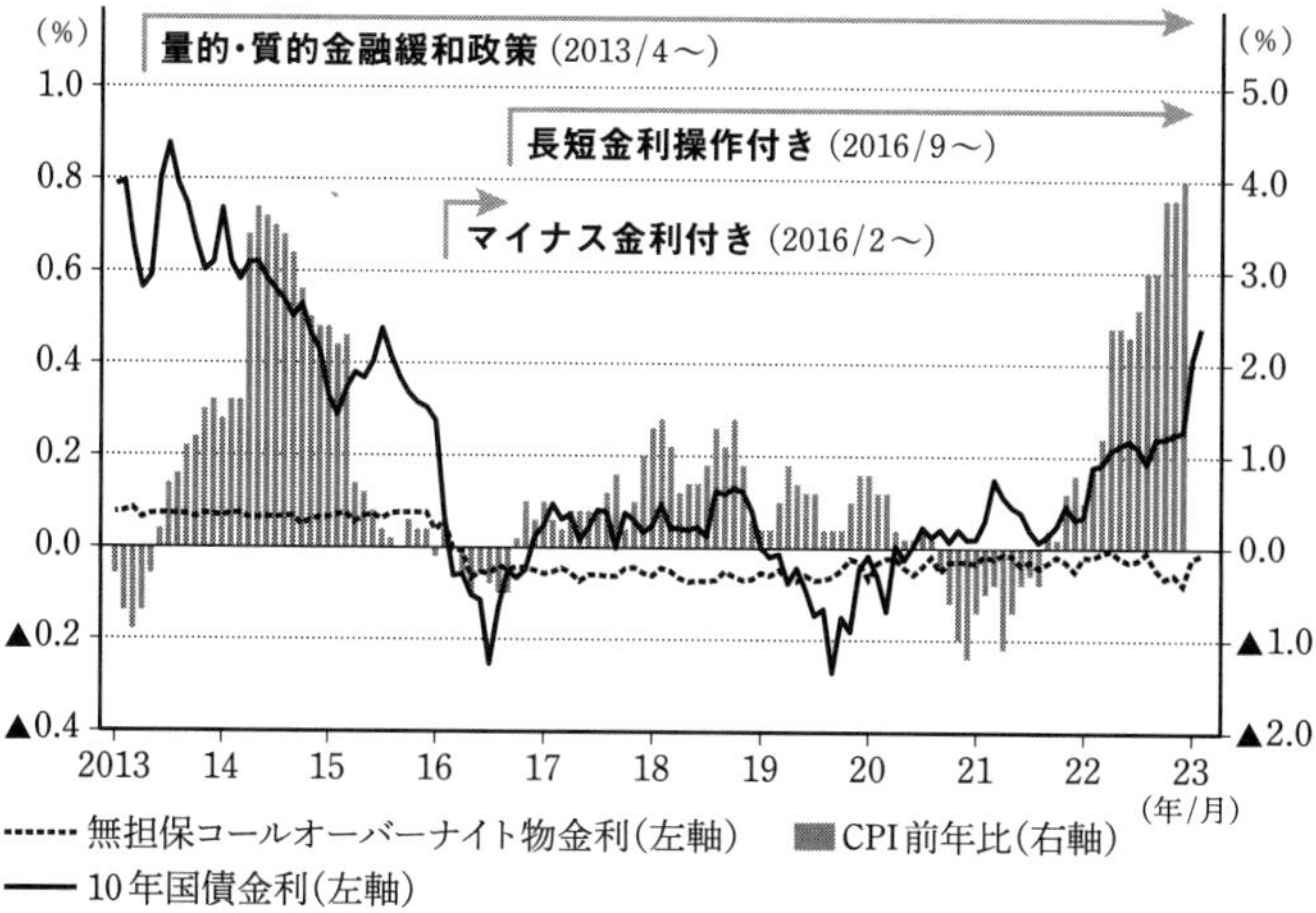

図表3-3　量的・質的金融緩和実施後の長短金利と物価動向の推移

(資料) Refinitiv Eikonのデータを基に筆者作成　(原資料) 日本銀行、総務省統計局

(注) 無担保コールオーバーナイト物金利と10年国債金利は月初値。CPI前年比には消費税率引き上げの影響を含む

黒田総裁は、2013年4月の記者会見で、「マネタリーベースや長期国債等の保有額を2年間で2倍に拡大し、2年間で2%の物価目標を達成する」と述べています。ところがその後の日本経済の実際の推移は図表3－2や3－3が示す通りです。貸出やマネーストック（預金）の伸びが高まることもなく、物価（CPI）が大きく伸びたのも最初の1年間のみで、それ以降は低迷状態が続くという結果になりました。

2022年4月以降は、我が国でも消費者物価指数の前年比は目標の2%を大きく上回るようになっていますが、これは、海外主要国における高インフレ局面への転換という外的要因が波及してきたことを主因とするものであることは明らかです。要するに、国全体を巻き込むこれだけ大掛かりな金融政策の実験を10年近い時間を費やして行っても、効果の面では、2000年代の量的緩和時とあまり大きくは変わらない結果を確認できるのにとどまったといえるでしょう。そして、それに伴うあまりにも大き過ぎる代償が、これから私たちに現実の問題としてのしかかってくることになるのです。

ちなみに、海外の主要中央銀行も2008年のリーマン・ショックで、〝ゼロ金利制約〟に直面することになりました。米連邦準備制度（Fed：Federal Reserve System）や、欧州中央銀行（ECB：European Central Bank）、イングランド銀行（BOE：Bank of England）が金融危機後に展開した金融政策運営については次章でその概要を説明しますが、彼らにおおむね共通するのは、①当時、唯一の先行事例であった日銀の2001〜2006年の量的緩和の経験を十分に検討し尽くし、素直に受け入れたうえで同じ轍は踏まないという意味で反面教師としていたことや、②量的緩和のような金融政策をひとたび始めてしまうと、後々の正常化が極めて困難となりかねない、という点に配慮していたことです。これらの主要中央銀行以外にも、同じ理由から、リーマン・ショックほどの危機に直面しても、その時点では量的緩和を安直に採用することはしなかったカナダ中銀やリクスバンク（スウェーデン中銀）のような例もありました。そうしたなかで、自国の経験、自分たち自身の経験を無視する形で、突然の政策大転換に踏み切った黒田日銀は、各国中央銀行のなかでも異例の存在だったことは間違いありません。

マイナス金利政策で民間銀行に負担を転嫁

「2年で2％」を達成するはずだった異次元緩和が、最初の1年を除けば、想定していたはずの効果をみせないことが次第に明らかになるなか、黒田日銀は2014年10月、異次元緩和の導入当初には否定していたはずの追加緩和を行いました。具体的には、①長期国債の年間買い入れペースを約30兆円追加して約80兆円とし、②ETF（信託財産指数連動型上場投資信託）やJ－REIT（信託財産不動産投資信託）の年間買い入れペースもそれぞれ3倍に増やしてETFは年間約3兆円、J－REITは年間約900億円とし、③金融市場調節全体としては、マネタリーベースが、年間約80兆円（約10～20兆円追加）に相当するペースで増加するように行う、というものでした。要するに、〃異次元〃に〃異次元〃を重ねる、世界も驚く規模での金融緩和の実施に踏み切ったのです。その際、これが将来的にどのような副作用や弊害をもたらすことになり得るのかについての日銀からの説明は一切なく、黒田総裁は何度、出口戦略について問われても、「時期尚早」と繰り返すばかりでした。

そして、それでも物価が思うように上がらないことが明らかになると、黒田日銀は２０１６年1月末に開催された金融政策決定会合で、直前の前年末まで「日銀としてはマイナス金利を導入するつもりはない」としていた説明を突然、覆す形で、翌2月からマイナス金利政策を導入することを決定したのです。この時も、金融政策運営のターゲットとして、なぜ、突然、〝政策金利〟を復活させるのか、金融政策決定会合で突っ込んで議論した形跡もなければ、国民や市場への説明もありませんでした。決定会合では賛成5対反対4という、薄氷を踏む形でのきわどい決定でした。

マイナス金利とは、プラス金利であれば「お金を借りる側が貸す（預ける）側に利息を支払う」のとは逆に、「お金を貸す（預ける）側がお金を借りる側に利息を支払う」というものです。当時は２０１４年6月からＥＣＢが本格的に導入していましたが、そのようなことが本当に実現できるのか、国内は半信半疑の状態でした。日銀は、我が国でもそれは実現できる、ということをやってみせたのです。

具体的にどういうことを実施したのかをみてみましょう。日銀が２０１６年2月にマイナス金利政策を導入した時点ですでに、民間銀行は日銀に巨額の当座預金を預ける状態となっていました。当時のＥＣＢが行っていたように、その当座預金全体にマイナス金利を適用すると、民間銀行全体が巨額のマイナスの利息（≒手数料）を日銀に支払わざるを得な

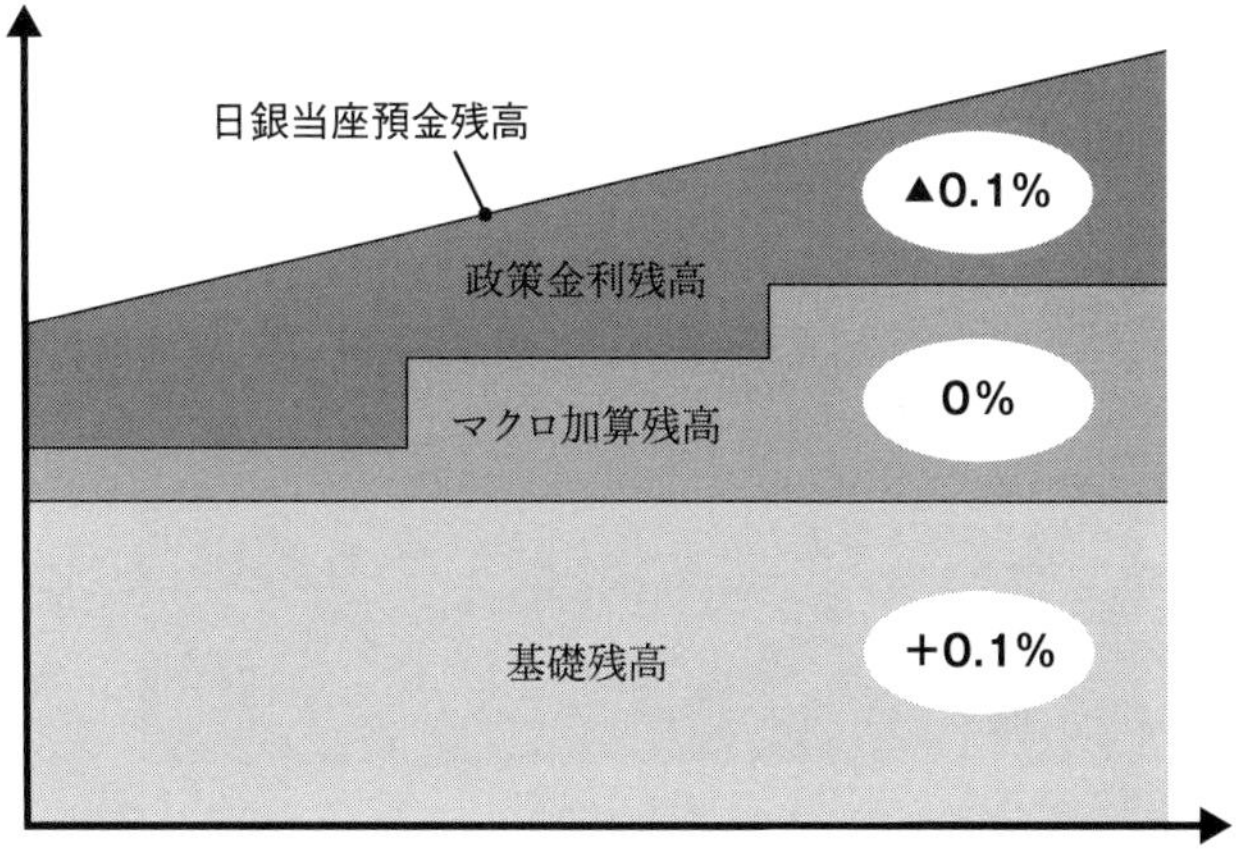

図表3-4　日本銀行が2016年2月から導入した「マイナス金利付き量的・質的金融緩和」における階層方式による補完当座預金制度の概要
（資料）日本銀行『本日の決定のポイント』、2016年1月29日（同年2月3日公表Q8追加版）

くなるため、日銀は当座預金を図表3－4のような三層に分けて、その一部に限ってマイナス金利を適用することにしたのです。

すなわち、マイナス金利政策導入の時点で民間銀行が日銀当座預金に預けていた残高は「基礎残高」とし、従前通りプラス0・1％の利息を日銀が民間銀行に支払うことにしました。ただし、マイナス金利政策導入後に民間銀行側が日銀に新たに預け入れる残高（「政策金利残高」）についてはマイナス金利を適用することにしたのです。ただ、この政策金利残高は時間の経過とともに大きく膨らみ、民間銀行側のマイナス金利負担が過度に大きくなりかねません。そこで、日銀側で

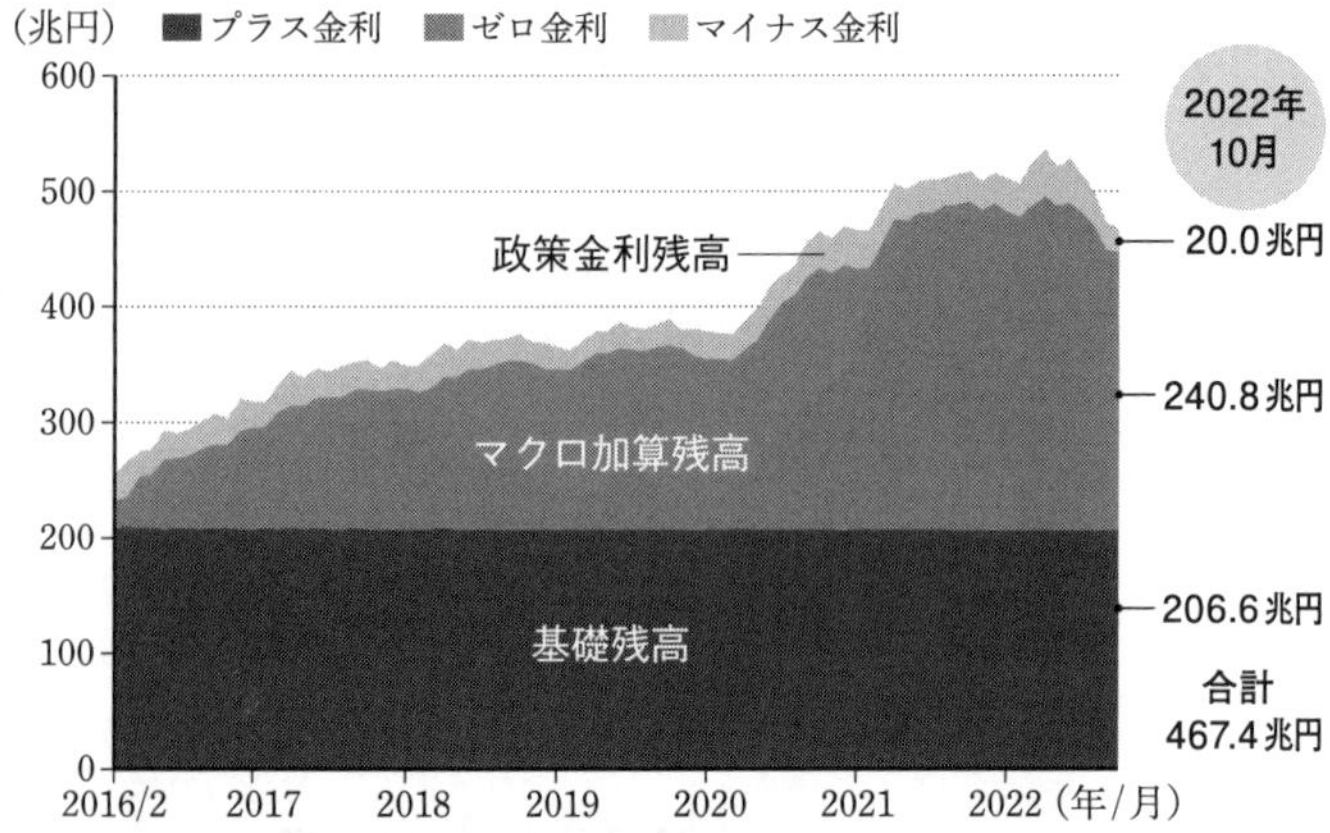

図表3-5　日銀当座預金の適用金利別残高の推移（補完当座預金制度適用先）

（資料）日本銀行『金融経済統計月報』、『時系列統計データ』

（注）「補完当座預金制度」とは、日銀当座預金のうちのいわゆる「超過準備」（民間銀行等の余剰資金の預け入れ分）に利息を付す制度。日銀と当座取引のある金融機関のほとんど（銀行、証券会社、短資会社等）が対象となるが、政府系金融機関や清算機関等、日銀と当座取引があっても対象外となっている機関も一部にある。投資信託、保険会社等はそもそも、日銀に当座預金を有していないため、対象外である

適時、中間の「マクロ加算残高」を設定し、民間銀行にとって準備預金制度で預け入れが義務付けられている分等と合わせてゼロ金利を適用することにしたのです。

こうしたマイナス金利政策の枠組みのもと、三層別にみた日銀当座預金はその後、実際には図表3−5のように推移しています。もっとも、この政策変更が民間銀行等の実際の資金繰りに与える影響は業態ごとに大きく異なり、その結果、各銀行等がマイナス金利政策のもとで日銀当座預金を実際にどのように

運用するのかは、業態別に異なることになりました。

図表3－6が示すように、都市銀行（いわゆる「メガバンク」）は、マイナス金利による負担を回避すべく、余資があっても基本的には日銀当座預金には預け増しすることはないように他で運用して政策金利残高を生じさせず、かつ、日銀側が適時に一定の条件で設定するマクロ加算残高は、マイナスではないゼロ％で資金を置ける貴重な枠であるゆえ余裕枠は一切残さずフルに日銀に預けるという運用姿勢をとっています。このため、図表3－6の都銀の部分には、基礎残高やマクロ加算残高の余裕枠はほとんど認められません。

これに対して地方銀行や第二地方銀行は、業態全体としてこのマクロ加算残高の余裕枠を一定程度残す形での日銀当座預金運用を行っています。図表3－6の地銀の部分で、下向きの棒グラフが伸びているのがそれを表しています。他方、信託銀行やその他の補完当座預金制度適用先の一部（ゆうちょ銀行等）は、国債償還資金の流入や、家計等からの預金流入が続き、持って行き場のないそれらの資金を、マイナス金利のコスト負担を伴う政策金利残高を積み増す形で日銀当座預金に預けざるを得ません。図表3－6では、これらの業態では政策金利残高を示す棒グラフが上向きに伸びていることがそれを示しており、これらの金融機関は収益の面でもかなり厳しい状況に置かれています。ゆうちょ銀行等が近年、貯金の出し入れにかかる手数料の無料扱いの枠を縮小したり、送金手数料について、従来

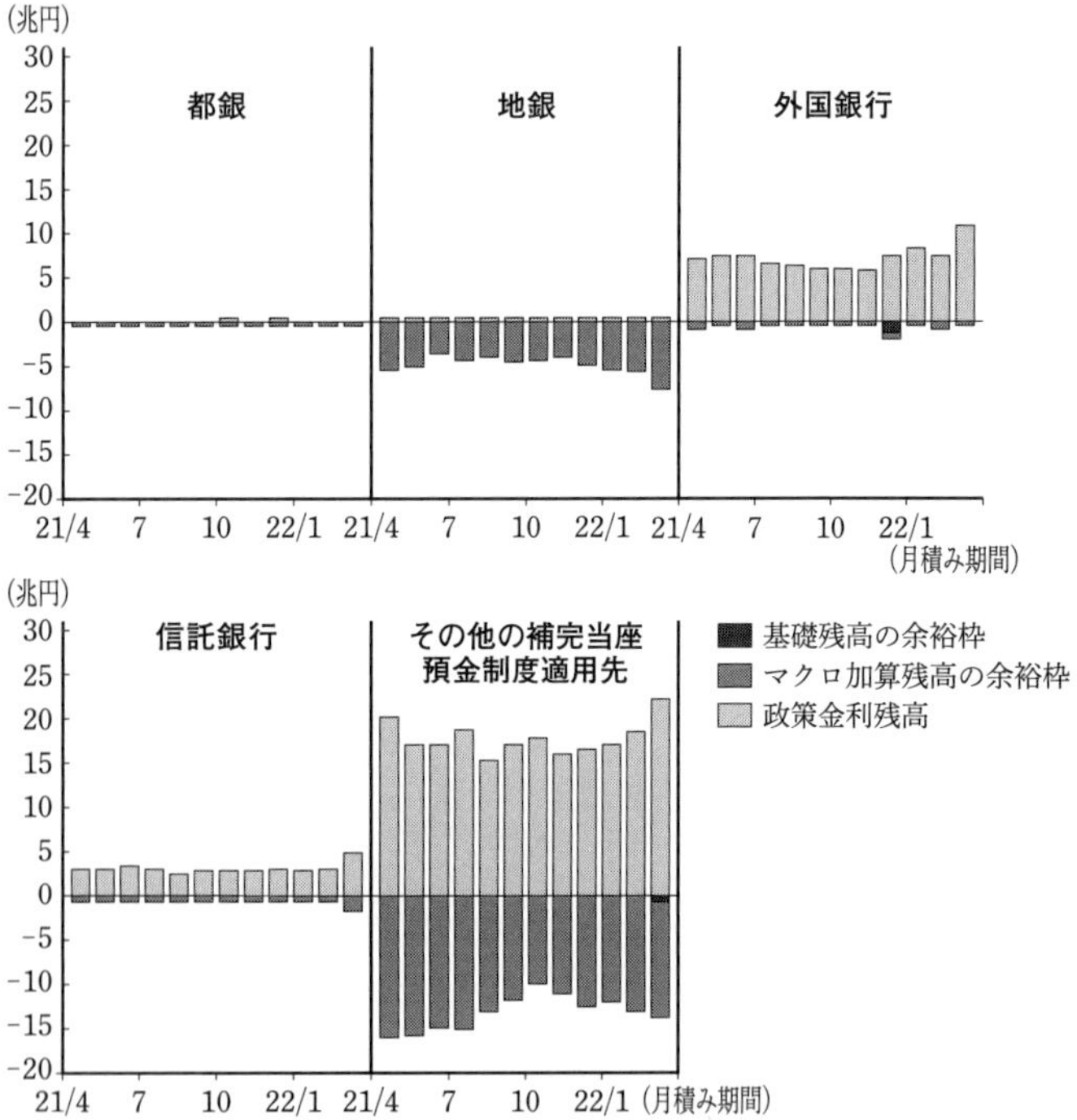

図表3-6　日銀当座預金の三層構造の業態別分布

（資料）日本銀行金融市場局『2021年度の金融市場調節』p15、図表3-4

（原資料注１）その他の補完当座預金制度適用先は、その他準備預金制度適用先と準備預金制度非適用先の合計

（原資料注２）その他準備預金制度適用先には、信用金庫（預金残高1,600億円超）、PayPay銀行、セブン銀行、ソニー銀行、楽天銀行、住信SBIネット銀行、auじぶん銀行、イオン銀行、大和ネクスト銀行、オリックス銀行、日本カストディ銀行、新生銀行、あおぞら銀行、SBJ銀行、整理回収機構、農林中央金庫、ゆうちょ銀行、ローソン銀行、GMOあおぞらネット銀行、みんなの銀行、UI銀行を含む

（原資料注３）準備預金制度非適用先には、証券会社、短資会社、証券金融会社、信金中央金庫、信用金庫（預金残高1,600億円以下）、商工組合中央金庫、全国信用協同組合連合会、労働金庫連合会を含む

（注４）日銀の当座預金取引先には上記以外に、補完当座預金制度非適用先として、銀行協会、全国銀行資金決済ネットワーク、東京金融取引所、日本証券クリアリング機構、ほふりクリアリング、CLS BANK International、日本政策投資銀行、日本政策金融公庫、国際協力銀行、預金保険機構がある。

は無料だった分についても有料化に踏み切ったりしている背景には、こうした事情があるのです。

こうした日銀のマイナス金利政策運営のもとで、短期金融市場では今、どのような取引が行われているのかをみてみましょう。新たな資金流入が生じやすいゆうちょ銀行や信託銀行等は、日銀当座預金に政策金利残高の形で預け増しをすれば、▲0・1％の手数料を日銀に徴求されてしまうのに対し、例えば▲0・05％という若干でもゼロ％に近い高めの金利で受け入れてくれるところがあれば、当然そちらに預けようとします。そこで登場するのが前述のような日銀当座預金の運用ポジションにある地銀や第二地銀です。ゼロ％が適用されるマクロ加算残高について日銀から割り当てられた分をフルには利用していないこれらの地銀等は、信託銀行等から▲0・05％で資金を預かるというマイナス金利取引を行っています。それを日銀当座預金のゼロ％が適用されるマクロ加算残高の枠で運用すれば、信託銀行等から得たマイナス金利分の利息が得られるからです。これが現在の日本の短期金融市場で行われているコール取引の実態なのです。

要するに、どの市場参加者も手許に余剰資金があふれ返っているなかで、日銀が現在のマイナス金利政策の運営上設定している三層構造によって、人為的に資金の過不足が業態別に、ある意味では〝不公平〟な形で作り出されており、そのもとでの裁定取引が、一部の市場参加者によって行われているのに過ぎません。これは、かつて資金不足の参加者と資金余剰の参加者がともに多数存在するなかで行われていた活発な取引とは明らかに性質を異にするものなのです。そしてこのマイナス金利政策は、日銀が民間銀行にマイナス金利を課しても、民間銀行はそれを同じように自らの顧客である預金者に課すことは容易ではありません。この点は我が国に限らず、マイナス金利政策が実施された他の欧州各国等でも共通して確認されている現実でもあります。

マイナス金利政策は、その後、この後説明する「イールド・カーブ・コントロール政策」に姿を変えつつも、基本的に今日に至るまで継続されています。本来、中央銀行の仲間、味方として、一緒になって金融政策の効果を経済の隅々にまで伝播させる役割を担ってもらうはずの民間銀行に対して、こういう政策運営を長期化させてしまっては、金融政策の本来の効果が社会全体に伝わりにくくなり、物価が思うように上がらなくなったのも、当然の結果ではないかと思えてなりません。

では、なぜそこまでして、黒田日銀はマイナス金利政策を今日に至るまで引っ張り続けるのか。その本当の答えは、日銀関係者が決して口にすることはありませんが、本書の冒頭でも述べたように、日銀自身の財務運営問題にあるのです。図表3－5からも一目瞭然のように、もし、日銀がマイナス金利政策を導入しないままで今日に至っていたとしたら、直近で抱えている当座預金残高全体、約467兆円に0・1％のプラスの付利をしなければならなくなっていたことになります。それは前掲図表1－3で、補完当座預金の付利コストの合計額が、足許の年間2000億円程度では済まず、5000億円近くに膨張することを意味します。そうなれば、日銀は赤字転落とまではいかないまでも、財務運営は相当に圧迫されることになります。マイナス金利政策によって日銀は、異次元緩和のコストを、民間銀行経由という表面的には国民にはわかりにくく、認識しにくい形で、私たち国民にすでに転嫁し始めているとみることができるでしょう。

金利政策としての効果は希薄だったイールド・カーブ・コントロール政策

マイナス金利政策のそうした副作用を日銀自身も認め、事実上それを部分的にせよ緩和するために、日銀は2016年9月、異次元緩和の「総括的な検証」と合わせてイールド・カーブ・コントロール（YCC）政策を打ち出しました。これはオーバーナイト（翌日物）の短期金利に適用する政策金利▲0・1％はそのままに、10年物国債金利がゼロ％程度になるように長期国債買い入れを行う、というものです。同年2月のマイナス金利政策の実施後、我が国のイールド・カーブは図表3－7のように極端にフラット（平坦）な形になってしまい、いわばマイナス金利政策が効き過ぎて、10年を超えるような長期ゾーンの

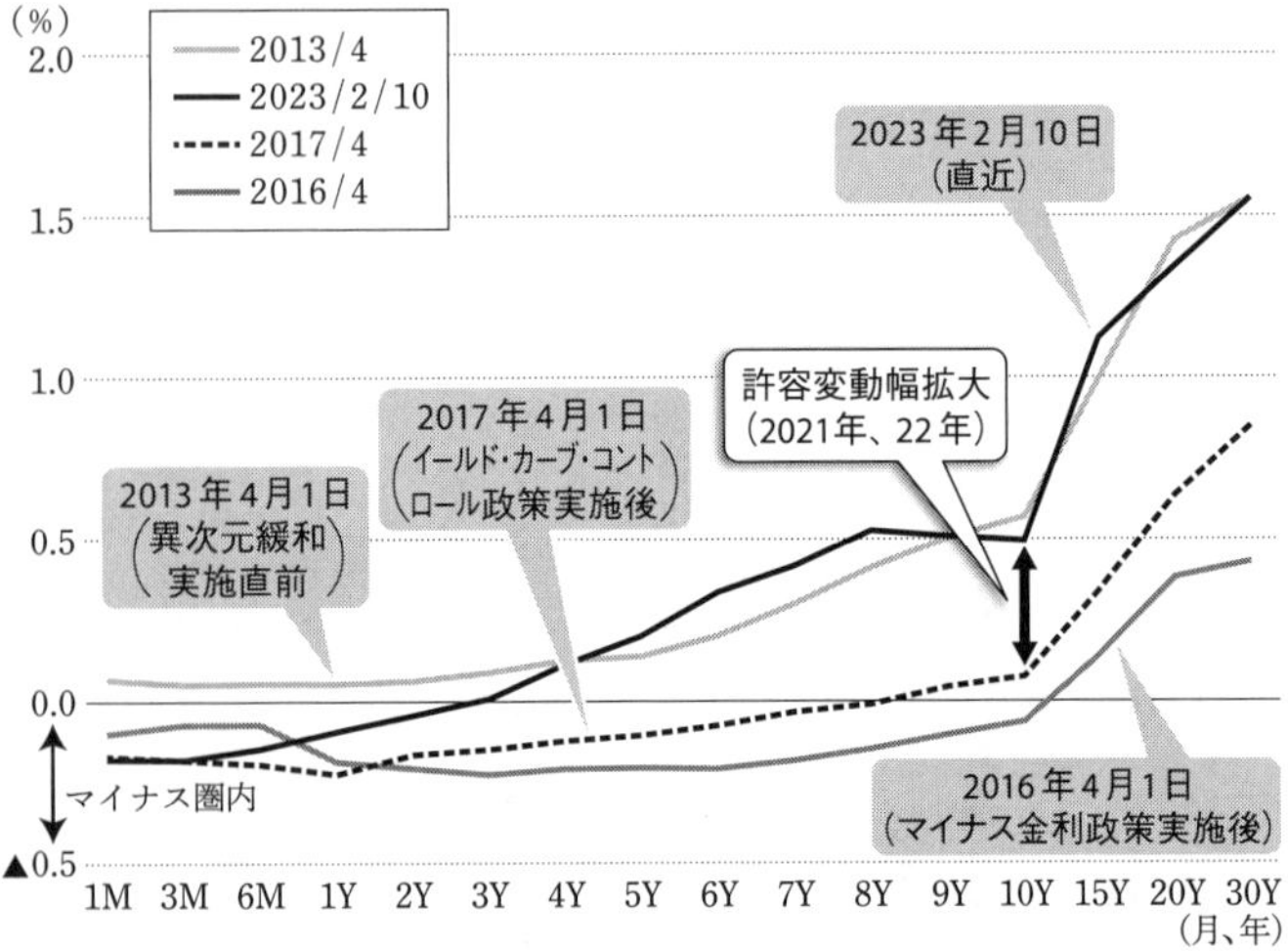

図表3-7　「量的・質的金融緩和」実施以降の我が国のイールド・カーブの形状の変化　(資料) Refinitiv Eikonのデータを基に筆者作成

(注) 各年4月1日時点 (23年を除く) のスポット・レート

金利までもがマイナス圏内に沈んでしまったのです。これでは、民間銀行は到底、預貸（預金と貸出との間）の利ざやがとれなくなるほか、生命保険会社等の運用にも甚大な影響が出てしまいます。そこで、日銀はこの副作用を解消しようと、2016年9月に10年物国債金利をゼロ％に誘導するという目標を加えました。これがイールド・カーブ・コントロール政策です。図表3－7をみると、マイナス金利政策だけが実施されていた2016年4月のイールド・カーブよりも、イールド・カーブ・コントロール政策実施後の2017年4月のイールド・カーブの方が、より〝右肩上がり〟の度合いが大きい形状になっていることがわかります。日銀はその後、ゼロ％に誘導する10年物国債金利の許容変動幅を若干、拡大しつつも、基本的にはこのイールド・カーブ・コントロール政策を維持したままで今日に至っているのです。

これには当初、市場関係者から戸惑いの声が多くあがりました。中央銀行は、市場参加者がほぼ銀行等に限られ、かつ、流動性の絶対的な供給量を自らがほぼ完全に制御できる短期金融市場においては、資金供給・吸収オペレーションを通じて、最も短い期間であるオーバーナイトの市場金利を意図する水準に誘導することができます。しかしながら、期間の長い金融市場になればなるほど話は別で、国内外の多様な市場参加者が様々な取引を通じての市場金利形成に関与するうえ、取引の規模も大きく膨らみます。ゆえに、中央銀行が長期金利を望む水準に誘導することは不可能である、というのが、それまでの我が国のみならず諸外国に共通する一般的な理解であったからです。

しかしながら、実際に蓋を開けてみると、図表３－７が示すように、日銀は巨額の国債買い入れを通じて、年限10年の長期金利をゼロ％程度に誘導してみせました。それが可能となった背景には、２つのポイントがありました。一つ目は、日銀が２０１３年４月以降、異次元緩和を継続し、我が国の国債発行残高の相当な部分を買い占めてきていたことです。そうした日銀のオペレーションに伴い、民間銀行側はそれまで保有していた国債のかなりの部分を日銀に売り渡してきていましたが、各種の金融取引のなかにはあらかじめ担保として国債を差し入れておく必要があるものも少なくなく、民間銀行は、これ以上は国債を手放せない状態にすでに達しており、こうした状況下では、通常であれば、様々な経済指標や財政運営のニュース等に反応して行われるはずの国債取引もほとんど行われることがなくなってしまいました。要するに我が国では、日銀のそれまでの国債買い入れの累積により、国債市場は価格発見機能が失われた〝死に体〟同然の状態になっており、それゆえ日銀によるイールド・カーブ・コントロールが可能になっていたのです。

なお、日銀が長期金利までゼロ％に誘導できていたことには、もう一つの重要な背景がありました。海外の主要国も我が国と同様の、超低金利状態にあったということです。しかしながらその前提は、コロナ危機後の高インフレ局面への転換を受けて、主要中銀が軒並み、金融引き締めや正常化に転じた２０２２年春以降、あっさりと崩れ去ることになりました。我が国の国債市場や外国為替市場では、日銀のみがそうした超低金利政策を維持できるはずはないだろう、との見立てのもと、海外勢を中心に日銀に対する激しい攻撃が繰り返されるようになりました。日本国債の空売りとあいまって、外国為替市場で一時は１ドル＝１５２円に迫るほどの円安が進んだのは、私たちの記憶に新しいところです。中央銀行が長期金利まで抑えつけるようなことはやはり無理だった、２０２１年まではたまたま海外情勢にもめぐまれてできていただけだった、というのが本当のところなのでしょう。

ちなみに、日銀はマイナス金利政策やイールド・カーブ・コントロール政策を、金利政策の一環として行っています。中央銀行が政策金利を上げ下げして金融緩和や金融引き締めを行う際には、政策金利の〝上げ下げ〟が、実際の社会における企業や家計との接点である民間金融機関の金利にどの程度波及しているのか、という〝パス・スルー効果〟を通じて把握するのが基本で、他の主要中央銀行では実際にそういう分析が行われています。

では、黒田日銀のマイナス金利政策やイールド・カーブ・コントロール政策には、どの程度の〝パス・スルー効果〟があったのでしょうか。日銀がこれまで実施してきた金融政策の〝総括〟や〝点検〟においては、異次元緩和の金利政策の部分だけを抜き出した、パス・スルー効果の分析はみられません。これは一つには、日銀の場合、2016年1月に突然、マイナス金利政策を導入する直前までマネタリーベース・ターゲティングによる金融政策運営が行われていたため、いわゆる〝政策金利〟が存在せず、マイナス金利の導入によって政策金利を何%から▲0・1%に下げたのか、という、パス・スルー効果を測るうえでの起点を明示できない点が背景にある可能性もあるでしょう。さはさりながら、日銀のマイナス金利政策導入時点をはさんだ我が国の短期金融市場金利と預金金利（図表3－8）、貸出金利の推移をみると、我が国においても、短期金融市場金利についてはマイナス

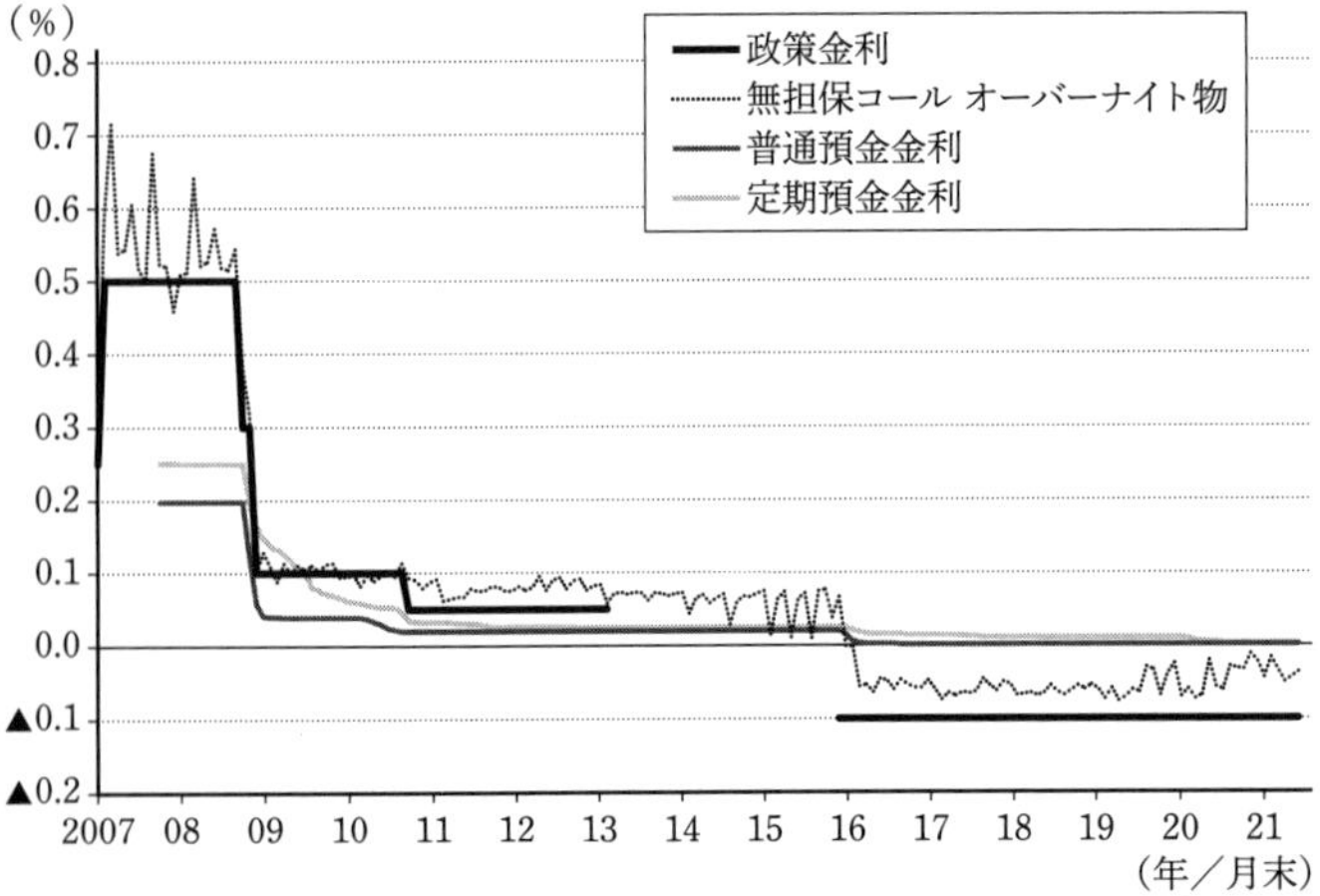

図表3-8　日銀の政策金利、我が国の無担保コールレート（オーバーナイト）と預金金利の推移（2007～2021年）

（資料）日本銀行『時系列統計データ』を基に筆者作成

（注1）政策金利は、2013年3月までは無担保コールレート（オーバーナイト物）の誘導水準。2010年10月～2013年3月の誘導水準は0～0.1％であるが、本図では0.05％として表記。2013年4月～2015年12月までは政策金利は存在せず（マネタリーベース・ターゲティングによる金融政策運営を行っていたため）。2016年1月～8月は日銀当座預金のうちの政策金利残高への付利水準。2016年9月以降は、金利の誘導水準として短期金利および長期金利の2つが設定されているが、本図ではそのうちの短期の政策金利である、日銀当座預金のうちの政策金利残高への付利水準を示す

（注2）預金金利は日本銀行取引先の国内銀行（一部を除く）、信用金庫および商工中金ベース。普通預金金利は30万円以上ベース、定期預金金利は預入金額300万円以上1,000万円未満、3ヵ月物ベース

金利政策のパス・スルーがほぼ完全に認められる一方、預金金利はゼロ％を超えては下がりにくい、という他の主要国と同様の状況が生じていることがみてとれます。貸出金利については趨勢的に低下傾向をたどってはいるものの、2016年1月のマイナス金利政策導入決定がどの程度寄与したのかは定かではなく、また、足許の動向をみる限り、日銀の政策金利の推移とは異なった動きを示

しており別の要因が作用しているようにも見受けられます。こうした預貸金利の動向は民間銀行の利ざやの縮小につながることは、日銀が2021年3月に公表した「点検」の資料でも示されているものの、それが国全体としての金融仲介機能にどのような影響を及ぼすのか、ひいては国全体としての経済活動やその結果としての物価上昇率にどのような影響を及ぼすことがあり得るのか、といった点の分析や見解は示されてはいません。

また、この間の我が国の国内における実証分析の状況をみると、一般に公開されているものをみる限りでは、その数は決して多くはなく、またその時期も、日銀がマイナス金利を導入した初期段階に当たる2017年くらいまでのものがほとんどとなっているようです。内容的にも日銀のマイナス金利政策やイールド・カーブ・コントロール政策の効果を積極的に認めるようなものはあまり公開されてはいないように見受けられます。

要するに、金利政策としては明確な〝パス・スルー効果〟も認められないマイナス金利政策やイールド・カーブ・コントロール政策を、黒田日銀は今日に至るまで漫然と継続してきているわけです。それでは、目標としている物価への明確な効果が出なかったのもさもありなん、ということでしょう。10年近くに及んだ黒田日銀の金融政策運営の姿勢には、次のような大きな3つの問題があったのではないかと私は考えます。

①効果が認め難い政策を、「効果が出るまでやる」と押し通し続けたこと。

②「経済を下支えするために〝粘り強い〟金融緩和の継続が必要」と言い続け、言い換えれば「金利は低ければ低いほどよい」とでも言わんばかりの素人概念を、経済の究極的な専門家であるはずの中央銀行が、先頭に立って流布したこと。

③中央銀行は本来、「いずれ金利は上がる。経済界も政府も備えるべき」と呼びかける立場ながら、効果が出ない自らの政策運営を効果が出るまで続けるとして「金利はかなり先まで上げない」とまで黒田総裁が断言し、国内の企業、家計、そして政府にゆるみを招き、超低金利状態でなければ経済活動が継続できないような〝甘え切った〟状態を作り出してしまったこと。

こうした姿勢の中央銀行のもとでは、当該国の経済は決して、健全に発展しないことは、今の我が国の姿がまざまざと物語っているといえるでしょう。

第４章

欧米中銀の金融政策運営との比較でわかる日銀の〝異端〟さ

近年、かつてであればおよそあり得なかった手段を用いる金融政策運営に踏み切ってきた中央銀行は日銀だけではありません。2008年のリーマン・ショックによる世界金融危機、それと立て続けに起こった欧州債務危機、2020年以降の新型コロナ感染症の拡大と、最近十数年の間に限っても、性質の違う危機に何度も見舞われるたび、海外の主要中央銀行は、何とかして物価の中長期的な安定軌道を確保しようと、そのためにも自国経済の安定的で持続可能、そして健全な成長軌道を確保しようと、頭脳を結集させ、まさに〝全知全霊〟を傾けて、前例のない、未知の金融政策運営に取り組んできました。

本書ではここまで、黒田日銀の異次元緩和や、それが今後の我が国の経済や社会全体に引き起こすであろう問題点を指摘してきました。読者の方々のなかには、「米国も欧州も、中央銀行は日銀と似たような金融政策をやっているのに、なぜことさらに日銀だけを問題視するのか」と疑問に思われている方があるかもしれません。確かに、米国のFed、欧州のECB、英国のBOEの近年の金融政策運営をみると、この3行とも日銀のように自国（経済圏）の国債を、程度の差はあれそれなりの規模で買い入れている点は共通しますし、ECBのように、日銀に先行してマイナス金利政策を実施した例もあります（2022年7月にすでに解除）。しかしながらこれらの主要中央銀行が、場合によっては当該国の政府とともに、それぞれの局面において、どういう姿勢で、何を考え、どういう判断のもとに政策運営を行ってきたのかをつぶさに見ていくと、黒田日銀の政策運営とは大きく異なっている点が多々、あることがわかります。

そうした〝違い〟がもたらす結果は、最も端的には、各中央銀行の資産規模（対名目GDP比）の推移（図表4－1）に表れます。しかし、それだけではありません。中央銀行の金融政策運営によって、単にその国の物価がどうなっていくのか、という側面のみならず、先行きの経済運営全体に大きな違いが生じることになるのです。本章では、米国のFed、欧州のECB、英国のBOEについて、各局面で彼らが何を考え、どのような金融政策運営を行ってきたのか、それはこれまでの日銀の金融政策運営と、とりわけ黒田総裁のもとでの金融政策運営とはどこがどのように違うものであったのかに焦点をあてながら、みていくことにしましょう。

マネタリーベースは採用しなかったFed

我が国が1990年代末の不良債権問題に苦しみ、日銀が2001～06年に量的緩和を実施していたころ、後にFRB（連邦準備制度理事会）議長となるバーナンキ氏はFRB理事でした。〝ゼロ金利制約〟に直面した日銀が苦境に立たされているのを目の当たりにしたバーナンキ理事は、「ゼロ金利制約」に直面した中央銀行が、もはや政策金利をそれ以上引き

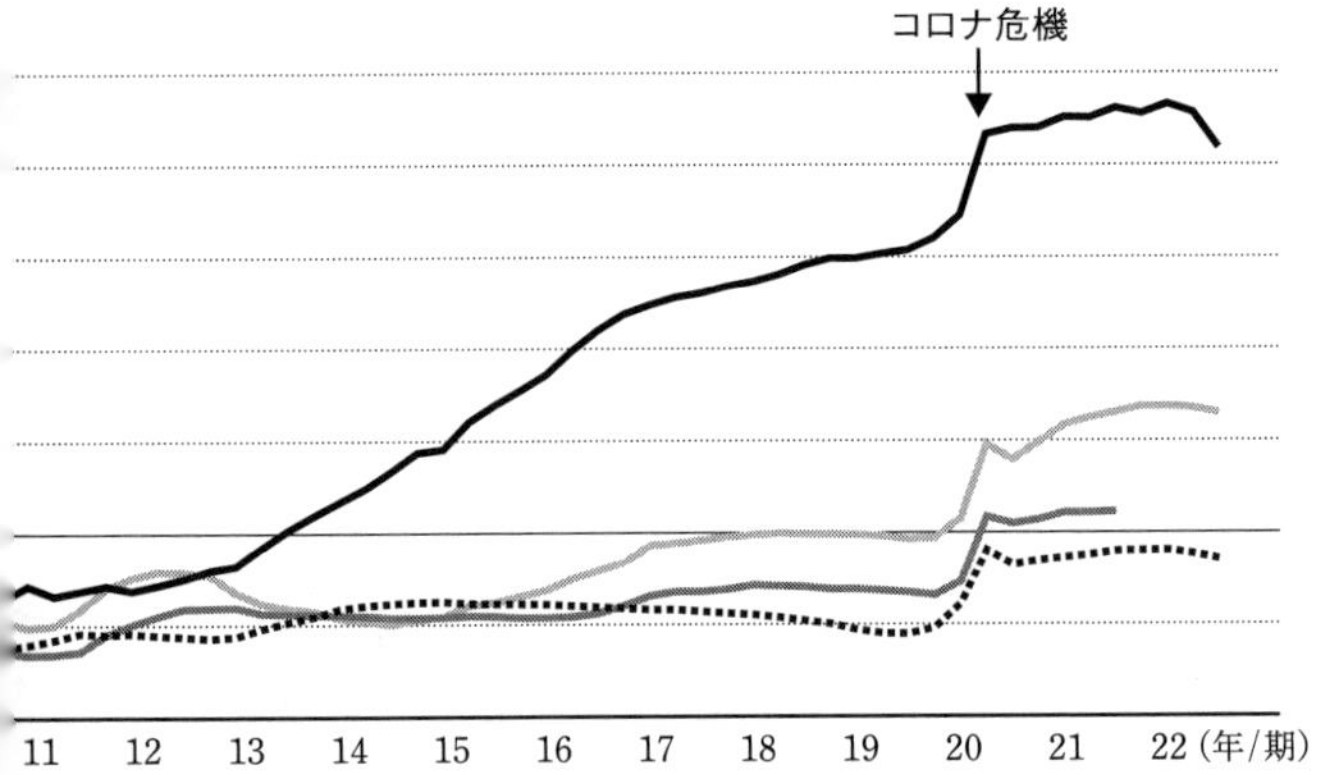

図表4-1　主要中央銀行の資産規模の推移（名目GDP比）

（原資料）日本銀行、内閣府、FRB、U.S.BEA、ECB、Eurostat、BOE、ONS
（注）BOE Consolidated Balance Sheetのデータは2023年2月現在、2021年9月値までしか公表されていない

下げ誘導できなくても、実体経済を刺激するうえでとり得る別の選択肢がないのかを検討し、２００４年に共著の形で論文を発表しています。そこでは、〝ゼロ金利制約〟のもとで考えられる金融政策運営の手段が３つ、挙げられていました（図表４－２）。

バーナンキ氏はその後２００６年２月にＦＲＢ議長に就任し、議長としての立場で２００８年９月のリーマン・ショックに直面することになりました。Ｆｅｄはほどなく、２０００年代の日銀と同じ〝ゼロ金利制約〟に直面し、このバーナンキ論文を理論的なバックボーンとして、未知の金融政策手段を試みていくことになったのです。

ただし、その際のＦｅｄの姿勢には、後の黒田日銀とは、最初から決定的な違いが

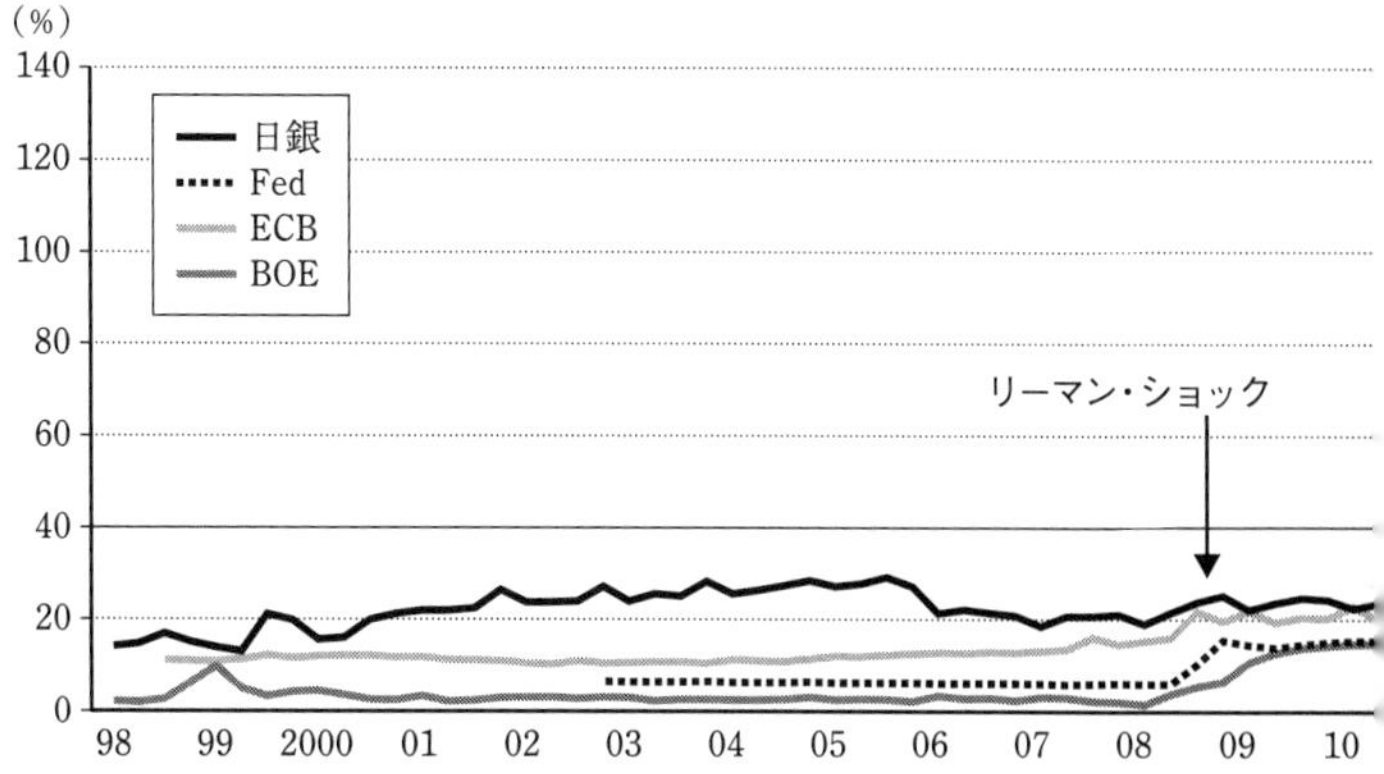

(資料) Refinitiv Eikon、日本銀行『金融経済統計月報』、FRB, Federal Reserve statistical release, H.4.1 Factors Affecting Reserve Balances of Depository Institutions and Condition Statement of Federal Reserve Banks、ECB, Statistics Bulletin、BOE, Monetary and Financial Statistics を基に筆者作成

オプション	内容	政策の呼称の例
1	将来の短期金利予想への働きかけ	**「フォワード・ガイダンス」「時間軸政策」**
2	中央銀行のバランス・シートにおける資産構成の変化	**「オペレーション・ツイスト」**
3	中央銀行のバランス・シートの規模の拡大	**「量的緩和(Quantitative Easing)」**

図表4-2　2004年のバーナンキ論文が示した、ゼロ金利制約のもとで考えられる金融政策運営の手段のオプション

(資料) Ben S. Bernanke and Vincent R. Reinhart [2004]. "Conducting Monetary Policy at Very Low Short-Term Interest Rates (Policies to deal with Deflation)", American Economic Review, The American Economic Association, May 2004 を基に筆者作成
(注) 政策の呼称の例は、その後の各中央銀行が実際の政策運営上、用いたもの。このうち、バーナンキ論文において言及されていたのは3の「量的緩和」のみ

ありました。リーマン・ショック発生からまだわずか3ヵ月しか経っていなかった2008年12月、Fedにおいて金融政策運営を議論するFOMC（連邦公開市場委員会）では、まず、先行した日銀の量的緩和の経験をどう評価するかが徹底的に議論されています。日銀が2000年代の5年間実施した「量的緩和」は、バーナンキ論文において3つ目の手段として挙げられていたものでもありました。バーナンキ氏も、2004年の論文執筆時点では、当時の日銀と同様に、中央銀行が民間銀行に供給するマネタリーベースを増やせば、金利がプラスの領域にあるときと同様に、民間銀行が市中（われわれ家計や企業等）に供給するマネーストックの増加につながり、それが実体経済の底上げにつながるのではないかということを前提に考えていたのです。

ところが日銀の2006年までの経験からは、前章で述べたように、実際のマネーの動きは、こうした理論上の考え方とは異なり、〝ゼロ金利制約〟のもとでは、いくら中央銀行がマネタリーベースの供給を増やしても、それは、プラス金利状態にあるときのように、民間銀行から企業等に対する貸出、言い換えればマネーストックを増やすことにはまったくつながらない、ということが明らかになっていました。それをみたバーナンキ議長は、2008年12月のFOMCにおいて、「日銀の量的緩和のアプローチは、中央銀行のバランス・シートの負債側、特に準備預金やマネタリーベースの量に焦点を当てたもので、その理論は、銀行に安いコストの資金を大量に配ることで、彼らが貸出を増やし、それが広範囲にマネーサプライを増加させ、物価を押し上げ、資産価格を刺激し、経済を刺激するというものだったが、自分には大きな効果は見えなかった。日銀の量的緩和政策に関する評価はネガティブだ。ゆえに、われわれは、日銀の量的緩和とは異なる政策を議論したい」という内容の発言をしています。同席していた他の参加者からも同様の意見が出され、イエレン・サンフランシスコ連銀総裁（当時。後のFRB議長）からは「ゼロ金利下で政策手段としてマネタリーベースを採用することは不適切である」との意見も出されています。

要するに、2001年から06年の日銀の量的緩和の経験は、バーナンキ氏が、FRB理事時代の2004年に論文を執筆した時点において考案していた理論の内容にそぐわないものでした。しかし、バーナンキ議長率いる2008年当時のFOMCは、日銀と日本経済が世界初の実験台となって得られたこの結果を素直に受け止めたのです。そのうえで、バーナンキ論文で示した政策運営上の選択肢を、現実に即して一部改めつつ、順次、慎重に実行に移していきました。Fedがマネタリーベースを増加させることを金融政策運営の目標に据えることは決してありませんでした。こうした姿勢は、黒田日銀とは極めて対照的だといえるでしょう。

FOMCでのこうした議論に基づき、バーナンキ議長率いるFedは2008年12月以降、実際にMBS（住宅ローン担保証券）や財務省証券（米国債）を多額に買い入れる新たなオペレーションに踏み切りました。そして、その主たる効果は、「マネタリーベースの拡大が企業や家計向けの貸出の増加につながる」という経路ではなく、「危機後の局面における長期金利の上昇をどの程度抑制できたか」によって測られるようになったのです。Fedとしてはそのオペレーションを決して「量的緩和」と呼称することはありませんでした。米国でもメディアはしばしば〝QE〟（量的緩和）という通称を用いており、日本のメディアもそうですが、Fed自身は今日に至るまで、議長のスピーチからスタッフの調査論文に至るまで、徹底して、このオペレーションの呼称は「大規模な資産買い入れ」（LSAP：Large Scale Assets Purchases）として統一しています。そこには、「日銀の量的緩和の経験からおよそ効果が期待できない、単なる巨額のマネタリーベースの供給を決して金融政策運営の目標に据えることはしない」というFed当局者の思いが込められているのです。

これとは対照的に、我が国では2013年に黒田日銀がマネタリーベースの増加をターゲットに据えて〝異次元緩和〟を実施し、今に至っています。その結果は、これまで、私たちが見ての通りとなっています。

新たな手段は期限付きで試行

Fedと黒田日銀との政策運営の姿勢の違いは、他にもいろいろあります。Fedはリーマン・ショックの局面で、バーナンキ論文で提示されていた手段を順次、実行に移していきましたが、図表4-3から明らかなように、効果がどれほど得られるかわからない新たな手段を、最初から期限を定めずに漫然と実行し続けるようなことは、決してしませんでした。図表4-4に示すように、"LSAP1"(メディアでの通称は"QE1")、"LSAP2"(同"QE2")といった形で、新たな金融政策の手段は最初から期限を切って実施し、いったん立ち止まってその効果をよく見定めてから、バーナンキ論文のアイディアも参考に次の展開の在り方を検討して、資産買い入れの対象を入れ替えたり、手法を変えたりしながら実行に移す、という政策運営を繰り返していったのです。Fedが終期を定めずに("オープン・エンドで"と言われます)実施するようになったのは、初めて大規模な債券買い入れを実施してから4年近くが経過した"LSAP3"("QE3")の段階に至ってのことでした。それまでの"LSAP1"や"LSAP2"といった実践的な経験を通じ、Fedとしても定量的な分析を通じて効果の評価を固めることができるようになったからこそ、米国の経済・物価情勢を鑑みて、必要な時点まで大規模な債券買い入れを続ける、と打ち出すことができるようになったのです。

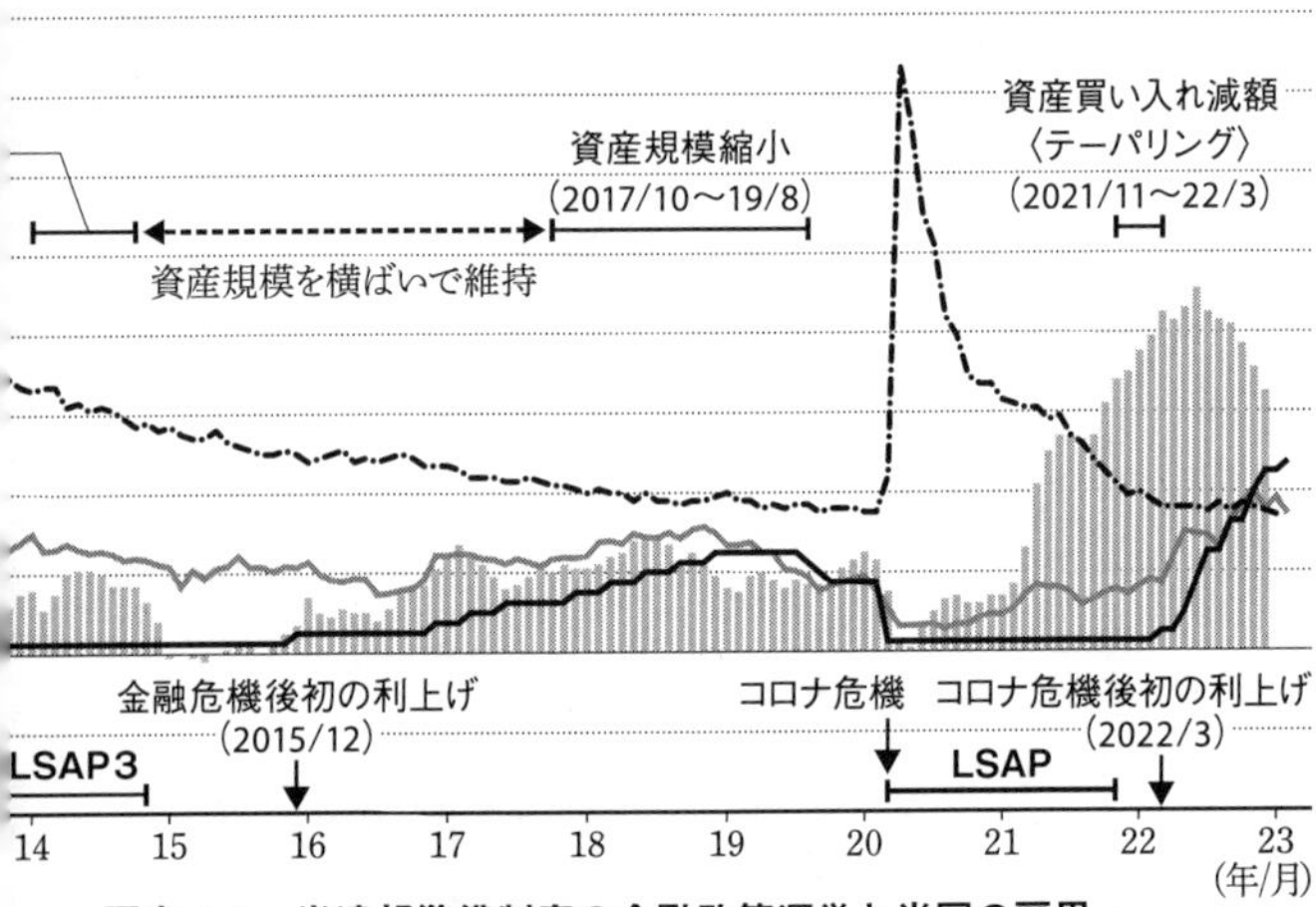

図表4-3　米連邦準備制度の金融政策運営と米国の雇用・物価指標等の推移

金融政策に限らず、社会科学の分野は、自然科学分野とは異なり、机上で構築した理論をあらかじめ実験で確かめることはできません。だからこそ、前例のない新たな政策手段を試す際には、慎重に段階的に試み、その効果や副作用・弊害等を確認し評価しながら進めていく姿勢が求められるのは当然でしょう。未知の新たな手段を試みる際、机上の理論に過度に固執することなく、期間を限定して実施してみたうえで効果を把握しつつ次の展開に歩を進めていったＦｅｄの姿勢は謙虚そのものでした。「効果が出なくても効果が出るまでやり続ける」という黒田日銀の姿勢とは大違いです。国民や市場に対して重い責任を負う中央銀行

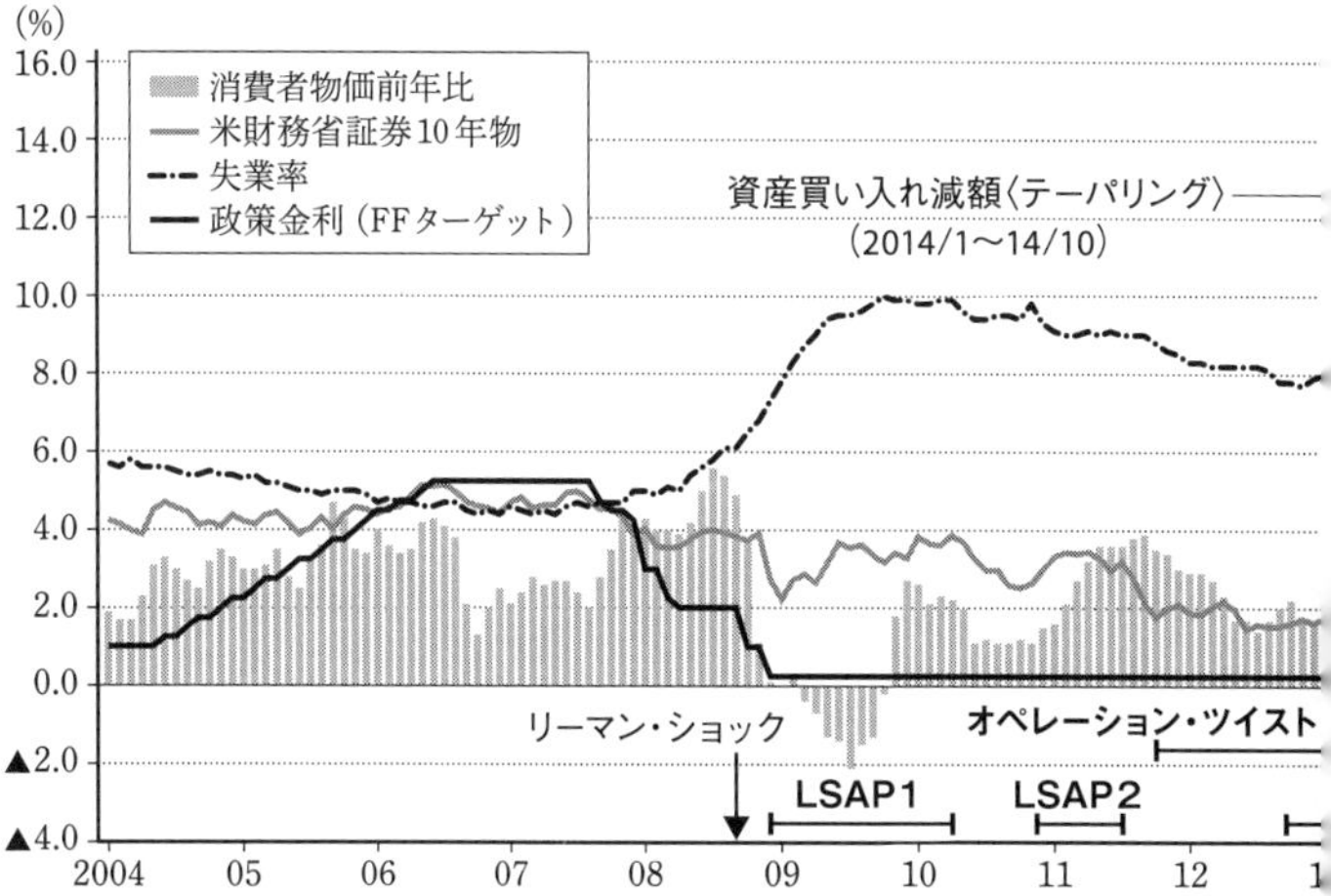

（資料）Refinitiv Eikonのデータを基に筆者作成　（原資料）U.S. Bureau of Labor Statistics.
（注）LSAPはLarge Scale Assets Purchaseの略で、〝大規模な資産買い入れ〟のFedの呼称。Fed自身は決してQE（Quantitative Easing、量的緩和）とは呼称していない

プログラム	時期（年/月/日）	買い入れ資産	規模（10億ドル）
LSAP 1（第１次）	2008/12/5〜2010/3/31	GSEエージェンシー債（注） MBS （住宅ローン担保証券） 財務省証券（＝米国債）	$172 $1,250 $300
LSAP 2（第２次）	2010/11/12〜2011/6/30	財務省証券	$600
満期拡張プログラム（オペレーション・ツイスト）	2011/10/3〜2012/12/30	財務省証券（短期債を売却し、長期債を買い入れ）	+▲$667
LSAP 3（第３次）	2012/9/14〜2014/10/31	MBS 財務省証券	$823 $790

図表4-4　米連邦準備制度のLSAP（大規模資産買い入れ）プログラムの内容

（資料）Stanley Fischer, Conducting Monetary Policy with a Large Balance Sheet, Remarks at the 2015 U.S. Monetary Policy Forum Sponsored by the University of Chicago Booth School of Business, February 27, 2015, Table 1を基に筆者が一部加筆して作成
（注）ファニーメイ、フレディマック等の政府支援企業（GSE）が発行する社債

としてあるべき姿勢がどちらかは明らかでしょう。

初期から正常化手法を検討し、出口戦略を説明

Ｆｅｄと黒田日銀との違いは、まだまだあります。Ｆｅｄはリーマン・ショック後、ＬＳＡＰに着手してまだ年数の浅い初期の段階から正常化手法を検討し、対外的な説明も行っていました。バーナンキ議長は２０１０年2月、米議会の下院金融サービス委員会で早くも「Ｆｅｄの出口戦略」に関する議会証言を行っています。そのなかで同議長は、「異例の緩和がこのまま永続することは決してあり得ない」「いずれ必ず正常化させる」と釘を刺したうえで、Ｆｅｄの内部で正常化手法に関する検討を真剣に進めていることを明らかにしています。そしてこの時点で同議長は、当座預金への付利を行う形で金融引き締めを行う、という、その後実際にＦｅｄが採用した正常化策をほぼ正確に、米議会という、米国民や市場に対する正式な説明の場で、具体的かつ明確に述べているのです。その後Ｆｅｄは、実際に正常化策に着手する前に、正常化のオペレーションが目論見通りに短期金融市場で機能するかどうかの予行演習も行っていました。日銀の黒田総裁がこれまで10年近くの間、国会の参考人質疑や記者会見の場等で、何度となく出口戦略や正常化策を問われても、〝時期尚早〟と答えるばかりで逃げ続けてきたのとは大違いです。

さらに注目されるのは、出口局面において、Ｆｅｄの財務運営が悪影響を受けかねない、という点に関しても、正常化への着手前にきちんとＦＯＭＣにおいて検討し、しかもその内容を、財務運営の試算結果も含めて、対外的に公表していた点でしょう。ＦＯＭＣでこの出口問題が初めてとり上げられたのは２０１２年12月のことでした。この回のＦＯＭＣでは、ＦＲＢスタッフによる、金利シナリオごとのＦｅｄの財務運営の試算結果が提示され、その試算結果をみたＦＯＭＣメンバーの多くが、かなりの衝撃を受けた様子がその後公表された議事要旨や議事録から窺われます。その前回の会合までは議論にも上っていなかった、先行きの政策運営に関する慎重論がこの回のＦＯＭＣから強まり、２０１４年１月からの正常化策への着手（まず、資産買い入れを減額する〝テーパリング〟）につながっていくことになったのです。ＦＯＭＣのメンバーらは、先行きの金利シナリオ次第ではＦｅｄ自身の財務運営がどれだけ悪化することになるのかを見せられ、そうであれば、事態が悪化しない前にできるだけＦｅｄの資産規模を縮小するなど、正常化を進めなければならない、という方向に傾いたのだと思われます。

なお、ＦｅｄはＦＯＭＣにおけるこのような議論と並行して、２０１３年１月、対外向けにＦＲＢスタッフによるディスカッション・ペーパーという形ながら、正常化局面におけるＦｅｄの財務運営等に関する試算結果を公表しています。その内容は、先行きの市場金利シナリオによっては、Fedが赤字に転落して、財務省への納付金が数年間にわたりゼロとなりかねない、という厳しい試算結果を含むものでした。

米国では、各回のFOMCの内容は、開催3週間後の時点では議事要旨を公表すれば足り、会合で実際に用いられた資料は5年後の詳細な議事録公表の時点で初めて公表されることになっています。であるにもかかわらず、Fedとしてスタッフのディスカッション・ペーパーの形で出口の試算結果をわざわざ公表した背景には、バーナンキ議長率いる当時のFedの首脳陣が、FOMCの議事概要を公表するだけでは、このFedの出口における財務問題の重大さが米国民や市場関係者に十分には伝わらない、と考えたからこそだったのではないでしょうか。

そして、その公表内容は当時、グラフ付きで米国の主要紙（The Wall Street Journal）や世界的な経済誌であるThe Economist等で報じられ、私も実際にその記事を目にしました。こうした政策運営からは、危機後に実施してきた大規模な資産買い入れには、長期金利の低下といった都合の良いことばかりではなく、都合の悪いことも起こり得るのだ、ということをも米国民や市場に説明しようとする、Fedの中央銀行として責任ある誠実な姿勢が伝わってきます。こうした誠実で正直な情報開示や説明があるからこそ、米国民や市場関係者は「然るべき時が来たら正常化しなければならない」ことを身をもって理解できるのでしょう。バーナンキＦｅｄと黒田日銀との間で、政策運営姿勢にあまりにも大きな差があることは明らかです。そして、それにとどまらず、「日銀の異次元緩和には〝出口〟はない」と、あたかも他人事のように平気で書いているような我が国のメディアと、米国等の海外メディアの問題の核心部分の理解の度合いに大きな違いがあることもまた明らかでしょう。

コロナ危機後は後手に回るも、前回対比倍速で資産縮小

再任され2期8年を務めたバーナンキ議長は、ＦＯＭＣでの議論をこのように進めて、リーマン・ショック後に自らの手で始めた異例の政策運営の正常化の進め方の道筋を責任をもってつけたうえで、２０１４年2月に退任しました。この点も黒田総裁とは対照的です。後任にはＦＲＢ副議長だったイエレン氏が就任し、図表４－３に示すように、その前後からＦｅｄは、まず資産買い入れの減額（いわゆる〝テーパリング〟）という形で正常化策に着手し、２０１５年12月には、リーマン・ショック後初めてとなる政策金利（ＦＦレート・ターゲット）の引き上げに踏み切りました。２０１７年10月からは、買い入れた資産の縮小策にも着手しました（図表４－５）。単純に考えれば、それまで買い入れてきた財務省証券やＭＢＳ（住宅ローン担保証券）を市場に売り戻してしまえば、Ｆｅｄの抱える資産は簡単に減らせそうです。しかし、金融商品の売買をする以上、ことはそれほど簡単ではありません。

危機時の低金利状態で買い入れた債券を、経済が回復して金利が良い意味で上がってきた局面で売却するとすれば、債券の価格は金利とは逆に動きますので、高い価格（金利は低い）で買い入れた債券を低い価格（金利は高い）で売却することになり、Ｆｅｄとして売却損を被ることになり、Ｆｅｄの財務はさらに悪化してしまいます。このため、Ｆｅｄは買い入れた財務省証券を中途で市場に売却することは避け、満期到来まで保有して毎月の満期到来分のうちの一定額分を定期的に手放すことにしたのです。そうすれば、米財務省が元本を満額でＦｅｄに償還してくれますから、売却損を被らずに済むからです。そしてその途上で、イエレン議長は再任されることはなく、パウエル議長が２０１８年2月就任しました。その後、２０１９年夏前から、米国の短期金融市場では短期金利が急騰する事態が散発するようになり、Ｆｅｄは正常化を途中でいったん、停止せざるを得なくなりました（図表４－５）。そしてその約半年後、米国もコロナ危機に見舞われることになったのです。

コロナ危機で米国経済が当初、受けた打撃はすさまじいものでした。図表４－３に示すように、失業率は２０２０年3月には４・４%だったものが、翌4月には一気に14・７%に跳ね上がったのです。この上がり方は、リーマン・ショック後よりもはるかに急激で大幅なもので、米国中が凍り付いたのです。パウエル議長率いるＦｅｄは同年3月、一時は２・５%まで引き上げていた政策金利（ＦＦレート・ターゲット）を一気にゼロ%近傍（０・２

5％）にまで引き下げるとともに、大規模な資産買い入れを、リーマン・ショック後の局面をはるかに上回るペースで再開しました。同時に米連邦政府も大規模な財政出動を行ったこともあって、米国経済は2021年に入ってから急速に回復することになりました。ところが、〝回復〟のレベルを通り越して、周知のように高インフレ局面に急転換することになったのです。リーマン・ショック後とは、なぜこれほど違う展開になったのか、その背景には、そもそも、①危機の震源がリーマン・ショックでは金融だったのに対し、コロナ危機は実体経済だったことや、②リーマン・ショックが需要ショックだったのに対し、コロナ危機は供給ショックだったことがあるようです。

パウエル議長率いるFedは、当初、コロナ危機の悪影響がリーマン・ショックの後のように長引くことを心配していたこともあり、高インフレへの対応は2021年秋からとやや後手に回ってしまったものの、2022年春以降は、政策金利を異例のハイ・ペースで引き上げているほか、同年6月以降は資産縮小にも着手しています。Fedの資産規模は、リーマン・ショックで危機前の5倍に増えた（約0・9兆ドル→4・5兆ドル）ものが、コロナ危機でさらにその2倍に増え（→約9兆ドル、図表4－5）、通算してみれば、リーマン・ショック前の実に約10倍の規模に膨れ上がっており、正常化の難易度も増しています。米国の場合、正常化の局面でFedの財務運営にどういうことが起こるのかは、リーマン・シ

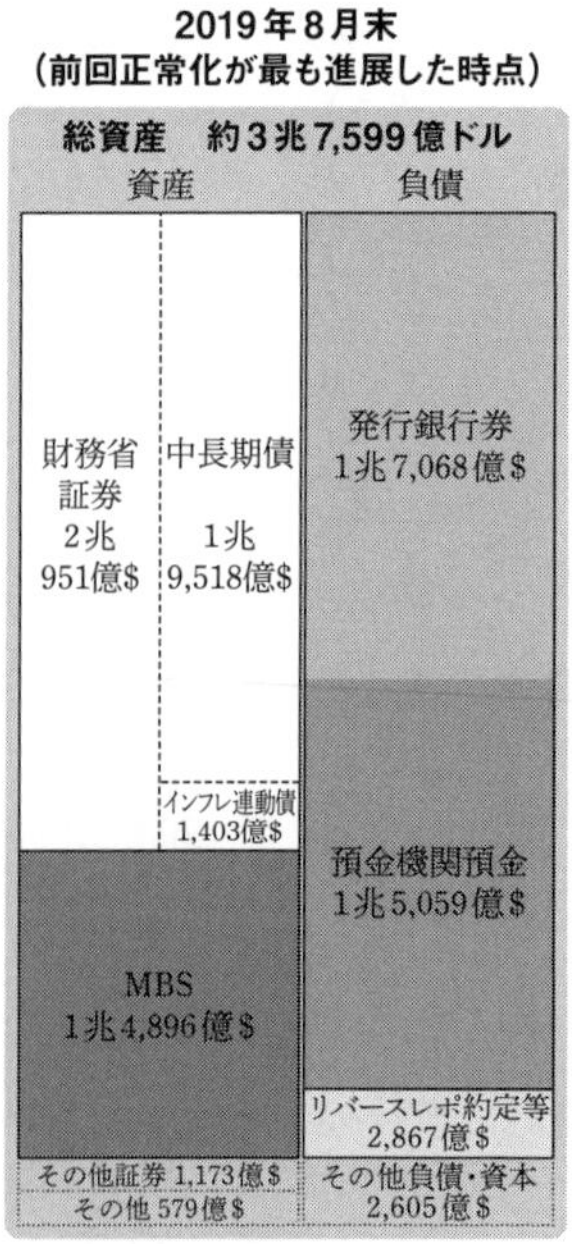

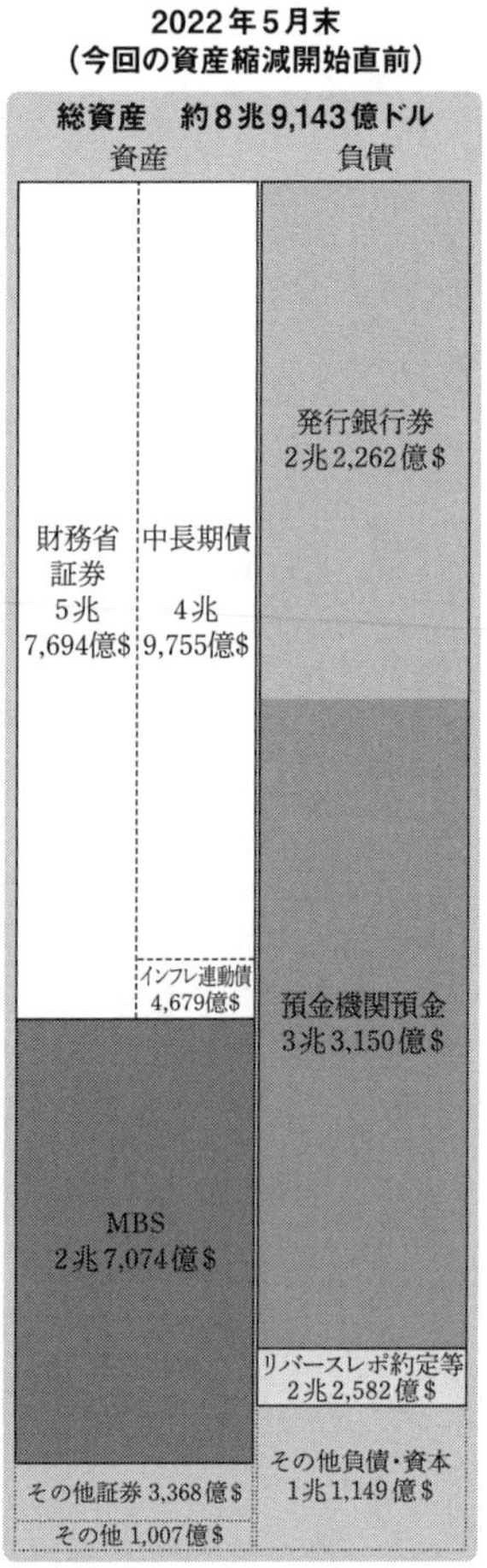

図表4-5
Fedのバランスシートの大まかな見取り図の変化

(資料) FRB, Federal Reserve statistical release, H.4.1 Factors Affecting Reserve Balances of Depository Institutions and Condition Statement of Federal Reserve Banks, December 27, 2007、September 28, 2017、August 29, 2019、および May 26, 2022の計数を基に筆者作成

(注1) インフレ連動債の計数にはインフレ変動による元本調整分も含む
(注2) 2019年8月末の財務省証券には、30億ドルの短期債も含まれる

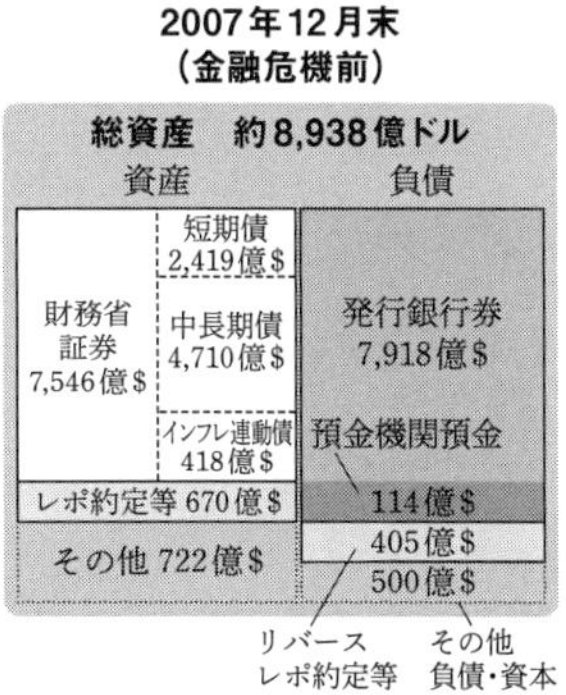

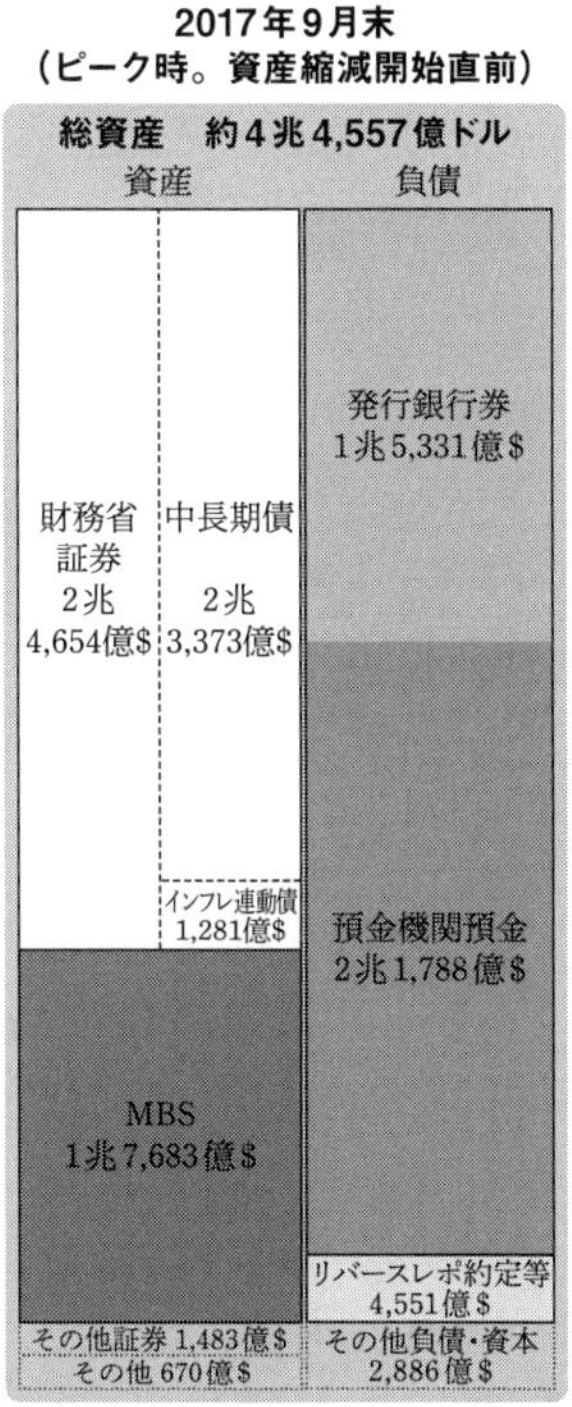

ョック後の局面ですでにFOMCで議論済みで、米国の社会全体としてもそのことを理解し消化済みです。高インフレになればなるほど、それを抑えるためにFedは政策金利を高く引き上げなければならず、Fedが陥る〝逆ざや〟の幅もそれだけ大きくなり、赤字幅は拡大してしまいます。事態を過度に悪化させないためには、資産縮小を急ぐほかなく、Fedは実際に、今回の局面では前回のリーマン・ショック後の正常化局面の実に2倍速のペースで資産縮小を進めているのです（図表4－6）。今回の、財務省証券とMBSとを合わせて月当たり950億ドルという縮小ペースは、1ドル＝130円で換算すれば約12・4兆円相当で

（月当たり金額、億ドル）

	財務省証券	MBS	
【リーマン・ショック後】 着手時　（2017/4Q）	60	40	4四半期（1年）かけて到達
巡航速度（2018/4Q）	300	200	
【今回】 着手時　2022/6月	300	175	3ヵ月で到達へ
巡航速度　2022/9月	600	350	

図表4-6　Fedの資産規模縮減実施ペースの前回正常化局面との比較

（資料）Board of Governors of the Federal Reserve System. "Plans for Reducing the Size of the Federal Reserve's Balance Sheet", Press Release, May 4, 2022を基に筆者作成

す。今の日銀に、これだけのペースで、毎月コンスタントに国債を手放していくことができるでしょうか。それを我が国の金融市場や財政運営は受け止められるでしょうか。日銀の資産規模はＦｅｄよりはるかに大きいのです。今のＦｅｄよりも、もっとハイ・ペースで資産縮小を迫られる局面がくるかもしれないのです。

Ｆｅｄがこれだけのペースで毎月、米国債やＭＢＳを手放していくとなれば、毎月の満期到来分の全額ではないにせよ、当然ながら米国の長期金利には上昇圧力がかかります。政府が財政再建を進めて国債発行額を減額できない限り、Ｆｅｄが手放した分の米国債の借換債を、民間市場参加者の誰かが引き受けなければならなくなるからです。しかし、そのことをパウエル議長率いるＦｅｄが気にする様子は全くありません。中央銀行として、長期金利を抑え

て財政運営を助けるために金融政策運営をやっているわけではないからです。あくまで危機対応として資産買い入れを行い、危機が過ぎ去ったら手放すのは当然で、市場金利の水準は市場参加者が決めるのが当然だと彼らは考えています。そして、米国民や市場関係者からも、正常化を加速させているＦｅｄの姿勢をあからさまに批判する声はきこえてきません。我が国で時折耳にする「正常化など、大変ならしなくてよい」などという声も一切、きかれません。「市場金利の水準は市場参加者が決める」それが米国全体の共通認識なのです。然るべき時が来たら、Ｆｅｄが国債等の買い入れから手を引くのは当然なのです。正常化しなければ、Ｆｅｄの財務がさらに悪化するであろうことも、みんな、理解しています。

中央銀行たるもの、危機時の必要な局面では国債等を大規模に買い入れるオペレーションを実施するとしても、危機が過ぎ去り、国債等を手放すべき局面になれば、手放すのが当然。それが米国に限らず主要国において広く共有されている理解です。それができず、国債を買い入れるばかりで、手放すことの検討すらできない中央銀行に、そもそも、量的緩和などというリスクの高い手段に手を出す資格など、最初からないといえるでしょう。

政策委員会で侃々諤々の議論を行うＥＣＢ

ＥＣＢのＷＥＢサイト[1]の金融政策（Monetary Policy）のページを開くと、大きな円卓を30人近い大人数で囲んで会議をしている写真が目に入ってきます。

それは、何らかの国際会議の風景ではありません。ＥＣＢの金融政策を決める政策委員会の様子です。ＥＣＢの総裁・副総裁、理事のほか、単一通貨ユーロに参加する20ヵ国の中央銀行総裁が毎回、一堂に会し議論したうえで金融政策を決めているのです。そこでの議論は、単に「ユーロ圏各国の景気をどう判断するか」「いつから金融緩和（引き締め）をするか」といった内容にとどまるものではありません。「新たに導入する政策手段の枠組み」や「手法」に関しても、相当に突っ込んだ侃々諤々の議論が行われ、そこでの決定を基に実際の金融調節のオペレーションが実行されているのです。政策委員会に直接参加するのはＥＣＢの役員や各国中央銀行総裁ですが、政策委員会にかけられるまでの過程では、ＥＣＢのスタッフや各国中央銀行のスタッフとともに、様々な角度から検討が行われています。とりわけ「新たに導入する政策手段の枠組み」や「手法」といった難しい課題が政策委員会でとり上げられる場合には、各国中央銀行の枠を超えて横断的なチームが編成され、一定の時間をかけて相当に突っ込んだ検討や議論を重ねたうえで、最終的な意思決定をどうするかが政策委員会にかけられる場合もあるのです。このように、ＥＣＢの金融政策は、いわばユーロシステム（ＥＣＢと各国中央銀行を合わせたユーロ圏の中央銀行組織の全体をこう呼びます）全体の総力戦を経て、まさに叡智を結集する形で形成されているのです。

欧州債務危機を救ったECBの〝血も涙もない対応〟

ユーロ圏各国は、2008年のリーマン・ショックの翌年の2009年秋から欧州債務危機に見舞われました。ギリシャで財政指標の粉飾が発覚したことが発端でした。ギリシャが2012年中に2度のデフォルト（国債の元利払いの不履行）を引き起こしたのにとどまらず、その余波は他のユーロ圏加盟国にも及び、ポルトガルやアイルランドのみならず、一時はイタリアやスペインが財政運営を継続できるかが危ぶまれるほどの事態となりました。図表4－7は、当時から最近に至るまでのECBの金融政策運営とユーロ圏の金融・経済情勢の推移を示したものです。ユーロ圏加盟各国の国債金利のうち、健全財政国の代表例としてドイツの10年国債金利と、重債務国の代表例としてイタリアの10年国債金利を示してあります。欧州債務危機の緊張がピークに達したのは、このイタリアの10年国債金利が7％近くに達した2011年末～12年初にかけての時期で、ユーロ圏内では独仏に次ぐ第3位の経済大国であるイタリアまでもが財政破綻が目前に迫り、IMFに支援要請か、とささやかれるまでの事態に追い詰められていたのです。このようにみれば、ECBは主要中央銀行のなかでも、もっとも厳しい経済・金融情勢のもとでの金融政策運営を余儀な

1　https://www.ecb.europa.eu/mopo/html/index.en.html

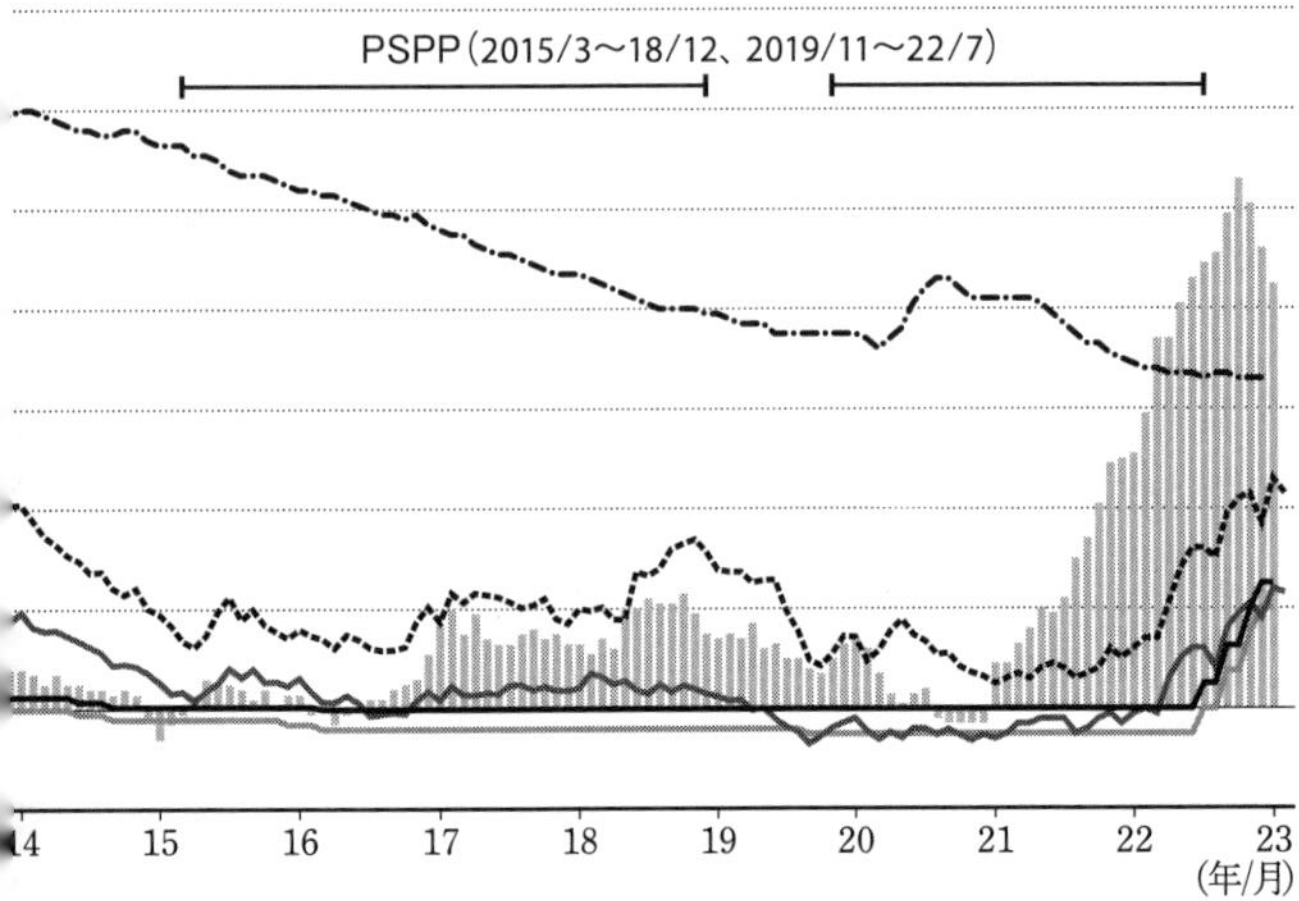

図表4-7　ECBの金融政策運営とユーロ圏の金融・経済情勢の推移

くされてきた中央銀行であることは間違いありません。

そのＥＣＢの政策委員会では、ユーロ圏内の金融政策のエキスパートや経済運営の専門家ら精鋭たちが集い、毎回、侃々諤々の議論が行われています。振り返ってみれば、とりわけ激しい議論が展開されたのはいずれも、政府の財政運営や国債にからむ政策運営をＥＣＢとして議論せざるを得なくなった局面で、先行きの具体的な金融政策運営や特定の手段の採用や継続の是非をめぐって、路線対立から辞任者まで出たことが、これまで何回もあったのです。

図表４－８は、ＥＣＢがこれまで幾度もの危機に瀕し、繰り出してきた新たな

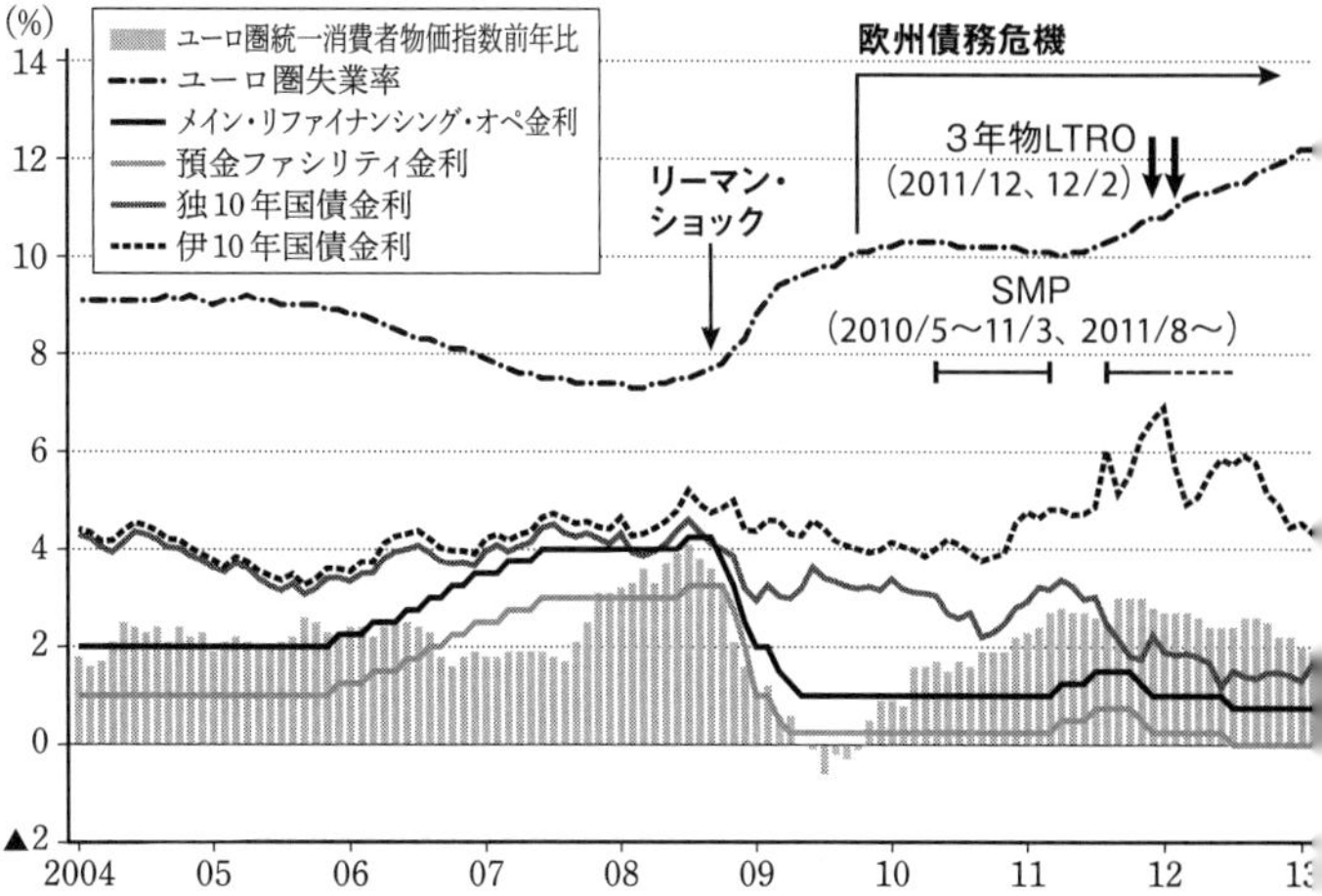

（資料）Refinitiv Eikonのデータを基に筆者作成　（原資料）Eurostat, ECB.

政策手段とその採用の際の議論等の経緯をまとめたものです。図表４－７の金融・経済情勢の推移と合わせてご覧いただければと思います。政策委員会内での意見の対立は、国債の買い入れに絡む政策手段に関して生じることが多く、図表４－８のなかでは、該当する政策を太線で囲み、太字で示してあります。

　欧州債務危機の最初の火の手が上がったのは２００９年の秋、ギリシャの財政指標の粉飾がきっかけで、ギリシャの国債金利はあっという間に急騰し、半年もたたないうちに自力での財政運営継続は困難になり、２０１０年４月にＩＭＦやＥＵに対して支援要請をする羽目に陥ったのです。当時のＥＣＢはトリシェ総裁

主な経緯
2011年2月、ウェーバー独連銀総裁（当時は次期ECB総裁候補として有力視）が辞任を表明し、同年4月末で辞任。 2011年8月の政策委員会緊急会合において、SMP再開に対して、シュタルク専務理事（独出身）およびワイトマン独連銀総裁ほか複数の中央銀行総裁が反対。 2011年9月、シュタルク専務理事が辞任を表明し、同年末で辞任。
2012年7月のドラギ総裁発言「ECBはユーロを守るために、やれることは何でもする」。ドラギ総裁の政策運営の方向性に対して、ドイツ連銀が公式に反対、ワイトマン独連銀総裁はこの頃、複数回にわたり辞任を検討。 2012年9月の政策委員会においては、OMTの導入は1名が反対するなか賛成多数で決定。
2014年6月の政策委員会において、3本の政策金利の一つである預金ファシリティ金利にマイナス金利を適用することを、金融政策の非伝統的な手段の一つとして全会一致で決定。
2015年1月の政策委員会において、金融政策の手段の一つとしてPSPPを導入することを全会一致で決定。同年3月から実施するという時期の判断は賛成多数で決定（ワイトマン独連銀総裁は反対）。
PSPP再開を決めた2019年9月の政策委員会では、出席者25名（ECB役員6名および各国中央銀行総裁19名）のうち、役員を含む少なくとも7名が反対。独・仏・蘭・墺の中銀総裁のほか、ラウテンシュレーガー専務理事（独出身）が反対に回った模様。クーレ専務理事（仏出身）も反対か。 ラウテンシュレーガー専務理事は、同政策委員会の直後に辞任を表明し、同年10月末で辞任。
2020年3月の政策委員会において、7,500億ユーロ規模の、国債を含む債券買い入れを全会一致で決定（各債券の買い入れ上限引き上げをめぐっては、財政ファイナンスに近づきかねないとの慎重論も）。その後同年6月の政策委員会において、1兆3,500億ユーロ規模に引き上げ（全会一致）、同年12月の政策委員会では1兆8,500億ユーロ規模に引き上げ（異論もあった模様）。

図表4-8　欧州債務危機以降、ECBが採用した新たな金融政策手段の主なものとその経緯の例　（資料）ECB公表資料、各種報道を基に筆者作成

（＊1）「アウトライト」は債券の買い切り（レポ取引のような「売り戻し条件付きの買い入れ」ではない）の意味

政策の名称	時期	総裁（採用時点）
SMP 証券市場プログラム	2010年5月～ 2011年3月（一時停止）。 同年8月再開～、 2012年9月、OMT導入とともに廃止。	トリシェ
LTRO（異例の3年物） 長期リファイナンシング・オペ	2011年12月、2012年2月	ドラギ
OMT アウトライト[*1]金融取引 （短・中期国債買い切りオペ）	2012年9月～ （利用実績はこれまでのところなし）	
マイナス金利	2014年6月～	
TLTRO Ⅰ ターゲット長期リファイナンシング・オペ	2014年6月決定 2014年8月～2016年6月	
APP 資産買い入れプログラム ※以下の買い入れプログラムを包含 CSPP（企業セクター）／PSPP（公共セクター）／ABSPP（資産担保証券）／CBPP3（カバード・ボンド）	2014年6月～	
PSPP 公共セクター買い入れプログラム	2015年3月～2018年12月	
TLTRO Ⅱ ターゲット長期リファイナンシング・オペ	2016年3月決定 2016年5月～2017年2月	
TLTRO Ⅲ ターゲット長期リファイナンシング・オペ	2019年3月決定 2019年8月～2021年11月	
PSPP再開 （2020年3月～2022年3月の間はPEPPとして実施）	2019年9月決定 2019年11月～2022年7月	
PEPP パンデミック緊急買い入れプログラム	2020年3月～2022年3月	ラガルド

（注）「主な経緯」における、政策委員会の各決定が全会一致であったか否かについては、基本的に、当該政策委員会終了後に開催される総裁・副総裁の記者会見における総裁の発言内容（質疑応答部分を含む）に基づき記述している。誰が反対したとみられるのかについては、現地での報道等を参考に記述している

の時代でした。ＥＣＢは金融市場の安定確保を目的とする「証券市場プログラム」（ＳＭＰ）の一環として、ユーロ圏加盟国の国債の買い入れを開始しました。しかしこれは、ＥＵの憲法ともいえる設立条約上で明確に定められた「中央銀行による財政ファイナンスの禁止」に抵触する可能性を否定できない、いわば〝禁じ手〟でもありました。ＥＣＢの政策委員会内では、当初からこの証券市場プログラムの是非を巡り、激しい意見対立があった模様で、政策委員会メンバーであるドイツ連邦銀行のウェーバー総裁はトリシェ総裁の有力な後任候補とみられていたにもかかわらず、その座を投げ打つ形で２０１１年２月、辞任を表明してしまいます。ＥＣＢは慌てて翌3月にこの証券市場プログラムを一時停止しますが、この間も欧州債務危機の火の手は収まらず、財政基盤の脆弱な他の加盟国に飛び火し、２０１０年11月にはアイルランド、２０１１年4月にはポルトガルの財政運営が行き詰まり、それぞれＩＭＦとＥＵに支援要請する事態となったのです。

それを見かねたトリシェＥＣＢは、一時停止から5ヵ月後の２０１１年8月に証券市場プログラムによる国債買い入れの再開を強行しました。しかしながら政策委員会内での反対の声はやまず、今度はＥＣＢの役員である、ドイツ出身のシュタルク専務理事が同年末に辞任する事態となりました。国債買い入れの再開に反対したのはドイツ勢ばかりでもなく、政策委員会内ではそれほど激しい意見対立が生じていました。そして肝心の各国の財政運営はというと、イタリアではベルルスコーニ政権が、ＥＣＢが国債を買い入れてくれることをよいことに財政運営姿勢にゆるみを見せたすきに、イタリア国債は再度、市場で売り込まれ、前述のように10年国債金利が７％近くに達し、イタリアまでもが自力での財政運営の継続が危ぶまれるような事態になったのです。

債務危機の緊張がピークに達するなかで、トリシェ総裁は任期満了で退任し、２０１１年11月にはドラギ総裁が就任しました。ここからＥＣＢは、ドイツ勢らの少数派の意見も取り入れる形で、欧州債務危機への対応策を大きく組み替えていくことになりました。反対派の理由は、単に欧州連合条約に違反する可能性があるから、という形式的なものではなく、①ＥＣＢによる国債買い入れが、かえって対象国の政府の財政運営のゆるみを許し、債務危機の悪化を助長する、②固定利《り》付《つき》の長期債形式をとる加盟各国の国債を、大規模にユーロシステムが買い入れてしまうと、その後の正常化局面で、ユーロシステムとしての財務運営が悪化したり、市場に供給した過剰流動性の吸収が困難になったりして、金融政策運営上の困難が生じかねない、というものでした。こうした指摘を鑑み、ＥＣＢはドラギ総裁の就任直後から国債の直接の買い入れを一切、停止しました。代わりにＥＣＢは、加盟各国の民間銀行に対して、３年物という長期の資金を低利で大規模に供給する前例のないオペレーション（ＬＴＲＯ、長期リファイナンシング・オペ）を、２０１１年12月と12年２

月の2回、発動しました。ＥＣＢは、自ら直接国債を買い入れることなしに、民間銀行が多く保有している自国の国債を市場で投げ売りせず、保有し続けられるようにするという、間接的な支援を行う形で債務危機の収束を図ったのです。その効果もあって、イタリアの国債金利の上昇基調には歯止めがかかり、間一髪で、財政破綻を回避できたのです。

しかしながら、イタリアはそれで何とかなっても、元から財政事情がかなり悪かったギリシャはそうはいきませんでした。２０１０年以降、ＩＭＦやＥＵから2度にわたり支援を受けたにもかかわらず、財政運営を安定させられず、２０１２年には3月と12月の2回、ギリシャは国債の元利払いを予定通りに行えないデフォルトを引き起こしました。ギリシャ国債を保有していた外国の民間金融機関に、国の借金を棒引きさせてもらう事態になったのです。しかしながらそれでも国際金融市場の動揺は収まらず、ギリシャのユーロからの脱退や、単一通貨ユーロの枠組みそのものが瓦解するのではないかとの懸念が高まるようになりました。図表4－7のグラフからも明らかなように、イタリアといったギリシャ以外の他のユーロ圏加盟国の国債が再び売り込まれ、国債金利が再び急騰するようになったのです。ドラギ総裁は２０１２年7月、「ユーロを守るために、やれることは何でもする」という有名な発言をし、同年9月、ＥＣＢはＯＭＴ（アウトライト金融取引）という新たな枠組みを設けました。これは、加盟国がＥＵの定める計画に従って厳しい財政再建努力を実行する限り、どれほど市場で国債が売り込まれることになってもＥＣＢが短期と中期の国債に限って無制限で買い入れて財政運営を支える、というものです。〝ＥＵの定める財政再建計画〟が相当に厳しいものであるため、このプログラムの利用を実際に申請した国はありませんでしたが、国際金融市場の動揺を抑えるうえでの効果は抜群で、その後、ようやく欧州債務危機は収束に向かったのです。

当時のＥＣＢのバランス・シートの規模の推移を、図表４−１（再掲）でみてみましょう。欧州債務危機の緊張がピークに達していた２０１２年、ＥＣＢの資産規模（名目ＧＤＰ比）は３割を超え、当時の日銀（白川総裁時代）の規模を上回っていました。ところがその後、欧州債務危機が収束に向かうにつれて、ＥＣＢの資産規模はスルスルと縮小していきます。これはドラギ総裁のもとでＥＣＢが、民間銀行への長期資金供給による長期リファイナンシング・オペ（ＬＴＲＯ）による危機対応を行ったからこそ、可能になったことです。

２０１１年12月と12年２月の２度にわたり実施されたＬＴＲＯの適用金利は、ＥＣＢの政策金利に一定の上乗せをした水準とされていました。民間銀行は、債務危機のただ中にあっては、金利が多少高くてもとにかく流動性が必要なので、ＥＣＢがいくらでも資金を供給してくれるとあれば当然、資金供給を申し込みますが、危機が過ぎ去り、通常の市場金利で自力で資金調達できるようになれば、高い金利を払ってＥＣＢからお金を借り続ける

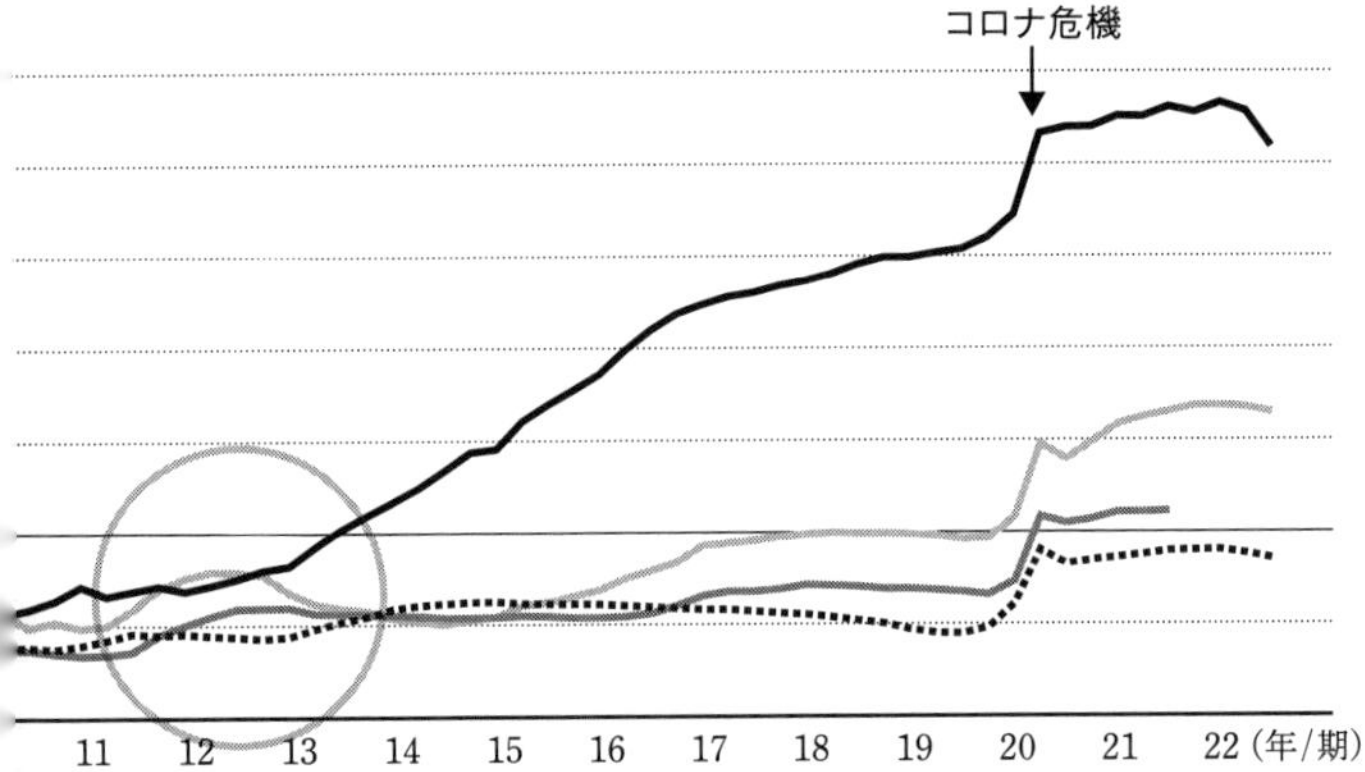

図表4-1　主要中央銀行の資産規模の推移（名目GDP比）（再掲）
（原資料）日本銀行、内閣府、FRB、U.S.BEA、ECB、Eurostat、BOE、ONS
（注）BOE Consolidated Balance Sheetのデータは2023年2月現在、2021年9月値までしか公表されていない

のは馬鹿馬鹿しくなるため、みんな競うように繰り上げ返済をするようになるのです。その結果が、こうしたＥＣＢの資産規模の縮小なのです。ＥＣＢは債務危機のただ中でＬＴＲＯを実施する際にも、危機収束後に円滑に正常化できるように、こうした金利の適用条件をあらかじめきちんと仕組んでいたわけです。当時は、海の向こうの米国では、Ｆｅｄがまだまだ大規模な資産買い入れ（ＬＳＡＰ）を続行していた時期です。そうした〝時代の流行〟に惑わされてしまうこともなく、安易に国債の買い入れを強化する途をＥＣＢは選びませんでした。そうしたＥＣＢの対応は、債務危機のただなかにあって綱渡りの財政運営を強いられた各国政府にとってはまさに〝血も涙

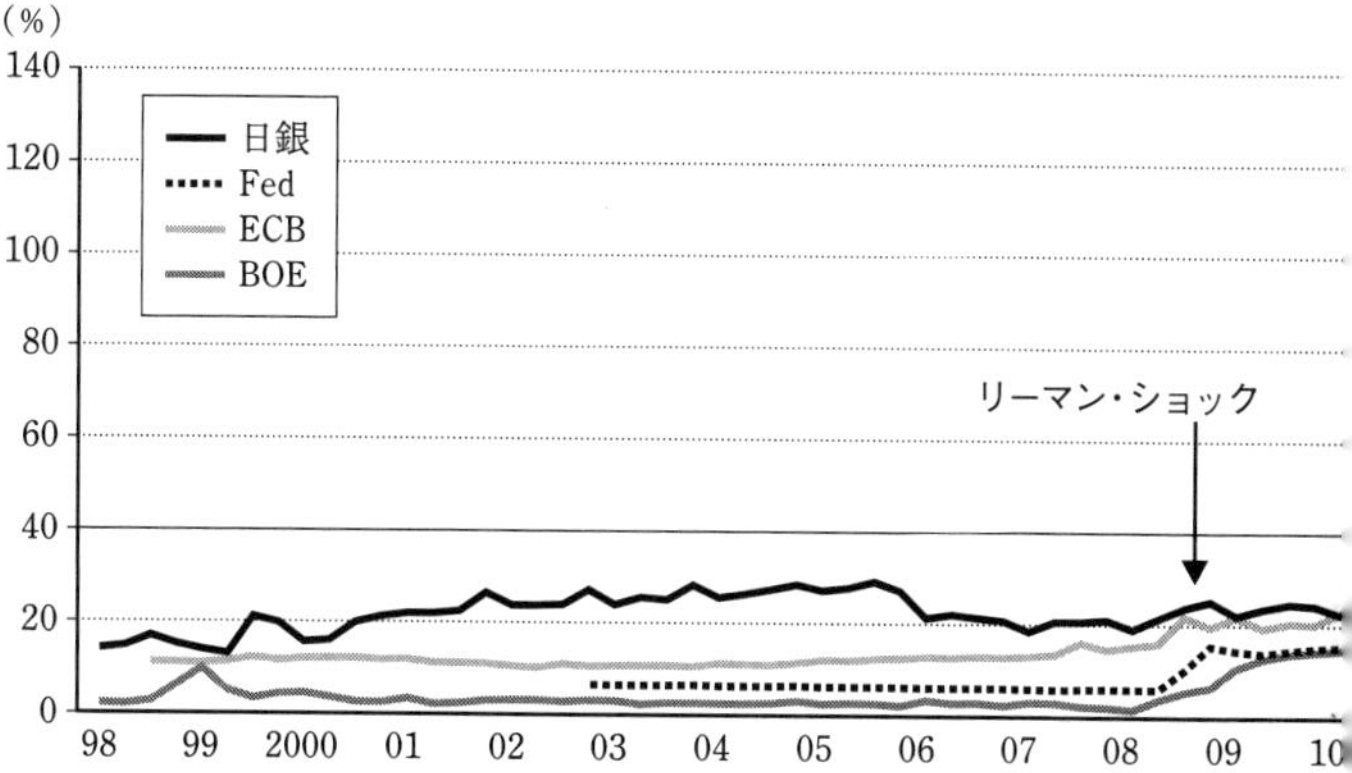

(資料) Refinitiv Eikon、日本銀行『金融経済統計月報』、FRB, Federal Reserve statistical release, H.4.1 Factors Affecting Reserve Balances of Depository Institutions and Condition Statement of Federal Reserve Banks、ECB, Statistics Bulletin、BOE, Monetary and Financial Statistics を基に筆者作成

もない対応〟であったことは間違いありません。しかしながら、そうしたECBの対応こそが、ユーロ圏各国を債務危機から救ったのです。こうした賢明なECBの政策運営は、少数意見を排除したり切り捨てたりせず、その指摘を受け入れながら最終的な政策運営の在り方を組み立てていくECBの姿勢があったからこそ、可能になったと言えましょう。

マイナス金利政策を先行させた背景

ECBが少数意見を尊重したからこそ可能になった政策運営の例は、これだけではありません。

2013年に入り、4年近くに及んだ欧州債務危機がようやく収束に向かい始めてほっとしたのもつかの間、ユーロ圏各国には次なる難題が降りかかってきました。債務危機が過ぎて経済が回復すれば、物価は良い意味で上昇して当然のはずですが、図表４－７からも明らかなように、実際にはユーロ圏の消費者物価は伸び悩み、欧州でもこのままでは我が国のような深刻なデフレに陥ってしまうのではないか、という懸念が頭をもたげてきたのです。その背景には、債務危機の収束のために、加盟各国が厳しい増税や歳出削減による財政再建策を実行せざるを得なかったこともありました。

こうした状況を重くみたＥＣＢは２０１４年６月、それまでの金融政策運営の姿勢を大きく転換する決断をします。前述のように、欧州債務危機のただ中にあっても、ＥＣＢは安易な国債の買い入れには踏み切らず、危機後の早期の時点で資産規模も元通り近くにまで縮小させていました。先々の金融政策運営上の困難も考えて、Ｆｅｄや日銀のように積極的に自らのバランス・シートを拡大させる政策運営は行わず、いわば「消極的なバランス・シート政策」を採っていたのです。しかしながらユーロ圏でも消費者物価指数の伸び悩み傾向が顕著になり、ＥＣＢとしても、これまで慎重に回避してきた国債等の買い入れを、あくまで経済を刺激し物価の底上げにつなげる目的で活用することが選択肢のなかに入れられるようになったのです。

しかしながらＥＣＢはそこで単純に、物価を押し上げる目的での国債買い入れに踏み切ることはしませんでした。その前に、マイナス金利政策の導入を2014年6月に先行させたのです。

先述のように、大規模な資産買い入れに伴って生じる最大の難点は、金融緩和が必要なくなったときに中央銀行が機動的に市場金利を引き上げ誘導することが困難となりかねないことや、その過程で中央銀行の財務運営にも大きな負担がかかりかねないことにあります。これは欧州債務危機時から、政策委員会において、ドイツ勢を中心に国債の買い入れへの反対の声がやまなかった主な理由の一つでもありました。ECBとしてもそうした問題があることは認めており、コンスタンシオECB副総裁は2015年2月の「米国金融政策フォーラム」において、大規模な資産買い入れによるリスクや潜在的なコストとして、次の5点を明確に指摘しています。

①中期的なインフレーションのリスク
②出口戦略と中央銀行が損失を被る可能性
③高いレバレッジやイールドを追求する動きによる金融の安定に対するリスク
④低金利下で金融機関のリスク管理が潜在的に緩いものとなるリスク
⑤資産効果と格差の拡大

ECBは大規模な資産買い入れを先行して実施した他の主要中銀の政策運営を、効果のみならずデメリットなども含めて検証し尽くしていました。そして、大規模な資産買い入れを行うとしても、それがそのまま中央銀行当座預金の増加につながらないよう、できる限り抑制する枠組みをあらかじめ仕組んでおきたいとの意図のもと、まず、マイナス金利を導入したのです。

どういうことかというと、ECBはもちろん、民間銀行を相手に国債などを買い入れます。ただし、ECBとしては、民間銀行側に、その対価として得る資金を企業向けの貸出などに向けてほしい、それができてはじめてユーロ圏の経済は上向き、物価も健全に上昇すると考えていました。ECBとしては、「民間銀行側にその算段がなく、消去法的にユーロシステムに預けるしかないのであれば、そもそも国債の買い入れに応じてくれなくて構わない。そのようなことにできるだけならないようにするためにも、今後は、ユーロシステムに資金を預けるのであれば、マイナス金利を適用し、民間銀行から手数料をとらせていただく」と割り切り、先にその枠組みを整えるために、2014年6月、マイナス金利政策の導入を先行させたのです。そして、ECBが実際に各国債の大規模な買い入れ（PSPP：公共セクター買い入れプログラム）に踏み切ったのは、それから半年余りが経過した2015年3月のことでした。

少数意見の尊重が金融政策の質を高める

ちなみに、こうした異例の政策導入に踏み切った際の政策委員会における意思決定の状況をみると(図表4－8)、2014年6月のマイナス金利は全会一致で、2015年1月のPSPPの枠組みも全会一致で、それぞれ導入が決定されています。ワイトマン独連銀総裁は唯一、PSPPの導入時期を2015年3月とする点にだけは時期尚早として反対しましたが、この「マイナス金利先行＋PSPP導入」という新たな政策の枠組みには賛成しています。それだけこの政策が、コンスタンシオ副総裁が前述のように指摘した5つのリスクへの対応も含めて、言い換えればドイツ勢が長らく反対してきた問題点にも配慮する形でよく練られたものだったということでしょう。前掲図表4－1で、その後のECBの資産規模の推移をみると、日銀の増加ペースなどよりもずっと抑制されていることがわかります。その背景には、このようなECBの政策委員会における徹底した議論と、少数意見をも尊重して実際の金融政策運営を組み立てていく姿勢があるのです。

その後、コロナ危機下でECBも他の中央銀行と同様、積極的な危機対応を行ったことから、資産規模を大きく拡大させることになりました。しかしながら、ECBのバランス・シートの中身を日銀と比較すると(図表4－9)、日銀の資産の大半が、超低水準のクー

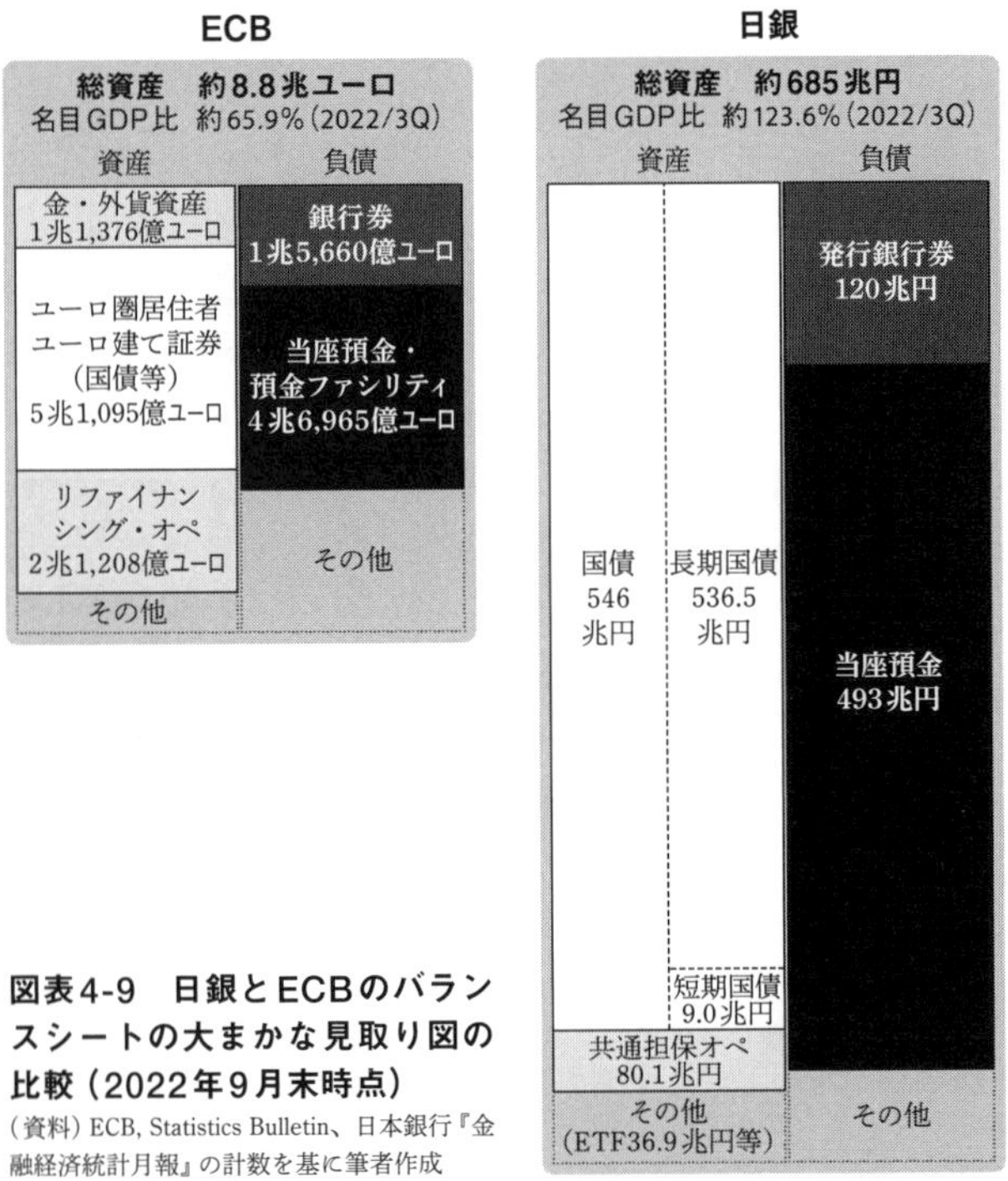

図表4-9　日銀とECBのバランスシートの大まかな見取り図の比較（2022年9月末時点）

（資料）ECB, Statistics Bulletin、日本銀行『金融経済統計月報』の計数を基に筆者作成

ポンのついた国債で占められているのに対して、ＥＣＢの資産サイドでは、国債等の買い入れの約半分に相当する規模で、民間銀行向けの資金供給（リファイナンシング・オペ）が実施されていることが分かります。これには前掲図表４－８において、数次にわたる「ターゲット長期リファイナンシング・オペ」として示したものが含まれます。これらは危機下で企業向け等、特定の目的で

貸し出しを積極化させる民間銀行に、低利の資金をＥＣＢが供給して支援する、という枠組みで、欧州債務危機時のＬＴＲＯと同様、危機が収束すれば、民間銀行側の繰り上げ償還を促す仕組みが盛り込まれています。ＥＣＢとして、欧州各国の金融システムが、米国とは違い、我が国と同様に銀行中心であることに配慮し、その民間銀行経由での経済活動の押し上げを図るとともに、危機後の正常化局面での難易度をいたずらに高めてしまわないように配慮した結果、こうした危機対応の政策運営が行われてきたのです。ＥＣＢの場合は、コロナ危機で資産規模を大幅に膨らませても、日銀などよりはるかに円滑に正常化できる仕掛けがあらかじめ盛り込まれているといえるでしょう。

こうしたＥＣＢの政策運営姿勢は、黒田日銀における金融政策決定会合の運営とはあまりにも対照的であることはいうまでもありません。黒田総裁のもと、日銀では、新たな政策運営の枠組みがいきなり、金融政策決定会合にかけられ、その一回の会合で多数決をとって決定してしまう、ということが何回も繰り返されてきました。通常の決定会合でも、執行部の提案通りに〝全会一致〟かそれに近い形で決定されることが多いのも事実でしょう。金融政策決定会合（政策委員会）は、単なる執行部の追認機関ではなく、外部から就任する審議委員が加わることによって、本来は、執行部が特定の見方に片寄るなどして独走しかねない場合にそれを牽制し抑制する役割を期待されていたはずです。審議委員の人選の問題もあるのでしょうが、日銀の公表資料からは、金融政策決定会合で、ＥＣＢの政策委員会で行われているように、中央銀行の金融政策を決める会合として本来とり上げなければならない点であるはずの金融政策の枠組みや手段の効果や副作用・弊害等について、突っ込んだ議論が行われている形跡はありません。そうした〝強引〟ともいえる決定会合の運営や金融政策運営の結果は間違いなく、日銀の金融政策運営の質のみならず、我が国経済の実態に影を落とす結果になっていると私は思います。

着手当初から出口局面での損失発生を見越していたＢＯＥの制度設計

中央銀行の政府からの独立性の設計には、２通りの側面があります。一つは金融政策運営の「手段の独立性」で、もう一つは「目標設定の独立性」です。世界各国を見渡してみると、この両方の「独立性」を手にしているのは米ＦｅｄやＥＣＢなどに限られ、大多数の中央銀行はそうではなく、目標設定の権限は政府が握っていたり、政府と中央銀行が共同で設定するようになっていたりする例が多くみられます。

ＢＯＥもそうした後者のグループに属し、金融政策の「手段の独立性」は有していますが、目標設定の権限は政府側（財務大臣）が握っています。ＢＯＥの場合は、政府との関係が相対的に近しい中央銀行であると言えるでしょう。

そのBOEも例にもれず、リーマン・ショック直後に初めて〝ゼロ金利制約〟に直面し、2009年の初めから量的緩和（QE）を開始しました。最初は社債とコマーシャル・ペーパー（CP）のみが対象でしたが、ほどなくギルト債（英国債）が対象に加えられ、BOEの買い入れの中心となっていきました。

BOEのケースで最も注目されるのは、そのQEに着手した時点で、いずれ危機を脱して英国経済が回復すれば、当然の展開として、市場金利は良い意味で上昇する、先述のように、裏を返せば買い入れたギルト債等の債券の価格は下落するため、いつまでも国債等を抱え続けるわけにはいかないBOEがギルト債を手放せば、損失を被らざるを得ない、ということが、最初からわかっている当然の前提として、QEの枠組みが組み立てられていた、ということです。当時のダーリング財務大臣とBOEのキング総裁との間での公開書簡のやり取りを通じて、具体的に、次のような取り決めが行われ、対外的にも公表されたのです。

①QEはBOEのバランス・シートの本体上ではなく、別勘定（BOEの子会社として設立される資産買い入れファシリティ〈APF〉上）で、BOEの他のオペレーションとは明確に区別して実施する。

MPC 開催年月	BOE 総裁	財務大臣	中銀マネーによる買い入れ 上限額と実際の残高（億ポンド）
2009年2月	キング	ダーリング	
3月			1,500
8月			1,750
11月			2,000
2011年10月		オズボーン	2,750
2012年2月			3,250
7月			3,750
2013年7月	カーニー		
2016年7月		ハモンド	
8月			4,350
2019年7月		ジャビド	
2020年2月		スナク	
3月	ベイリー		
			6,450
6月			7,450
11月			8,950
2022年3月			**量的引き締め（QT）開始**（1回目の資産減額実施後残高は8,670）

図表4-10　BOEの量的引き締め（QT）開始までの資産買い入れファシリティ（APF）の買い入れ上限額等の推移

（資料）英財務大臣・BOE総裁間のAPF関連での各年の公開書簡（Exchange of letters between HM Treasury and the Bank of England）等を基に筆者作成

（注）APFでの買い入れ対象の大半はギルト債（英国債）。例えば2020年11月時点の上限8,950億ポンドのうち、8,750億ポンドがギルト債で、200億ポンドが社債

②ＢＯＥはＱＥによるギルト債の買い入れを、政府側があらかじめ設定する上限（図表４－10）の範囲内でのみ行うことができる。

③ＱＥの実施に伴い、その正常化の局面を含めてＢＯＥ（実際にはＡＰＦ上）で発生する損失に関しては、そのすべてを政府が補償する。

我が国では、異次元緩和の着手から10年近くにもなろうとしているのに、当事

者である日銀は出口問題について口を閉ざし続けています。ところが、英国では当初からこういう枠組みのもとで、ＢＯＥの量的緩和が実施されてきているのです。日英両国間の差のなんと大きいことでしょう。

この枠組みのもとで、ＢＯＥは量的緩和を進めていきました（図表４－11）。しかしながら、この図表からも明らかなように、ＢＯＥの進め方は先述のＦｅｄと同じく、国債等の買い入れを漫然と続けるのではなく、必要な局面に限って、財務大臣から認可された上限の範囲内で買い入れを進め、その後も経済・金融情勢の展開に応じ、必要な局面に限って買い入れを行ってきたことがわかります。

出口戦略のコストも公開

ＢＯＥの場合でさらに注目されるのは、出口局面においてＢＯＥ（ＡＰＦ）が被るであろう損失の金額が、先行きの金利シナリオ次第でどのように変化するのかを英国民の誰もが試算して実感できるように、ＢＯＥのＷＥＢサイト上にＥｘｃｅｌのスプレッドシートを掲載したことです。ＢＯＥは２０１３年３月に公表した四季報のなかで、ＡＰＦの損益が今後どのように発生していくのか、また、それに伴い政府との間での資金移転がどのように行われることになるのか、という見通しに関する論文（「ＡＰＦと財務省の資金移動のプロファイ

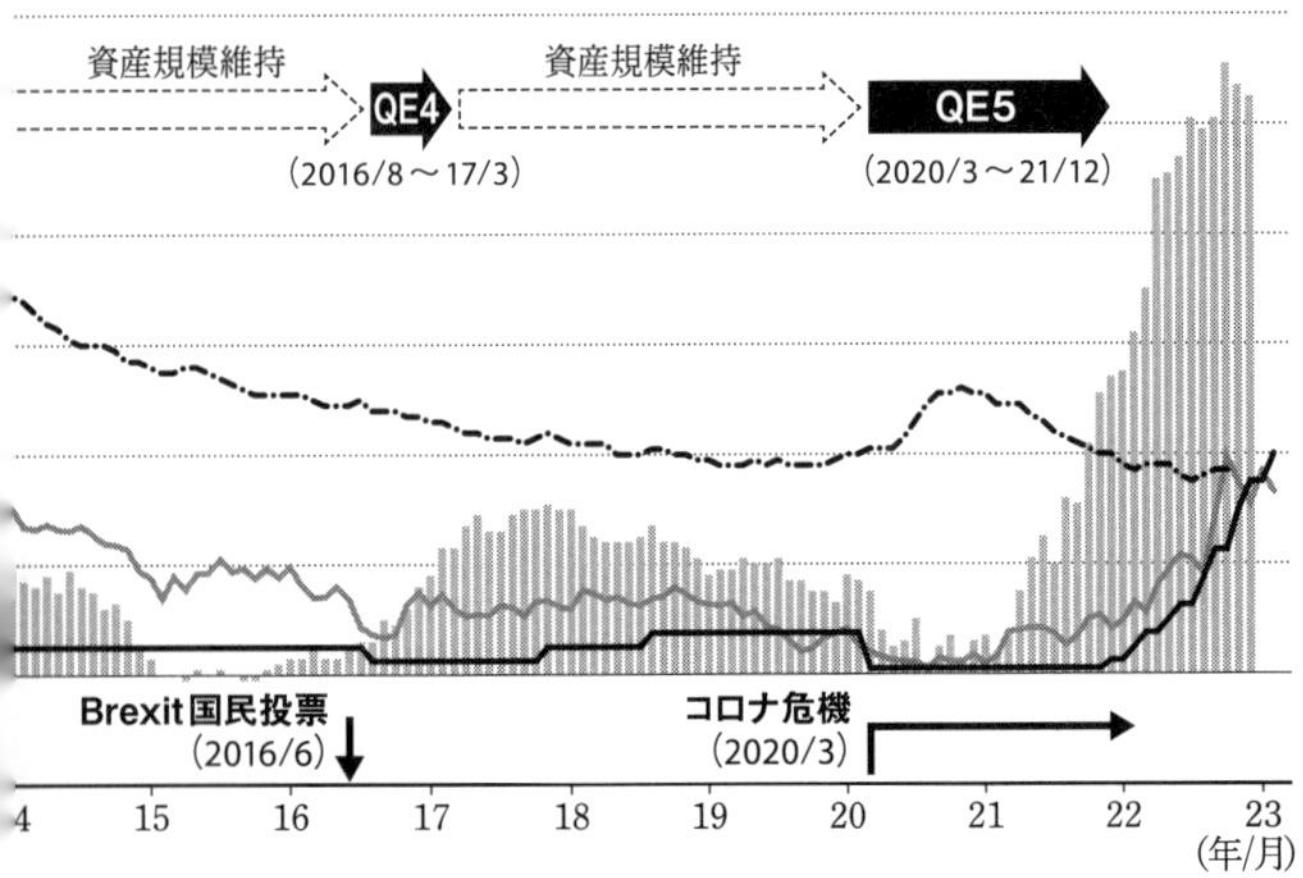

図表4-11　イングランド銀行の金融政策運営と英国の雇用・物価指標等の推移

ル[2]」）を公表しました。

　ＢＯＥに限らず、日銀もＦｅｄもどこも同じですが、量的緩和のような国債買い入れを中央銀行が実施した場合、政策金利を引き上げず、ゼロ金利状態が続く間は中央銀行側に特段の大きなコストは発生せず、国債を保有することによって半年ごとにそのクーポン（国債の利息）が国の側から支払われることになるため、中央銀行側に利益がたまります。中央銀行は通常、その利益を国庫に納付します。それが、金融引き締め局面に入れば、国債のクーポン収入よりも、中央銀行自身の当座預金への付利コストの方が大きくなり、場合によっては中央銀行は赤字に転落することになります。買い入

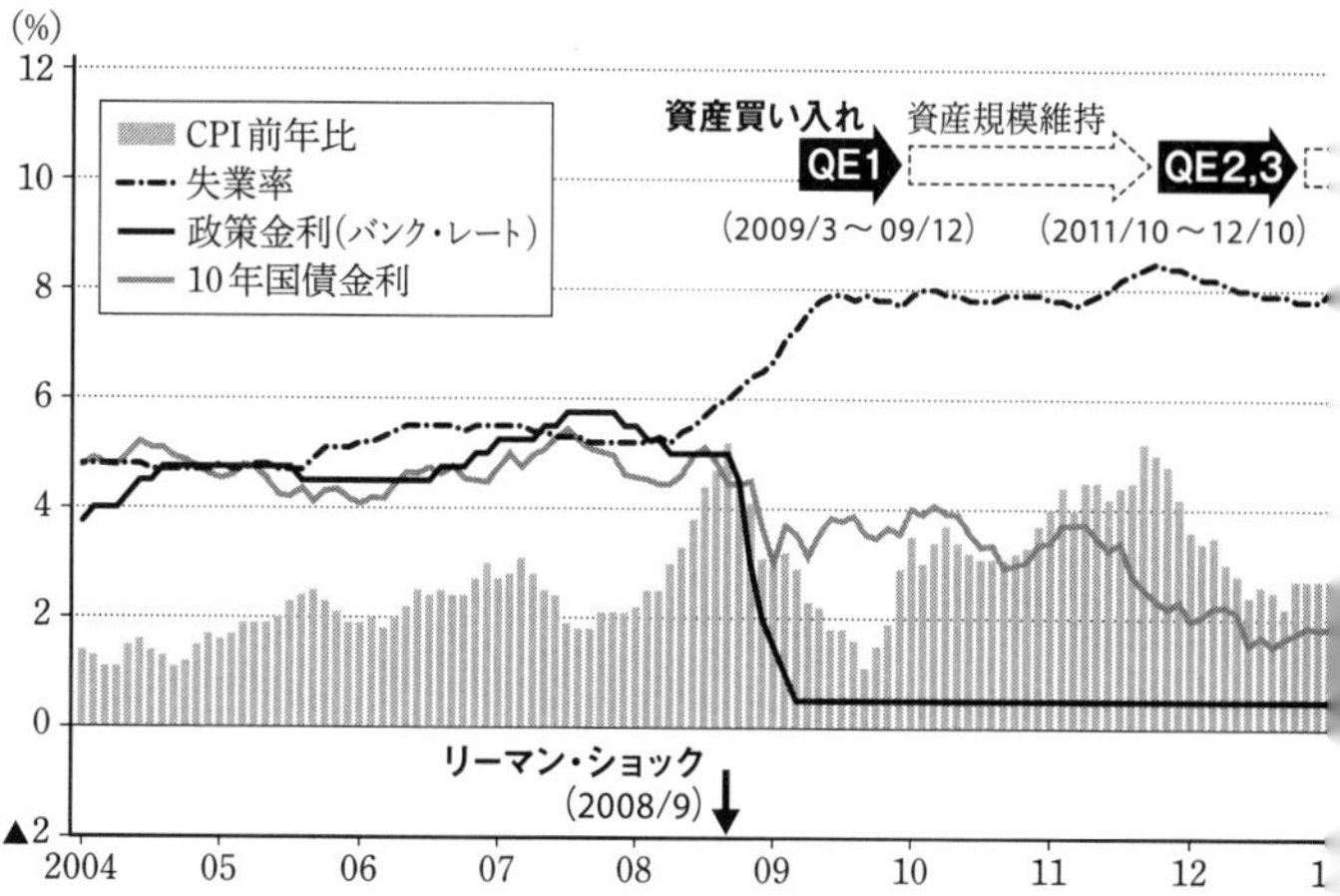

（資料）Refinitiv Eikonのデータを基に筆者作成
（原資料）Bank of England、Office for National Statistics.

れた国債の満期到来を待たず、中途で市場に売却すれば、その分の損失もかさみます。ＢＯＥは事態がこのように進展していくなかで、金利シナリオ次第で、政府との間の資金のやり取りがどうなるのか、最終的には政府の側の払い損になるのかどうか、といったあたりを試算してみせたわけです。しかもＢＯＥは、同行のＷＥＢサイトに、このＡＰＦと財務省との間の資金移転が今後どうなるのかを、様々な前提条件をおいて誰でも自由に試算できるＥｘｃｅｌファイルのスプ

2 Nick McLaren and Tom Smith. "The profile of cash transfers between the Asset Purchase Facility and Her Majesty's Treasury", Quarterly Bulletin, 2013 Q1, Bank of England, March 14, 2013.

レッドシートを掲載したのです。その後もスプレッドシートの試算用のデータ等のアップデートが行われ、現時点でも2017年9月版ではありますが、スプレッドシートはまだ掲載されていますので[3]、関心がおありの方は実際にこのスプレッドシートを開いてご覧になられてみてはいかがでしょうか。スプレッドシートの操作はごく簡単です。そのファイルでは、あらかじめ用意された14種類の金利シナリオ（短期金利が2％、4％といった、当時の超低金利情勢からすれば、相当に厳しい金利シナリオも含む）のうちからどれかを選ぶ形で、国民が誰でも試算結果を確認できるものになっているのです。

英国は、財政運営の面でも独立財政機関（予算責任局）を設けるなどして、財政運営の先行き見通しに関する客観的な情勢把握と国民への情報開示を徹底することを通じて、我が国などよりもはるかに健全な財政運営を実現できている国です。その英国で、中央銀行の金融政策運営を通じて、将来的に財政負担が発生する可能性があるとなれば、国民にその事実を正直に説明し、将来的な追加負担の有無やその金額が先行きの金利シナリオ次第で大きく変化し得ることや、金利が大幅に上がる前に正常化を終えておかないと、国民負担が大きく膨張しかねないことを、国民一人一人が試算を通じて実感できる仕組みが整えられているのです。こうした仕組みが整えられているからこそ、BOEは、いかに将来的な損失は政府が補償してくれるとはいえ、その損失をできるだけ出さないような、出てしまうとしてもその金額を最小限にとどめられるような金融政策運営を心がけることになります。

政府の損失補償があるからこそ進められる高インフレ下での正常化

現にコロナ危機下で、ＢＯＥも追加的な量的緩和を実施しましたが、英国も高インフレ局面に転換したことを受けて、ＢＯＥは２０２１年末から早くも金融引き締めに転じ、Ｆｅｄよりもかなり前を行く形で正常化を進めています。英国の場合、政府の国債管理政策運営上、安定志向が強いため、ギルト債の発行は満期20年以上の超長期債が中心となっています。そのため、ＢＯＥが量的緩和を通じて買い入れてきたギルト債も、超長期債が多く、Ｆｅｄのように満期が到来するのを待っていては、いつまでも資産縮小が進まなくなるため、ＢＯＥの場合は、２０２２年３月からギルト債の満期到来を待って手放す方法（売却損を被ることはなし）での資産縮小を開始したのにとどまらず、同年11月からは、ギルト債を、満期到来を待たず、定期的に中途売却する正常化オペレーションにも着手しています。Ｆｅｄでも踏み切れないような、こうした難易度の高いオペレーションをＢＯＥが実

3 Bank of England, The path of cash transfers between the Asset Purchase Facility and Her Majesty's Treasury : scenarios (https://www.bankofengland.co.uk/-/media/boe/files/quarterly-bulletin/2013/apf-cash-transfers-update-oct-17.xlsx?la=en&hash=F894D666D6619AEDCD2D839312ED7C5B4C1FB6DA).

施できる背景には、量的緩和に着手した当初から、先行きの損失はすべて英政府が補償する枠組みが整えられていることが大きいといえます。

これに対して黒田日銀は、我が国でも消費者物価前年比が4％を超えるまでに上昇しているというのに、イールド・カーブ・コントロール政策を死守するために、任期満了に至るまで国債の買い入れオペを続けています。それは直接、日銀の将来的な赤字幅、潜在的な国民負担を増やし続けることを意味するにもかかわらず、何の気にも留めないようです。BOEとの差はあまりにも大きいといえるでしょう。

ここまで、Fed、ECB、BOEという主要中央銀行の近年の金融政策運営を、日銀とは対照的なエピソードをとりあげながら、振り返ってきました。彼らは、一見、黒田日銀の異次元緩和と同じような金融政策を行っているようで、その内実はかなり異なるものであることがおわかりいただけたのではないでしょうか。彼らの次のような姿勢に、私たちは学ぶべきであると私は考えます。

机上の特定の〝理論〟に過度にとらわれず、新しい政策手段は慎重に、かつ段階的に試みる。

効果のほどや副作用や弊害についても入念に点検し、必要であれば実際の政策の展開に反映させる。

政策決定に関し、多様な意見を持ち寄り議論を尽くし、少数意見にも十分に配慮して、最終的な政策運営を組み立てる。

新たな政策運営の導入に伴って生じる、都合の悪い側面（国民負担）等についても、早期から国民に誠実な説明を尽くし、問題の理解の浸透を図る。

市場金利は市場が決める。危機の局面が過ぎたら、中央銀行は手を引くのが当然。経済情勢の変化に伴う市場金利の上昇を過度に恐れない。市場の金利形成機能、メカニズムを、中央銀行として最大限に尊重する。

〈コラム〉主要中央銀行は「マイナス金利政策」や「イールド・カーブ・コントロール政策」をどう評価しているのか

このように理路整然とした金融政策運営を展開している主要中央銀行は、これまで黒田日銀が行ってきたマイナス金利政策等をどのように評価しているのでしょうか。

主要中央銀行のマイナス金利政策に対する評価は消極的

主要中央銀行で構成される国際決済銀行（ＢＩＳ）のグローバル金融システム委員会（議長は豪準備銀行〈ＲＢＡ〉のロウ総裁）はリーマン・ショック以降、量的緩和やマイナス金利といった異例の金融政策手段について、各中央銀行による実践の経験が蓄積されてきたことを受け、２０１９年10月に「非伝統的金融政策の手段：各国横断的分析」という報告書を公表しています。その中で示されたマイナス金利政策に関する主要中央銀行の共通見解は図表４－12のようなものでした。要するに、金利はそれまでゼロ％にまでしか下げられない、と考えられていたものが、その限界を現実に打破できたことには意味がある。短期金利をマイナス圏内まで下げることによって、長期金利の低下を促し、経済を下支えする効果はある程度、認められる一方、民間銀行では顧客

動機
デフレ的な影響を及ぼす**自国通貨高に対抗する必要性**に迫られて。金融政策の目的に合致する形で、**経済に刺激を与える**こと。
効果
全体として**〝ゼロ金利制約〟(ELB)への対処としては有用**。将来の短期金利予想に合わせて**長期金利は低下**し、景気拡大の刺激として作用。
副作用
銀行の金利マージンの圧縮。その他の収益や不良債権の減少といった銀行ポートフォリオの改善によって相殺され、銀行業の安定のうえでの主な問題となるには至らず。
金融仲介機能への影響
長引くマイナス金利による、金融仲介主体に対する長期的にみた潜在的な効果は、現下の経験からでは完全に評価し得ず。

図表4-12　BISグローバル金融システム委員会報告書が示した、マイナス金利政策の評価

(資料) Committee on the Global Financial System. "Unconventional monetary policy tools: a cross-country analysis", Report prepared by a Working Group chaired by Simon M Potter (Federal Reserve Bank of New York) and Frank Smets (European Central Bank), CGFS Papers No 63, Bank for International Settlements, October 2019, pp2～3の記述を基に筆者作成. 太字は筆者

から受け入れる預金にマイナス金利を適用することは現実問題としては難しく、民間銀行による貸出等を阻害する方向にも作用するため、とりわけマイナス金利政策を長期化させた場合、効果と副作用のどちらが大きくなるかの判断は難しい、と言っているのです。

　このように、マイナス金利政策に対する主要中央銀行の評価は、〝ゼロ金利制約〟への対処策として一定の有用性は認めつつも、必ずしも諸手を挙げて積極的に評価しているわけではありません。この事実は、その後のコロナ危機に直面した際、マイナス金利政策の

新たな導入を検討した中央銀行はいくつかあったものの、実際に導入した中央銀行は皆無、という事実に如実に表れているといえるでしょう。

日銀のマイナス金利政策は効果なし、がFedの評価

ちなみに、Fedも、2019～20年にかけて、金融政策運営の新戦略を検討する過程で、このマイナス金利政策も議論の俎上に載せながらも、実際には導入しなかった中央銀行の一つでした。その検討の際、FOMCでは、サンフランシスコ連銀による「日本におけるマイナス金利」という調査論文の内容が参照されています。同連銀の分析によれば、2013年以降の「異次元緩和」によって、我が国においても一時は期待インフレ率が高まったものの長続きはせず、とりわけ日銀がマイナス金利政策を採用した2016年以降は、中期的なインフレ期待が振れを伴いつつも下落傾向をたどっている、とされているのです。要するに同論文は、マイナス金利政策には予期せぬ収縮的な効果があるとみられ、日本のようにインフレ期待がすでに低くなってしまっている場合には、マイナス金利政策の有効性に注意する必要がある、と指摘しているのです。日銀が2016年時点になって導入したマイナス金利政策には明確な効果は認められない。これがFedの評価なのです。

YCCに至っては、Fedは一刀両断に却下

日銀のイールド・カーブ・コントロール政策に対する海外からの評価はさらにシビアなようです。前述の2019年のBISの報告書においては、非伝統的な手段の一つとしてとり上げられることすらなく、財政ファイナンスと表裏一体となるこの政策は、まともな手段とはおよそ認められていないのでしょう。コロナ危機下においても、日銀に追随して導入することを本格的に検討した例は皆無であった模様です。

Fedはコロナ危機入り直後の2020年6月のFOMCにおいて、「イールド・カーブ・キャップないしターゲット（YCT）政策」について、事務方に報告させたうえで、議論を行っています。未曽有のコロナ危機に直面し、Fedとして何か新たに採用し得る政策手段の候補はないかと検討するためであったとみられます。

事務方の報告によれば、YCT政策のこれまでの採用例は、

①現在の日銀のYCC政策。

②豪準備銀行〈RBA〉が2020年3月に導入した、3年物国債金利を短期の政策金利並みに誘導するイールド・ターゲット（YT）政策。

③第二次世界大戦時のFedによる、戦時下における財務省の資金調達コストを安定させるための財政ファイナンス。

の3つしかありません。FRBのスタッフは①日銀の現在のYCCを、「2016年以降、イールド・カーブが超長期の年限までマイナス圏内に沈むなどして過度にフラット化することがないようにする一方、金融緩和環境を継続するために、10年物のイールドにターゲットを設定」と報告しています。そのうえで、「YCT政策によって中央銀行は、一定の環境下では極めて大規模な政府債務の買い入れを迫られる潜在的な可能性がある。それはアメリカにおいて1940年代に現実のものとなった事態で、YCT政策の下では、金融政策の目標が政府債務管理の目標と抵触しかねず、中央銀行の独立性が脅かされかねない」と指摘しているのです。

FOMCメンバーからは、3つの先例のうち、②RBAのYTが最も当時のアメリカが置かれた状況に関連する政策運営である、との見方が示されたうえで、もし、FedとしてYCTに踏み切った場合、

①とりわけそうした政策からの出口が近づいた際に、Fedのバランス・シートの規

模と構成をどのようにコントロールするのか。
②ＹＣＴ政策によって、中央銀行の独立性が脅かされるリスクをいかに緩和するのか。
③こうした政策が金融市場の機能や、民間セクターのバランス・シートの規模や構成に与える影響をどう評価するのか。

等の懸念が指摘されているのです。また、そもそもＹＣＴを実施する場合、
④長期金利のうちのどの年限にするのか、どの程度の金利水準にキャップをはめるのか、といった点を特定するのは容易なことではなく、万が一その設定を誤った場合、経済全体に悪影響が及びかねない。

とも指摘されています。以上の議論を経て、結果的に、ＦｅｄとしてコロナSearch危機下でＹＣＴ政策を採用することはありませんでした。

このようなＦＯＭＣでの議論からは、Ｆｅｄとしても市場の金利形成機能を尊重する姿勢が窺われます。長期金利をどの程度に誘導するのが望ましいのか、Ｆｅｄほどの力量を有する当局にとっても簡単なことではなく、だからこそ、多様な市場参加者の見方が反映される。市場の金利形成機能に委ねている、ということなのでしょう。

黒田日銀は、2016年9月にイールド・カーブ・コントロール政策を導入する際、「なぜ10年国債金利を選び、誘導するのか」「その10年国債金利をなぜゼロ%に誘導するのか」という点に関して、明確な説明を今日に至るまで一切、行ってきてはいません。長期金利までゼロ%ということは、金利の重要な機能の一つである〝資源再配分機能〟が完全に失われることを意味します。要するに、我が国の経済では、時代の変化に応じた新陳代謝をしなくてもすむことになっています。だから潜在成長力が一向に上向かず、物価も上がらない状態が長期化したのでしょう。10年国債金利がゼロ%近傍の状態が、6年間以上続く、というのは、我が国にとって最適な水準では決してなかったことを、我が国経済の現状こそが雄弁に物語っているのではないでしょうか。「金利は低ければ低いほどよい」などということは、決してないのです。

毎年8月に米国のカンザスシティ連銀が主催するジャクソンホール・シンポジウムのように、主要中央銀行の首脳陣が揃って登壇するカンファレンス等で、日銀のみが登壇者のなかに含まれないケースが近年、目立つようになりました。白川総裁時代まではなかったことです。これは、黒田日銀の金融政策運営に対する海外主要中央銀行の冷ややかな目線の裏返しであると思えてなりません。

第5章

異次元緩和が支えたアベノミクスと残された代償

欧米の主要中央銀行からみれば、黒田日銀の異次元緩和は、これほど異質なものと化してしまっています。その端緒は、２０１２年末の総選挙で政権に返り咲いた第２次安倍晋三政権が高らかに掲げた〝アベノミクス〟にありました。

財政運営の危機感を欠いていた安倍政権

２００８年のリーマン・ショックの後に続く形で２０１１年には東日本大震災が発生した後の我が国では閉塞感が強く、デフレ脱却を目標に掲げた安倍首相の狙いは決して悪くはなかったと思います。安倍首相が掲げたアベノミクスの３本の矢とは、①大胆な金融緩和、②機動的な財政出動、③民間投資を喚起する成長戦略、というものでした。ただし、我が国の財政運営に関する危機感は、この政策構想の発表当初から完全に欠落していました。それはおそらく、安倍首相が、「我が国がこれまでデフレから脱却できなかったのは、日銀の金融緩和が足りなかったからだ」と主張する〝リフレ派〟の影響を強く受けていたからでしょう。

第２次安倍政権が発足した２０１２年末の時点で、前年に東日本大震災を経験していた我が国の国債発行は一段と膨張し、一般政府の債務残高規模（名目ＧＤＰ比）でみればすでに２２６％と、２０１２年に２度の財政破綻（国債の元利支払いの不履行＝デフォルト）を実際に引き起こしたギリシャを上回るほどの、世界最悪の財政状態に陥っていました。それにもかかわらず、安倍首相は、「いくら政府が国債を発行しても、日銀に買い入れさせておけば大丈夫だ」と主張するリフレ派の主張を鵜呑みにしていたようです。少子高齢化による厳しい人口減少が進むなかで、これほどの規模の政府債務残高を抱えた我が国の財政運営の先行きに対する危機感は持ち合わせていなかったのでしょう。

当時、国内では、アベノミクスのような政策運営は、先行きの財政運営にとって極めて危険だ、という問題点を指摘する議論が少なからず出ていました。私もそうした問題点を指摘し、国のために本来あるべき政策についての提言を当時から書いてきた一人です。しかしながら、残念なことに安倍政権は、アベノミクスに対するそのような批判的な論調にきちんと耳を傾けようとすることはなかったようです。安倍氏は首相の座を降りてからも、2022年7月の不幸な銃撃事件で亡くなる前の同年5月9日、大分市での会合で「日銀は政府の子会社だ」と述べて物議をかもしました。同日付の時事通信は、「安倍氏は『(政府の)1000兆円の借金の半分は日銀に(国債を)買ってもらっている』と指摘。『日銀は政府の子会社なので60年で(返済の)満期が来たら、返さないで借り換えて構わない。心配する必要はない』と語った」と報じています。この安倍氏の発言の当時はすでに、世界経済が高インフレ局面へ急転換し、米Fedをはじめとする世界の主要な中央銀行が、日銀を除き、足並みを揃えて金融引き締めに転じ、国際金融情勢には大幅な変調がみられ始めていました。そうした時点に至ってもなお、安倍氏は「政府がいくら国債を発行しても、日銀に買い入れさせておけば大丈夫だ」と信じ続けていたのでしょう。日銀がすでにどういう状態に陥っており、それが先行きの日銀の金融政策運営能力、ひいては我が国の経済や財政運営の先行きにどのような事態をもたらすことになるのか、安倍氏は2022年に至っても十分に理解できていなかったように見受けられます。

黒田日銀の異次元緩和は、その安倍氏が第2次政権を発足させた際に開始された金融政策だったからこそ、「2年で2％」という当初の物価目標は達成できなかったにもかかわらず、アベノミクスを支えるために漫然と長期間にわたって続けられることになったのです。安倍政権は我が国の財政運営の先行きに関して、一国のリーダーであれば持ち合わせて然るべき危機感を欠いていたゆえ、日銀の〝出口〟問題こそが、異次元緩和が我が国の財政や経済運営全体に与える最大の副作用、弊害であるにもかかわらず、その点を無視して平然と突き進みました。黒田日銀もそれをよいことに、出口問題の対応について、何度となく国会での参考人質疑の際に国民の代表である衆参両院の議員から、総裁の記者会見の際にはメディアの記者から質されてきたにもかかわらず、〝時期尚早〟の一点張りで逃げ続けました。そして世論もそれを止めることはできませんでした。この間のメディアの論調のなかには、安倍政権や黒田日銀のそうした姿勢を質したり諫めたりするどころか、逆に超低金利や円安、株高を囃し立てて迎合するようなものすら、少なからずみられたのが事実でした。アベノミクスのもとで、この国はなぜ、途中で立ち止まって考え、修正や方向転換をすることができずに、ここまできてしまったのでしょうか。どういう誘惑に負けて、異次元緩和が漫然と続けられてしまったのでしょうか。

放漫財政助長の道具と化した異次元緩和

異次元緩和を実施した当初の目的は「デフレ脱却」「2%の物価目標」を達成することだったはずです。第3章でみたように、その目標を達成するうえで、実施初期を除けば、目に見える効果がないことは、実証分析などをするまでもなく、誰の眼にも明らかになっていきました（前掲図表3－1〈我が国の経済情勢と日銀の金融政策運営の推移〉、前掲図表3－3〈量的・質的金融緩和実施後の長短金利と物価動向の推移〉）。にもかかわらず、日銀は、2%の物価目標の達成の見通しの時期を先送りし続け、あげくの果てには達成が見通される時期を明確に示すのを放棄してしまいました。長期化に伴って生じる副作用や弊害について、日銀自身も、また政府の側も、まともに検討することもなく、異次元緩和はいたずらに長期化されることになりました。その最大の理由は、異次元緩和が放漫財政を助長する道具と化してしまった点にあるでしょう。それは、我が国の財政事情に関する然るべき危機感を持ち合わせず、財源の裏付けのない〝バラマキ〟的な財政政策を行って国民の歓心を買い、国民の支持率の押し上げにつなげたかった政権にとっては極めて都合のよいものだったのです。

国債発行による借金を抱えながらの財政運営が持続可能かどうかは、当然ながら、その借金の元本を返すまでの間、利払費をつつがなく支払い続けられるかどうかで決まります。借金を抱えながらの企業の経営や、個人の生涯のなかで住宅ローンを抱えながらやりくりする家計の運営と全く同じことです。違いがあるとすれば、個人の寿命には限りがあり、企業もそれに近い一方で、国家という存在は、構成する国民は入れ替わりながら、よほどのことがない限り永らく続いていくということでしょうか。

黒田日銀の異次元緩和が放漫財政を助長する道具と化したのは、何よりもこの利払費を極小化させられるようになったことによります。我が国はもとから世界最悪の財政事情にあったにもかかわらず、アベノミクスの〝機動的な財政出動〟で新規発行国債の大幅増発による大盤振る舞いを続けても、その後のコロナ危機でさらに大幅に国債の発行残高を積み増しても、この利払費はほとんど増加せず、世界最悪の国債残高の規模からすれば異様なまでに小さい規模で済ませることができてしまう状況が、異次元緩和によって作り出され、長期間にわたって維持され続けてしまっているのです。

1990年代末から減少基調に転じた利払費

ここで、我が国はこれまでどの程度の利払費を負担しながら財政運営を続けてきたのかを、少し長い目で振り返っておきましょう。

第2章の図表2－1でみたように、我が国が2023（令和5）年度予算で計上している利払費はたったの8・5兆円です。ところが、図表5－1に示すように、我が国は1980年代の後半から90年代にかけて、国債の発行残高は今よりもはるかに小さかったにもかかわらず、年度当たり約10兆円程度の利払費を支出していました。当時の金利水準は、前掲図表3－1からも明らかなように、日銀の政策金利であった無担保コール・オーバーナイト物金利も、また当時は市場メカニズムのもとで形成されていた10年国債金利もともに、5%～8%程度でした。そうした金利水準のもとにあった1980年代後半から90年代にかけては、国債残高は150兆円から300兆円という、足許の1042兆円（2023〈令和5〉年度当初予算政府案策定時点における2022〈令和4〉年度末見込み）に比較すればたったの15～30%に過ぎなかったにもかかわらず、10兆円もの金額を利払費に毎年度充当しなければならなかったのです。当時の一般会計の歳出規模をみると、初めて70兆円台にのせたのが1991（平成3）年度、80兆円台にのせたのが98（平成10）年度でした。そのうち10兆

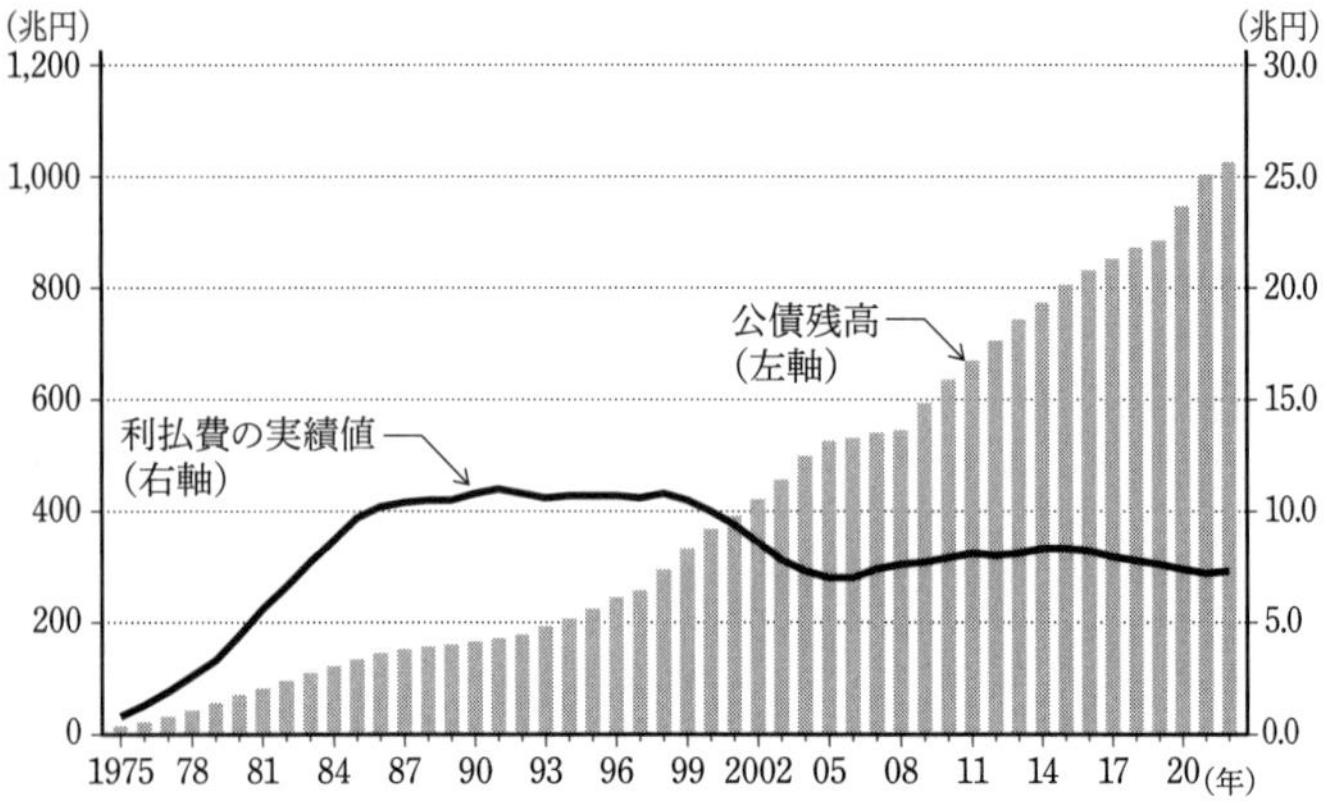

図表5-1　我が国の公債残高と利払費の実績値の推移

(資料) 財務省『日本の財政関係資料』、および参議院予算委員会調査室『財政関係資料集』各年版を基に筆者作成

円を利払費にとられてしまう、ということは、予算の13～15％が利払費に食われてしまっていたことを意味します。

ところが、その後１９９０年代末から２０００年代の半ばにかけての時期をみると、我が国ではその後、国債残高が急増していったのとは裏腹に、利払費はそれにつれて増えるどころか逆に減少していったことを図表５－１の折れ線は示しています。ピークの１９９１年度には11兆円だった利払費は徐々に減少し、２００１年度には10兆円を割り込んで9兆円台、２００２年度には8兆円台、２００３年度には7兆円台、という具合です。当時は我が国がバブル崩壊による不良債権問題の深刻化で銀行が危機状態に陥って苦しみ、経済対策や民間銀行への公的資金注入等のために、国債の大増発を続けていた時期でした。いったい、何が起こっていたのでしょうか。

その理由は2つありました。1つ目は、第1章でも述べたように、当時、速水優総裁や福井俊彦総裁時代だった日銀が、この不良債権問題で苦しむ我が国経済を何とかして救えないかと、世界でも初めての試みだったゼロ金利政策や量的緩和政策を実施したことです。その結果、我が国では長期金利も1％前後というような、それまでには考えられなかった低水準に低下するようになりました（前掲図表3－1）。当時の日銀は、政府の財政政策を支援することを金融政策運営の直接的な目的には決して据えてはいなかったはずですが、現実に起こったこととして、日銀のゼロ金利政策や量的緩和政策のおかげで、国の利払費は急増せずに済んだのです。

ただ、正確には、利払費が急増を免れた理由は、日銀の金融政策運営要因以外にもう一つありました。それは、財政当局である大蔵省（現・財務省）が、国債を発行する際に、それまでの長期国債中心ではなく、短期国債をより多く発行するようになったから、という理由です。

市場で形成される金利を、横軸に期間（国債の発行年限）、縦軸に利率をとって描くと、右肩上がりの曲線になるのが普通です。〝右肩上がり〟の角度はその時々の経済情勢に左右さ

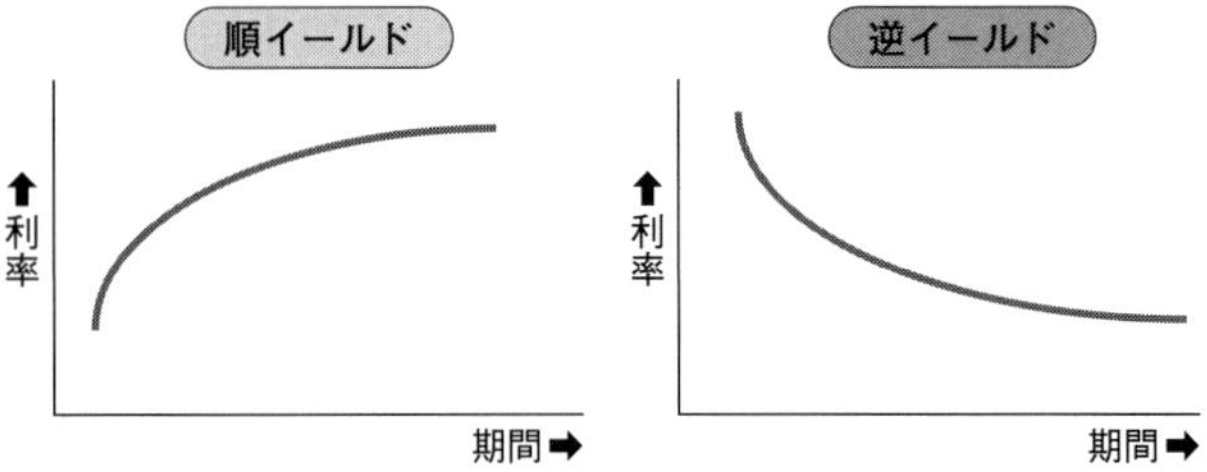

図表5-2　イールド・カーブの形状 （資料）筆者作成

れるので変化しますが、基本的に長期の金利は短期の金利を積み重ねる形で形成されることによります。こうした右肩上がりの形状を〝順イールド〟といいます（図表5－2）。

他方、中央銀行がインフレを抑えるために金融引き締めを強化する局面では、長期的な経済の減速を見越して市場で決まる長期金利の方が、中央銀行が物価動向をにらんで設定する短期金利より低くなる〝逆イールド〟と呼ばれる形状になることがあります（前掲図表2－3に示すように、現在の欧米各国はまさにこの状態に近くなっています）。ただし、長い目で振り返れば、これまで私たちが国内外で経験してきたほとんどの局面では、イールド・カーブは〝順イールド〟で形成されており、〝逆イールド〟で形成されていた局面は限られていました。財務省はこうしたイールド・カーブの形状の特性を踏まえて、同じ金額の国債を発行するのでも、短期国債の割合を多くすれば、利払費は少なくて済む、と考えたのでしょう。例えば10年国債として一度、発行した国債の満期が10年後に到来して借換債を発行する際にはすべて基本的に、満期1年以下の短期国債で発行していました。当時は我が国が不良債権問題で未曽有の銀行危機に見舞われ、国力の低下が深刻に懸念され、外国為替市場では2022年と同様、1ドル＝150円を超えるような円安が進んだ時期でもありました。国債の発行年限の短期化は、そうしたなかでも何とか財政運営を回し続けられるように、との苦肉の策であったのだろうと思われます。ただ、今となってはそれが、次なる危機の火種となってしまっているのです。その点は第7章で後述します。

アベノミクスの8年で国債残高240兆円をあっさりと積み増し

話を、我が国の利払費の推移に戻しましょう。利払費は2000年代の半ばに年度当たり7兆円台まで減少し、その後も横ばいが続きました。2008年には我が国を含む世界各国がリーマン・ショックに見舞われ、我が国でも以降、さらに国債を大増発して国債残高を積み上げたにもかかわらず、利払費の横ばい状態は続きました。そうしたなか、2007年度には我が国としてはついに、国の公債残高（541兆円）が名目GDP（538兆円）を追い越すことになったのです（図表5－3）。

そして我が国を続けて襲った2011年の東日本大震災の後の2012年末、第2次安倍政権が発足しました。当時の国債残高は705兆円（2012年度末）、利払費はやや増加

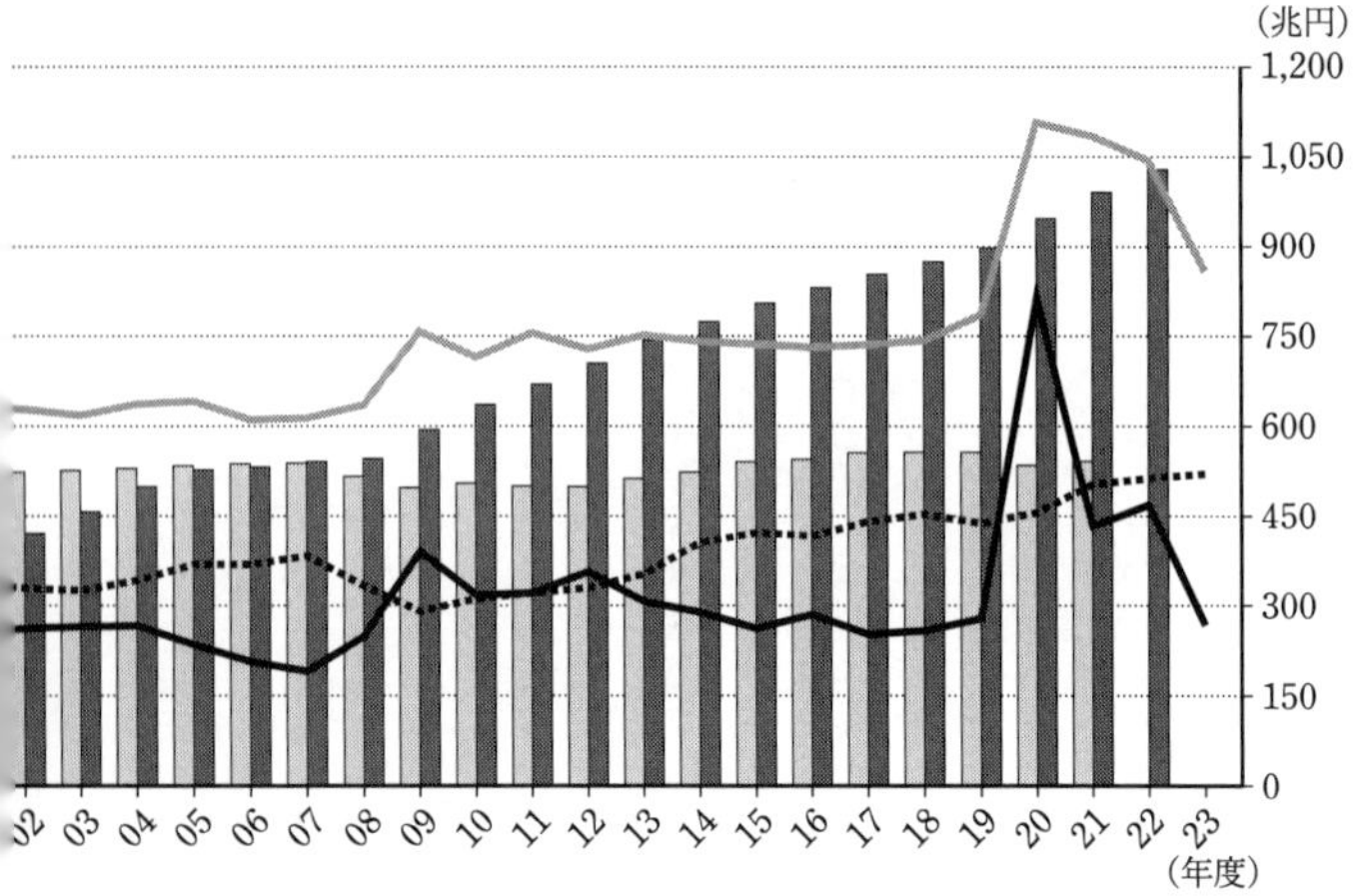

図表5-3　我が国の財政・経済の長期推移

（資料）内閣府経済社会総合研究所『国民経済計算』、財務省『日本の財政関係資料』2022年10月、『令和5年度予算のポイント』2022年12月23日等を基に筆者作成

しましたがまだちょうど8兆円（2012年度）でした（前掲図表5－1）。その局面で黒田日銀の異次元緩和が始まったのです。〝3本の矢〟の2本目で〝機動的な財政出動〟を掲げた安倍政権は、〝一億総活躍社会〟や〝新3本の矢〟等、様々な政策構想、プランを打ち出しながら、国債の大幅増発を続けると同時に、基礎的財政収支の黒字化という財政再建目標の達成は先送りし続けました。我が国はすでに〝世界最悪の財政事情〟だというのに、そんなことはお構いなしで、「景気が腰折れしては元も子もない」「経済の回復が先で、財政再建は後」という政治的なスローガンが声高に繰り返され、世論

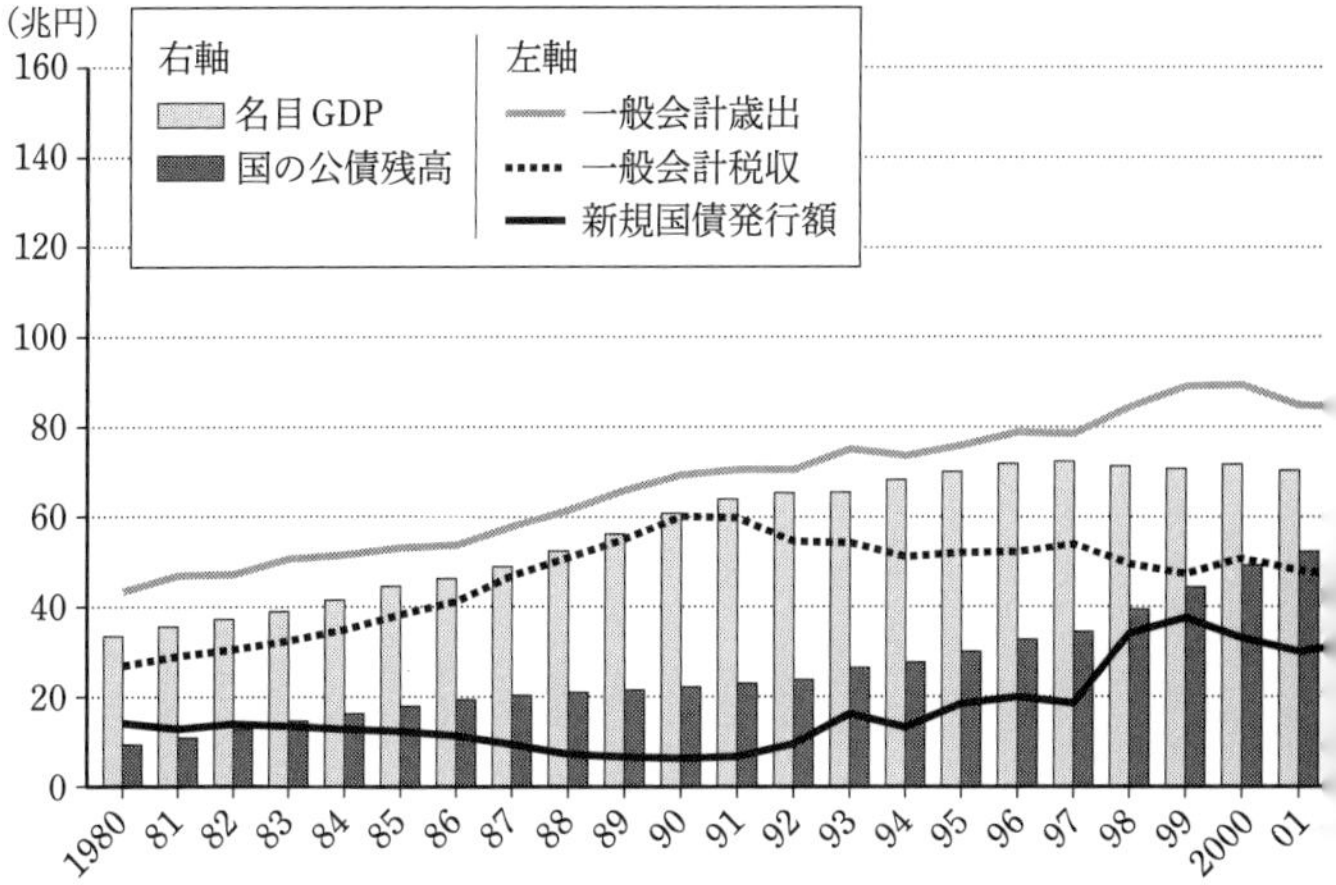

（注１）2021年度までは決算ベース、2022年度は２次補正後ベース、2023年度は当初予算政府案ベース
（注２）公債残高は、建設国債、特例国債（赤字国債）、復興債の合計

もそれに呼応するようになりました。

ただ安倍政権は、2012年の民主党政権時代の三党（民主党・自民党・公明党）合意による消費増税に基づき、2014年4月と19年10月に、2度の消費税率引き上げを、実施時期は2回延期しつつも実行した政権でもあります。ところが、図表5－3に示すように、安倍政権は消費増税等による税収増を実現した一方で、歳出も同じような勢いで増やし続けてしまったために、いわゆる〝ワニのくち〟（一般会計の歳出の折れ線と税収の折れ線との間の開きを示すもの）は開きっぱなしの状態が続き、国債残高はさらに積み上がる一方となってしまったのです。安倍首相が

辞任したのは2020年9月ですが、同年度末の国債残高は947兆円で、第2次安倍政権発足当初の2012年度末と比較すると、首相一人の連続での在任期間中に、実に約240兆円もの国債残高をあっさりと積み増してしまったことになります。8年弱の在任期間中に、240兆円もの後の世代への負担の付け回しが、いとも簡単に行われてしまったのです。ところがこの間の実際の利払費は8・0兆円（2012年度）から7・3兆円（2021年度）へと、増えるどころか、なんと減っているのです。この点こそ、安倍政権が黒田日銀に、2%の物価目標が達成できていまいが、将来的な副作用や弊害がどれほど大きかろうが、異次元緩和を漫然と継続するように仕向けた最大の理由だったといえるでしょう。

日銀の債務超過転落は、国民が免れてきた利払費の後払い

ここで、私たちが心しておかなければならない点が一つあります。

本書では冒頭から、日銀が近々、赤字に転落したり、債務超過になって長期化するかもしれない、そうなったら国民の税金を元手に、政府が日銀に損失補塡をしなければならなくなるかもしれない、という話をしています。その点に、「なぜ今さら、日銀の赤字の穴埋めのための大きな負担が突然、新たに降りかかってくることになるのか」と疑問に感じられる方もおられるかもしれません。

でも、よく考えていただきたいと思います。日銀がこの先、赤字に転落することになるのはなぜでしょうか。長期間にわたって、国債につく金利を、無理やりゼロ%近傍などという超低水準に力ずくで抑え込んで、その国債を山のように、あと先のことなどおよそ考えずに日銀自身が抱え込んできたのがその理由です。その陰で、一番楽な思いをしてきたのは政府、言い換えれば私たち国民なのです。これほど大きな国債残高を抱えた国でありながら、まともな金額の利払費も負担せずに済んできたのです。この点を、私たちは、今、改めて認識する必要があります。これから私たち国民に現実の問題として突きつけられることになるであろう、日銀の赤字転落や債務超過状態の長期化という問題は、私たちが異次元緩和の裏側で実際の負担を免れてきた利払費相当分の後払いを迫られる、ということに相当するのです。

では、黒田日銀が、こうした異例の金融政策運営を行わず、白川方明総裁までの時代のように、長期金利の形成を市場メカニズムにゆだねる金融政策運営を行っていたとしたら、私たちはこれまでにどれだけの利払費の追加的な負担を迫られていたのでしょうか。そのためには、長期金利は今頃、いったい、何%になっていたのかを見定める必要がありますが、その点を推計するのは容易ではありません。異次元緩和が全く行われない状態で、今までと同じペースで財政拡張を行っていれば、今より前のどこかの時点で、我が国はすで

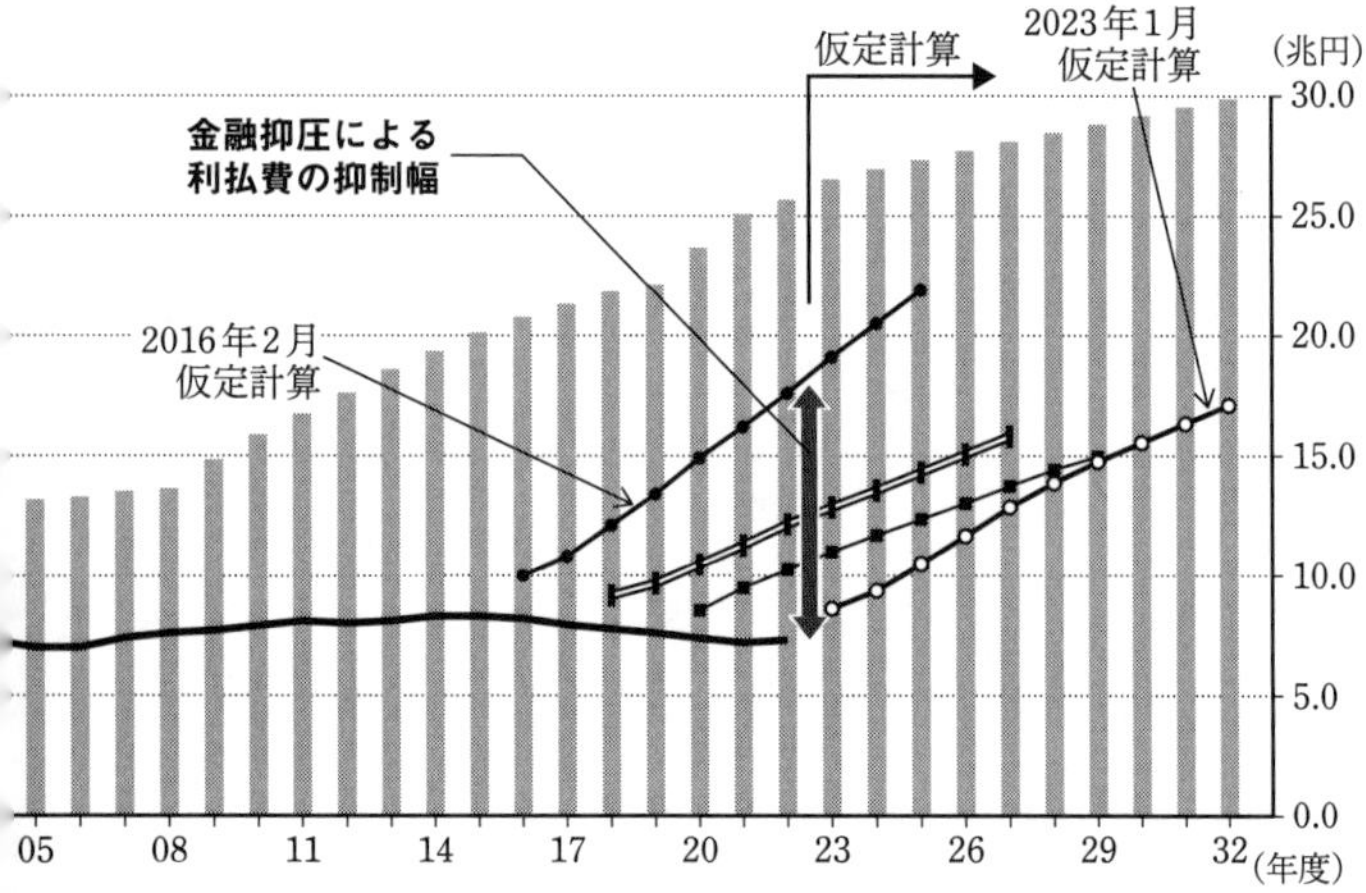

に財政破綻か、事実上の財政破綻状態である国内債務調整に追い込まれていたかもしれません。

ただし、私たちは、財務省が毎年度の予算編成に合わせて公表している先行きの利払費の見通しの過去の計数を一つの手がかりに、今まで負担せずにすませてきた利払費の大きさという問題を考えることができると思います。

図表5−4は、図表5−1で示した利払費の推移の太い折れ線の先に、この財務省が毎年度示している先行きの利払費の見通しを、細い折れ線で示したものです。本図では日銀がイールド・カーブ・コントロールを開始した年に当たる2016（平成28）年度予算に合わせて公表されたものから2023（令和5）年度予算の審議の際の公表分までの数本を示しています。この仮定計算はいずれも、翌年度以降の財政運営全

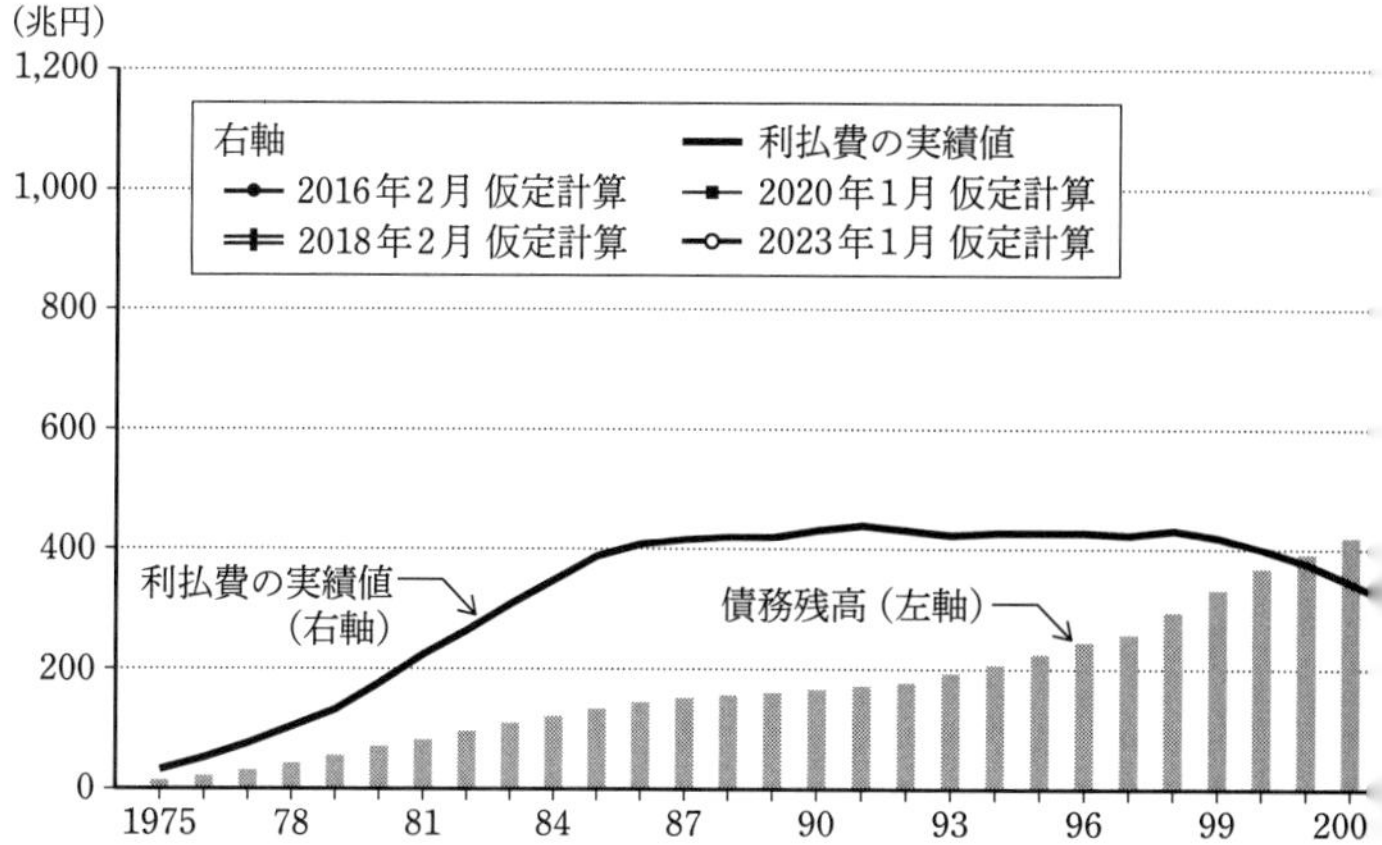

(参考) 各年度の仮定計算策定時における
10年国債金利の前提値(予算積算金利)の推移

(%)

	当年度	1年後	2年後	4年後	5年後	6年後以降
2016/2月時点	1.6	1.7	1.9	2.0	2.2	2.4
	当年度	1年後	2年後	4年後以降		
2017/2月時点	1.1	1.2	1.3	1.4		
2018/2月時点	1.1	1.2	1.3	1.4		
2019/2月時点	1.1	1.2	1.3	1.4		
2020/1月時点	1.1	1.2	1.3	1.3		
2021/1月時点	1.1	1.2	1.3	1.3		
2022/1月時点	1.1	1.2	1.3	1.3		
2023/1月時点	1.1	1.3	1.5	1.6		

図表5-4　財務省の『国債整理基金の資金繰り状況等についての仮定計算』が示した先行きの利払費の見通しと金融抑圧による一般会計の利払費抑制効果の考え方

(資料) 財務省『日本の財政関係資料』、および『国債整理基金の資金繰り状況等についての仮定計算』各年版、参議院予算委員会調査室『財政関係資料集』各年版を基に筆者作成

(原資料注1) 各年度版とも、各年度予算の「後年度歳出・歳入への影響試算」の[試算-1](*)を前提とする。令和5年度版では、令和9年度以降、新規公債発行額は令和8年度の「差額」と同額と仮置きし、金利は令和8年度と同水準と仮置き

(原資料注2) 計算の対象は、定率繰入及び発行差減額繰入対象公債等としている。なお、年金特例債は計算の対象とし、復興債は計算の対象外とする

体は当年度とほぼ横ばいの赤字幅で続けられるという前提のもと、社会保障制度や税制の変更等、翌年度以降の政策対応がすでに決まっている要因は歳出と歳入の両面に織り込んだうえで、図表5－4の下に示している10年国債金利の前提に基づき、将来の各年度における利払費がどのくらいになるのかを財務省が機械的に算出して示したものです。その前提金利として財務省は、２０１６年度の仮定計算では10年国債金利を１％台の後半～２％台と設定していました。[1] １％台の後半～２％台というのは、同じ時期の欧州の重債務国、すなわち債務残高の規模でみれば財政事情は我が国よりはるかにましな国々の国債につけられていた市場金利[2]と同程度か、それらよりも低い金利水準で、我が国の財政事情からすれば甘過ぎる前提かもしれませんが、厳し過ぎるとは決していえない金利水準でした。その前提金利のもとでも、我が国の利払費は急増傾向をたどり、２０２２（令和４）年度には17・6兆円、25（令和7）年度には21・9兆円に達するという見通しが、２０１６年時点では示されていたのです。２０１６年の時点ではもちろん、我が国がその後コロナ危機に見舞われることは想定されておらず、我が国がコロナ危機対応のための大量の国債の追加発行をしなかったとしても、利払費はこれほどに膨れ上がるとの見通しが示されていたのです。

これに対して、現実の利払費の推移は、２０１６年以降の塗りつぶしのマーカーで示されています。実際の利払費は、財務省が各年度で示していた仮定計算における結果を大幅に下回る状態が続き、２０２２年度でもわずか７・３兆円にとどまったことがわかります。

そこで、２０１６年初時点での財務省の利払費の仮定計算の際に採用されていた前提金利が、黒田日銀がイールド・カーブ・コントロールをやらなかった場合に形成されていた市場金利であると仮定して考えてみましょう。私たちは、２０２２年度でいえば、図表５－４の上下の太矢印で示す分だけ、すなわち、前述の２０１６年度の仮定計算時点での利払費の見通しであった17・６兆円から、利払費の実績値の７・３兆円を引いた分だけ、実に10・３兆円相当の利払費を払わずに済んでいたことがわかります。２０２２年度という単年度だけで、10兆円余りの金額を負担せずに済ませることができていたのです。しかも利払費を少なく済ませられたのは２０２２年度だけではありません。２０１６年の仮定計

1　ちなみに、この２０１６年度の予算案を国会で審議していたさなかの２０１６年２月、日銀はマイナス金利政策を導入し、同年９月にはイールド・カーブ・コントロールに切り替えました。我が国の金利水準は前掲図表３－３に示すように一段と低下したため、財務省としてもその点を勘案したのでしょう、２０１７年度の仮定計算からは、前提金利は１％台の前半にとどめられるようになりました。このため、２０１７年度以降、財務省の仮定計算が示す利払費の見通しのグラフの傾きは、図表５－４に示すように、２０１６年度までに比べれば随分と緩いものになりました。それでも２０１７年度の仮定計算で示されていた２０２２年度の利払費は12・９兆円で、実際の７・３兆円を５・６兆円も上回っていたのです。

2　例えば２０１５～16年頃の10年国債金利の水準をみると、イタリアやスペインでは１～２％程度、ポルトガルでは１％台後半～３％程度で推移していました。

算を前提に考えれば、２０１６年度の出発点から、仮定計算が示す細線と、実際の利払費を示す塗りつぶしマーカーとの間で囲まれた三角形の面積に相当する利払費を、私たちは負担せずに済ませることができてきたのです。その合計額は軽く数十兆円規模になることは一目瞭然です。しかも、これは２０１６年度を起点に考えた場合の話で、起点をもっと前（例えば異次元緩和着手の２０１３年度）にとれば、また、〝異次元緩和なかりせば〟の金利水準の設定によっては、私たちが免れてきた利払費の負担はもっと大きく膨らむことになります。

第１章の末尾のコラムで、日銀が保有する国債の含み損の金額は、金利が１％上昇の場合で28・6兆円、２％上昇の場合で52・7兆円、と雨宮副総裁が国会で答弁しており、しかもその金額は、日銀が買い入れた国債を満期到来まで手放さず、その間に付利の引き上げ誘導を行う際に必要になる金額にほぼ一致することが知られている、という話を紹介しました。今後、日銀が利上げ局面に入って債務超過に転落する場合、私たち国民がその穴を埋めるために追加の負担を余儀なくされるかもしれない金額は、こうやって今まで私たちが、日銀に負担を押し付ける形で免れてきた利払費の累計額、数十兆円規模の金額に匹敵する、ということが直感的にも理解していただけるのではないでしょうか。要するに、「タダ飯ほど高い飯はない」とはよく言ったもので、安易に利払費の負担を免れることができても、重い後払いの請求書が私たち国民に突きつけられることになる、ということを、異次元緩和の実施前後の日銀の金融政策運営と我が国の財政運営は、まざまざと物語っています。しかも、「日銀の債務超過の穴埋めのための後払いの請求書の金額」と「これまで免れてきた利払費の合計額」のどちらが結果的に大きくなるかは、今後の我が国の経済・金融情勢の展開次第で、誰にもわかりません。今後の情勢次第では、「後払いの請求書の金額」の方が「免れてきた利払費の合計額」を上回る可能性すらあるのです。

ETF買い入れで人為的な株高を演出

安倍政権の下で黒田日銀が異次元緩和を漫然と継続し、安倍政権側も事実上、そうするように仕向けてきた理由は、この〝放漫財政を助長する、政権に都合のよい道具〟という要因だけではありません。異次元緩和は、時の政権にとって、喉から手が出るほど欲しい〝株高〟を実現してくれる金融政策でもあったのです。

日銀のETF（信託財産指数連動型上場投資信託）買い入れは、白川総裁時代に始められたものですが、当時の買い入れ規模はごく小さかったものを、黒田総裁就任後に、2％の物価目標達成のための〝質的緩和〟の手段として、大幅に拡大して実施するようになったものです。それは我が国の株式相場の上昇を事実上、支えてきました（図表5－5）。世論は、株

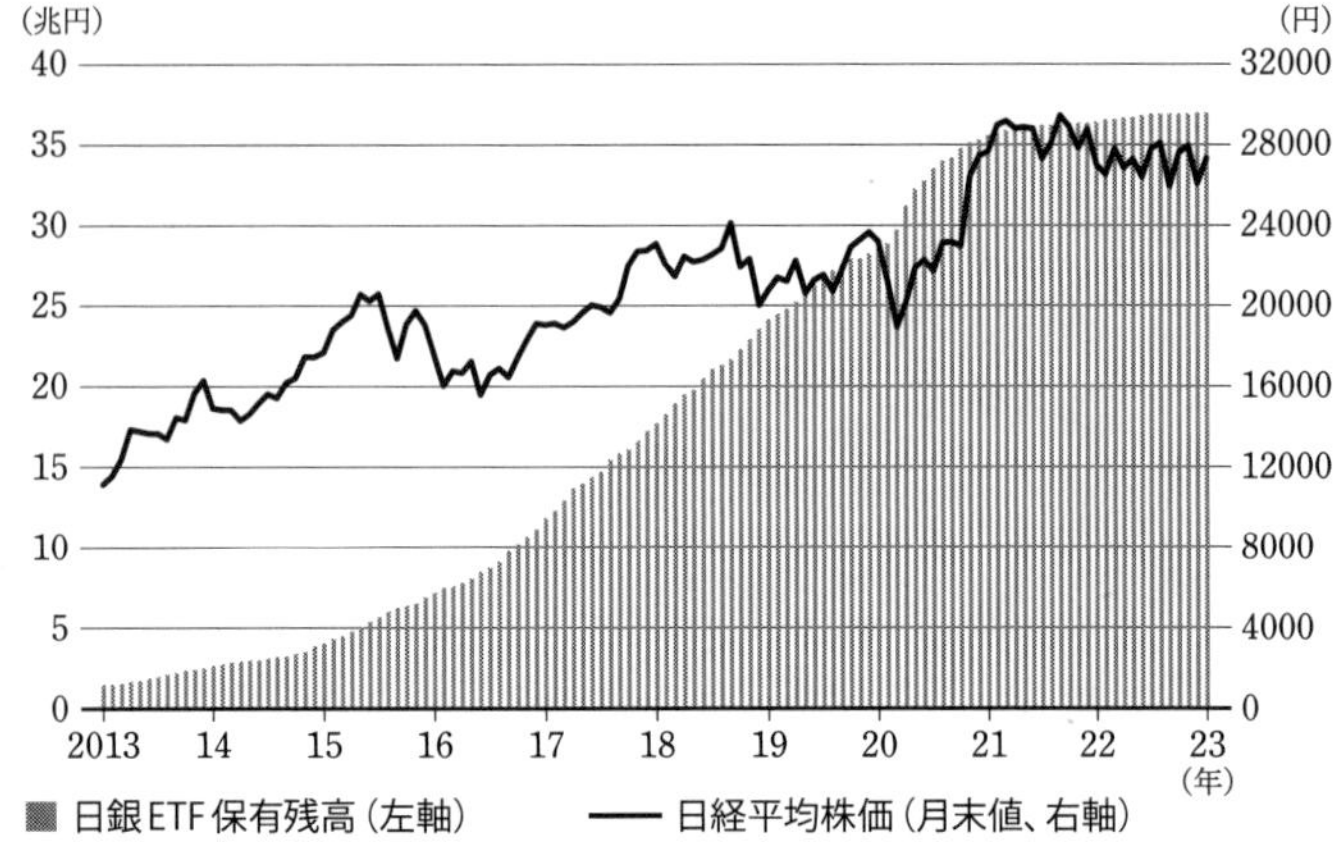

図表5-5　日経平均株価と日銀のETF買い入れ残高の推移

(資料) 日本銀行『時系列統計データ検索サイト』、『営業毎旬報告』および日本経済新聞社『日経平均プロフィル ダウンロードセンター』(https://indexes.nikkei.co.jp/nkave/index?type=download) のデータを基に筆者作成

価上昇局面では与党は選挙に負けることはない、と言われるほど、株価に敏感です。この点も、異次元緩和をズルズルと長引かせることを政権側も望んだ要因の一つであることは間違いないでしょう。

ただし、こうした〝官製相場〟は大きな弊害を伴います。日銀が買い入れたETFの時価は2021年度末で51兆円強に達しましたが、これは旧東京証券取引所第1部の株式の時価総額の約7%に相当するとみられています。株主による企業の経営状況のチェックは資本市場の重要な機能ですし、株価は本来、そうした市場による評価の鏡であるはずです。日銀は株主総会での議決権行使に関与していませんが、そういう〝モノ言わぬ大株主〟が存在する企業の経営はきちんとチェックされるのでしょうか。日銀がいわば〝大株主〟となっている企業の株価は、その企業のその時々の実力を本当に反映した株価と言えるのでしょうか。一国の中央銀行が企業の株を買い占めて、株価を押し上げるのは、一見、好ましいことのように見えてしまうかもしれませんが、実際には決してそうではないでしょう。各企業の経営に対する厳しいチェックが働かなくなったり、株価が実力以上に押し上げられてしまえば、そのツケはいずれ当該企業、ひいては我が国の経済全体に及ぶことになります。

もう一つの大きな弊害は、日銀自身の先行きの財務運営への影響です。前掲図表1－4から明らかなように、近年、このETFからの収益は、ろくな水準のクーポン（金利）はついておらず、金利はタダ同然のものが大半と言っても過言ではない国債に代わり、日銀の経常利益を支える主要な柱と化しています。ただ、それも株価が堅調だからこそ可能になっている話で、この先、株価が急落するようなことがあれば、ETFは一気に〝重いお荷物〟と化し、日銀が赤字に転落するもう一つの引き金になるかもしれません。日銀の会計処理は企業会計に準じて行われており、簿価（償却原価法）で評価される国債とは異なり、ETFは外貨建て資産とともに、時価評価されることになっています。ゆえに日銀は各決算期において、ETFの時価評価額が、簿価（買い入れ価額）を下回った場合、その評価損

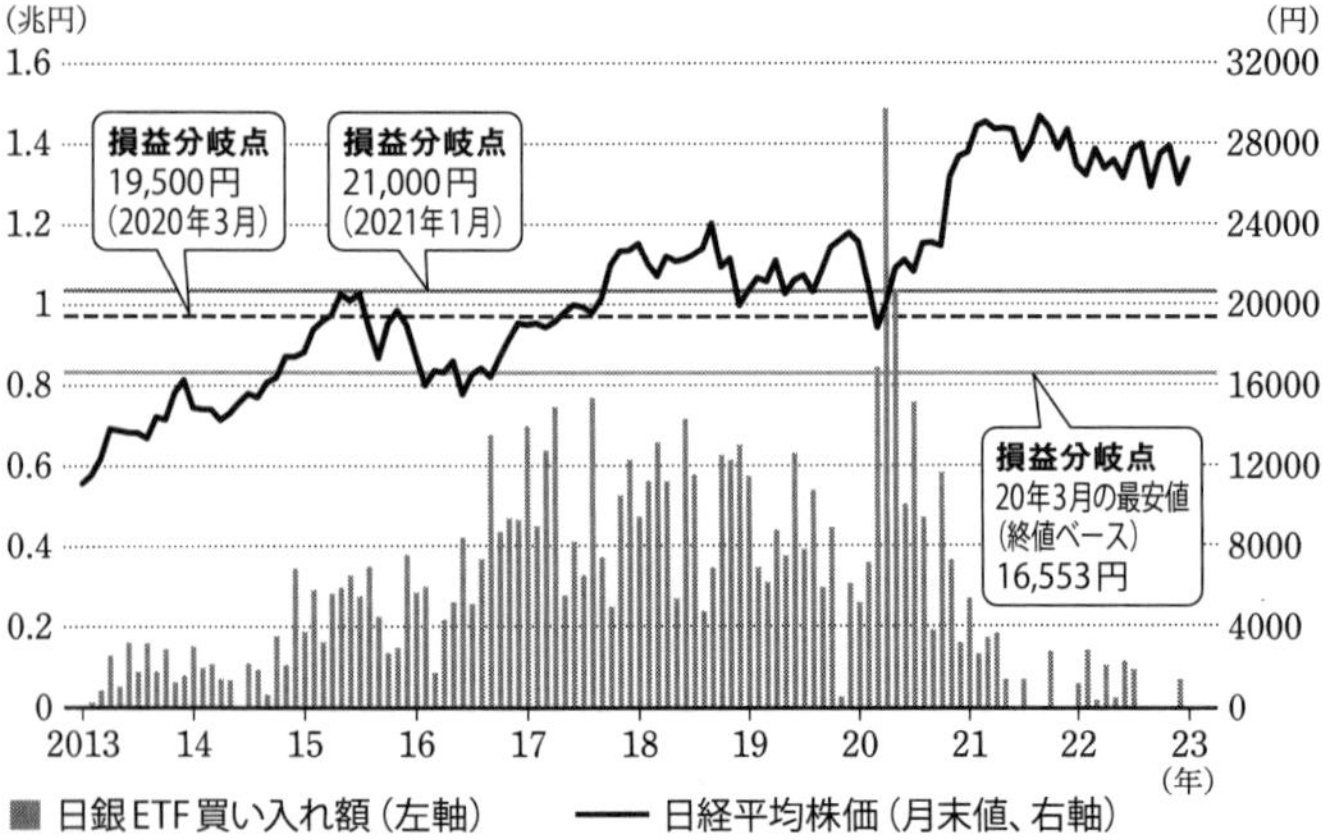

図表5-6　日経平均株価と日銀のETF買い入れ金額の推移

（資料）日本銀行『時系列統計データ検索サイト』、『営業毎旬報告』および日本経済新聞社『日経平均プロフィル ダウンロードセンター』（https://indexes.nikkei.co.jp/nkave/index?type=download）のデータを基に筆者作成　（注）本図における日銀のETFの買い入れ金額は、各月のETF保有残高から前月の残高を差し引いたもの

相当額を引当金として計上しなければなりません。そのため、これまでにも国会での参考人質疑で、黒田総裁らは何度となく、「日銀が買い入れて保有するETFの損益分岐点はいくらか」という質問を繰り返されてきました。損益分岐点とは、日銀がETFの含み損相当の引き当てを計上しなければならなくなる株価水準のことです。実際、コロナ危機が我が国を襲った2020年3月には株価が急落し、月半ばには、日経平均株価がこの日銀の当時の損益分岐点を下回る、という事態が発生したのです（図表5－6）。同年3月の国会での参考人質疑で、黒田総裁はこのETFの損益分岐点は日経平均

株価で1万9500円だと答弁していたのですが、3月19日の終値はそれを大きく下回る1万6553円にまで下落してしまいました。その時日銀がどうしたかというと、決算期である3月末までこの株価水準が続けば、日銀は一気に赤字に転落しかねなかったからでしょう、図表5－6からも明らかなように、日銀はこの3月後半にETFの猛烈な金額での買い入れを行って、株価をまさに力ずくで押し上げてしまったのです。そして肝心の3月末の株価は何とか損益分岐点を上回り、日銀の2019年度決算は赤字に転落することもなく、かろうじて事なきを得ました。しかしながら、日銀が猛烈なETFの買い入れを行わなければ、短期金利の引き上げ誘導をしなければならなくなる局面に入る前に、日銀はあっさりと当期赤字に転落していたかもしれなかったのです。この例は、中央銀行たるものがETFなどというリスク性資産を大規模に買い入れ、しかも長く保有し続けるとなれば、中央銀行自身の財務運営に大きな影響を及ぼしかねないことをまざまざと物語っています。しかもETFには、国債のような満期がないため、満期まで保有すれば比較的容易に手放せる、というものでもありません。ETFを手放したければ、日銀が誰かに買ってもらうか、市場に売却するしかないのです。

黒田日銀が、このETFの買い入れ残高を積み増す一方で、残高調整には一切、取り組もうとしなかったのは、日銀がETFを市場で逆に売却するとなれば、当然ながら株式相場の押し下げ要因になるほか、日銀自身の財務運営上もマイナス方向に作用する可能性があり、赤字転落の引き金となりかねないため、自分たちの任期中にはそうしたオペレーションはやりたくない、ということだったのでしょう。

ＥＴＦ買い入れなどという金融政策手段を採用した時点で、そうしたオペレーションを際限なく拡大させてしまえば、いずれこういう事態に陥ることは最初からわかっていたことのはずです。だからこそ、世界の主要中央銀行は、コロナ禍のような未曽有の危機に襲われて、株価が大幅に下落しても、日銀のような株のＥＴＦの買い入れには、決して手を出すことはしなかったのです。

異次元緩和はこのように、国の利払費の増加抑制といい、株高を演出する装置といい、政権側にとっては極めて都合のよいことばかりの金融政策でした。アベノミクスといえば、積極的な財政運営に円安、株高といいことずくめ、となったのは、ひとえに異次元緩和のおかげだったのです。だからこれほどまでに長引かせられることになってしまったのでしょう。しかしながら、その重い代償が、これから私たち国民に降りかかってくることになるのです。

〈コラム〉国の借金（国債）にかかる先行きの金利変動リスクを誰が負担するのか

国であれ企業であれ、経済主体が長期間にわたり借金をしながら運営を続けていく場合、借金のコスト（金利）はその時どきの金融情勢によって変化するため、いつ、どのような金利条件で（固定金利方式か変動金利方式か）、どの程度の期間にわたる借金をするか、借金を完全に返し切れるまでの長期間にわたる一本の借金をするのか、それとももう少し短い年限で借金をして、最終的に返し切れるまで借り換えを繰り返すのか、といった条件の選択をどうするのかによって、利払費の最終的な総額には大きな影響が出ることになります。

例えば、現在の我が国のような超低金利環境下では、借金をする側にとっては、できるだけ低い水準の固定金利方式で、できるだけ長い期間お金を借りられればベストです。例えば10年間、0・1％の固定金利で国債を発行できれば、満期到来までの10年間の途中のどこかの時点から、国債が流通市場で取引される際につけられる流通利回りが上昇したとしても、国が半年に1回ずつ、その時どきの国債の保有者に対して支払うクーポン（金利）の利率は、10年の満期が到来するまで0・1％で固定されていて変わりません。それが〝固定金利方式〟の意味です。これは、国が国債を発行して市場で投資家に引き受けてもらえた時点で、先行きの金利変動リスクは投資家側に引き受けてもらえたことを意味します。先行き、国債が流通市場で取引される際の利回りが上昇したとしても、それで損をするのは、言い換えれば金利変動による損失を被るのは、その時に国債を保有していた投資家であって、国の利払費の負担は変わりません。これは国にとって、利払費をできるだけ少なく抑え、安定させるうえで、とても重要なことです。国債につけられるクーポンの利率は、発行時点での国債の流通利回りを参考に決められるため、国としては、市場金利が超低水準にあるうちに、長期の固定利付の国債を市場に対して発行することができれば、先行きの利払費を少額で長期間、確定させることができ、まさに〝先行きの財政運営は安泰〟で〝勝ったも同然〟なのです。

逆に市場金利が上昇している局面では、国としては固定金利方式での長期国債の発行は抑えめにして、目先の数年間は短めの国債の発行でつなぎ、市場金利が低下してきた局面で固定金利方式での長期国債の発行を増やして調達する、という戦略もありかもしれません。ただしその際には、短めの国債でつないでいる目先の数年間の間に、思惑通り市場金利が下がってくれるとは限らず、逆に上昇してしまうリスクもあることに注意が必要です。このように、資金調達のコストと大きさと先行きの金利変動リスクの大きさは、相反するトレード・オフの関係にあることが知られています。

こうした、国の資金調達におけるコストとリスクの関係やそのリスク分担の問題を頭に入れつつ、我が国の国債・財投債[3]の主体別保有残高の推移をみてみましょう（図表5－7）。黒田日銀が異次元緩和に着手する直前の2012年度末時点における国債・財投債の発行残高は約813兆円で、そのうちの約94兆円、11・5％を日銀が保有し、残りの約719兆円は、それ以外の民間銀行や保険会社、年金等の主に民間セクターが保有していました。我が国が発行する国債・財投債の大部分は固定利付債ですので、これは、「2012年度末時点では、国としては先行きの利払費を長期間にわたり限定的な金額でとどめられることを確定できていた」とともに、「国として先行きの金利変動リスクは9割方負わなくてすむようになっていた」ということを意味します。これに対して黒田日銀が9年間にわたり異次元緩和を継続した後の2021年度末時点における国債・財投債の発行残高は約1070兆円で、そのうちの516兆

3　財投債（財政投融資特別会計国債）は、財政投融資制度を通じ、政府系金融機関等を経由して国から貸し付けられた資金が企業等から返済された際に、その回収金で償還される債券で、将来の税収で償還される国債とは性質を異にするものですが、金融商品としては国債と一体に扱われ、取引されているため、統計上も国債と財投債は合算する形で取り扱われています。

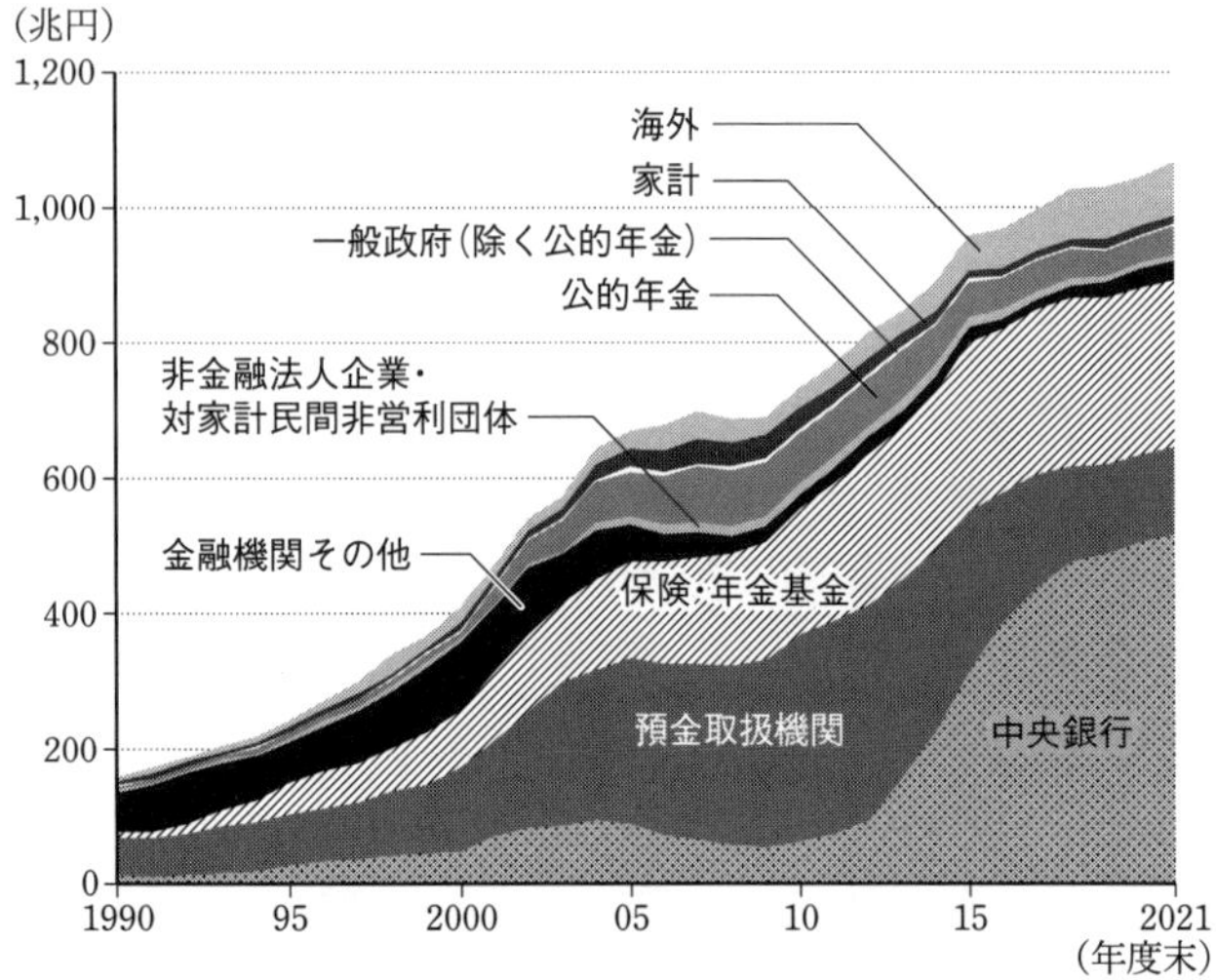

図表5-7　我が国の国債・財投債の主体別保有残高の推移

(資料) 日本銀行『時系列統計データ』資金循環データを基に筆者作成
(原資料注) 2003年度以前は93SNAベース、2004年度以降は08SNAベースの計数

円、実に48%を日銀が保有するに至っています。民間銀行等、日銀以外の主に民間セクターが保有する国債・財投債の金額は554兆円です。2012年度末時点と比較すれば、国債・財投債全体の発行残高は257兆円も増えたというのに、日銀以外の主に民間セクターが保有する金額は逆に165兆円も減少してしまい、発行残高全体に対する割合でみれば、88・5%から52%にまで大幅に低下してしまいました。

これは我が国にとって何を意味するのでしょうか。2012

年度末の時点では、国の資金調達上の先行きの金利変動リスクの9割方は、固定利付方式の国債を買い入れてくれた主に民間セクター側の投資家が引き受けてくれており、国は利払費を低水準で長期にわたり確定させることができていました。この時点では我が国の財政運営は相対的にみれば、まだ〝安泰〟だったといえるでしょう。

しかしながら2021年度末になると情勢は大きく変化します。国債につけられているクーポンの利回りは極めて低く、予算編成上の利払費は見かけ上、8兆円台で済んでいますが、国債の5割弱を日銀が抱え込む形になっており、過去に発行した国債の分まで、先行きの金利変動リスクを日銀が負う形になってしまっています。これらの国債を、市場金利の上昇局面で、満期到来前に日銀が市場に売却すれば、第1章のコラムで紹介したように数十兆円単位での損失を日銀が被ることになります。満期到来前に国債を売却しないとしても、日銀は短期金利の引き上げ誘導を迫られ、売却時とほぼ同等の損失を満期到来までに被ることになります。そうやって日銀が損失を被って、赤字、ないし債務超過に転落して、私たち国民の税金で補塡しなければならなくなるとすれば、それは、それまでせっかく民間セクター側が引き受けてくれていた先行きの金利変動リスクを、日銀が異次元緩和によって、わざわざ中央銀行と一体である国の側に取り戻してしまったことに起因する事態だと言えましょう。

「日銀は政府と一体の存在だから、いくら国債を日銀に買い入れさせても大丈夫だ」という議論を耳にすることがあります。「日銀は政府と一体の存在」というのはその通りです。そして、政府と日銀を一体化させて考えれば、黒田日銀が異次元緩和に踏み切る前は、政府が民間に対して直接、国債を発行して、その維持コストである利払費を長期間、少額で済ませられることが確定していたことになります。ところが、今ではその国債のかなりの部分を日銀が買い入れてしまったことで、政府が民間から資金を借りるうえでの接点は日銀になってしまいました。しかもその維持コストは国債の固定金利方式での利払費ではなく、日銀の当座預金への付利コストという変動金利方式に形を変えてしまったのです。日銀はこの先、我が国の物価情勢等に合わせて、この付利水準を引き上げなくてはならず、先行きの金利変動リスクをわざわざ、政府と一体の存在として、まるごと抱え込むことになってしまったのです。

目先の利払費の最小化という誘惑に負けて、中央銀行にここまで国債を買い入れさせてしまうとこういうことになってしまうのです。このように考えれば、中央銀行による国債の大規模な買い入れや引き受け（″財政ファイナンス″と呼ばれます）は、結局は国民にとって重い負担をもたらすことは明らかでしょう。

第6章　事実上の財政破綻になったら何が起きるか

――戦後日本の苛烈な国内債務調整

我が国の令和5年度の一般会計の歳出規模は114兆円と、当初予算ベースでは初めて110兆円台にのせることになりました。うち36兆円近くは、相変わらず新規国債の発行に依存するという、自分たちが納める税収総額（69兆円）の身の丈を超えた財政運営が続きます。財政健全化のための努力を全くしていないというわけではありませんが、この状態では、先々の財政運営を確実に安定的に続けられるとは到底、言えない状態です。

他方、「我が国には2000兆円を超える家計貯蓄があるから、財政破綻など起きるはずはない」とか、「欧州債務危機の際に財政破綻したギリシャとかとは違って、我が国は国債のほとんどを国内で消化しているから、財政破綻することはない」という声もよく耳にします。では、政府の債務残高が、名目GDP比で260％にも達していても、国債を国内で消化できていれば、本当に大丈夫なのでしょうか。

そうではない、全くもって大丈夫ではなかった、という事例が、実は、私たちの国で、つい80年ほど前にあるのです。第二次世界大戦での敗戦の前年に我が国の政府が背負っていた債務の規模は、戦時下にあるわけでもない現在と、ちょうどほぼ同じ水準です。しかも、当時の国債のほとんどは内国債で、国内で消化されていました。その我が国は敗戦で事実上の財政破綻状態に陥りました。確かに、内国債の元本償還や利払いを滞らせるような〝債務不履行〟（デフォルト）に相当する事態はかろうじて回避したのですが、その代わりに国民が苛烈な負担を否が応でも負わされる〝国内債務調整〟が行われたのです。いったい、そうした事態はどのように進められたのか、敗戦後の焼け野原のなかで、国民はどれほどの負担を強いられたのか、戦後、大蔵省の監修のもとで当時の第一線の財政学者や経済学者らがまとめた『昭和財政史　終戦から講和まで』（東洋経済新報社刊）のシリーズにおける記録を手掛かりにみてみましょう。

巨額の低金利の内国債を抱えて財政は行き詰まり

1945（昭和20）年8月15日の第二次世界大戦終戦の時点で、我が国の財政は軍事関係の支出によって大きく拡大し、財政運営は行き詰まっていました。昭和期の戦争をはさんだ当時の国民所得と物価上昇率、国債残高等の推移は図表6－1の通りです。当時の政府債務（国債および借入金）残高の規模（対国民所得比）は、1944（昭和19）年度末時点ですでに約267％に到達していました。これはまさに、2022年の我が国の一般政府債務残高規模の263・9％（2022年10月時点での対名目GDP比。IMFによる見込みベース）とほぼ同じです。ただし当時はこれに加えて、戦時補償債務や賠償問題があり、国が背負い込んだ債務残高の規模は、本当はさらに大きいものでした。また、当時の物価情勢について、戦前から戦後にかけて連続的に把握できる指標は卸売物価指数しかありませんが、前年比

年度		国民所得（百万円）(A)	卸売物価指数前年比	国債借入金等年度末残高（百万円、B）	国債借入金等対国民所得比（%、B/A）	国債現金償還額（百万円、C）	国債現金償還額対国民比（%、C/A）
1930	昭和5	11,740		6,843	58.3	156	1.3
31	6	10,520	▲15.5	7,053	67.0	56	0.5
32	7	11,332	11.0	7,911	69.8	32	0.3
33	8	12,417	14.6	8,917	71.8	20	0.2
34	9	13,131	2.0	9,780	74.5	21	0.2
35	10	14,440	2.5	10,525	72.9	50	0.3
36	11	15,546	4.2	11,302	72.7	48	0.3
37	12	18,620	21.4	13,355	71.7	16	0.1
38	13	20,008	5.5	17,921	89.6	20	0.1
39	14	25,354	10.5	23,566	92.9	21	0.1
40	15	31,043	11.9	31,003	99.9	21	0.1
41	16	35,834	7.1	41,786	116.6	15	0.0
42	17	42,144	8.8	57,152	135.6	0	0.0
43	18	48,448	7.0	85,115	175.7	1	0.0
44	19	56,937	13.3	151,952	266.9	755	1.3
45	20	−	31.7	199,454	−	−	−
46	21	360,855	432.9	265,353	73.5	42	0.0
47	22	968,031	195.9	360,628	37.3	1,662	0.2
48	23	1,961,611	165.6	524,408	26.7	3,582	0.2
49	24	2,737,253	63.3	637,286	23.3	65,772	2.4
50	25	3,381,500	18.2	554,007	16.4	50,871	1.5

図表6-1　我が国の第二次世界大戦前後での国債借入金等残高の対国民所得比率等の推移（1930〈昭和5〉～50〈昭和25〉年度）

（資料）大蔵省財政史室（編）『昭和財政史　終戦から講和まで　第11巻　政府債務』東洋経済新報社、1983（昭和58）年5月、『同 第19巻統計』東洋経済新報社、1981（昭和56）年4月を基に筆者作成

（原資料注1）国債借入金等年度末残高は、国債、借入金、短期証券および一時借入金の合計額。外貨債の円換算は、英貨1ポンドにつき9円763、米貨1ドルにつき2円006、仏貨1フランにつき0円387

（原資料注2）国民所得は、昭和20年までは暦年ベース、21年は年度ベース

の伸びは戦時中にすでに２桁を超え、終戦直後の１９４６（昭和21）年には前年比４３０％余り（＝物価は前年の約５・３倍）、その翌年や翌々年も卸売物価は前年比３倍近いという、まさに超高インフレの状態だったのです。そして敗戦時の国民の財産・資産は、とりわけ空襲を受けた都市部では、事実上、現預金に尽きるといっても過言ではない状態だったものと思われます。

（千円）

利率	区分	1930 昭和5	35 10	36 11	40 15	44 19	45 20
7分	外国債	－	－	－	－	5,218	5,185
6分5厘	外国債	269,448	229,281	223,423	193,367	30,113	29,890
6分	外国債	239,448	220,696	216,233	195,495	193,231	192,539
5分5厘	外国債	264,464	262,409	257,827	228,267	136,259	136,045
5分	内国債	4,215,094	4,401,810	2,265,707	2,265,662	2,218,755	2,218,760
	外国債	281,250	261,722	261,721	261,718	230,955	230,884
	計	4,496,344	4,663,532	2,527,428	2,527,380	2,449,710	2,449,644
4分5厘	内国債	－	715,000	715,000	715,000	315,000	－
	外国債	58,578	－	－	－	－	－
	計	58,578	715,000	715,000	715,000	315,000	－
4分	内国債	261,698	3,405,630	3,411,592	3,411,820	3,304,930	3,304,930
	外国債	365,837	357,754	357,751	357,748	292,178	292,145
	計	627,535	3,763,384	3,769,343	3,769,568	3,597,108	3,597,075
3分6厘5毛	内国債	－	－	－	500	920,500	954,350
3分5厘	内国債	－	－	2,865,252	21,977,296	99,093,032	132,547,751
割引	内国債	－	－	－	241,000	892,438	897,165
合計	内国債	4,476,792	8,522,440	9,257,551	28,611,277	106,744,656	139,922,957
	外国債	1,479,024	1,331,861	1,316,955	1,236,596	887,956	886,689
	計	5,955,817	9,854,301	10,574,506	29,847,873	107,632,612	140,809,647

図表6-2　戦前の内国債・外国債の利率別残高の推移
（1930〈昭和5〉～45〈昭和20〉年度）
（資料）大蔵省財政史室（編）『昭和財政史　終戦から講和まで　第11巻　政府債務』東洋経済新報社、1983（昭和58）年5月を基に筆者作成

昭和初期において、我が国は国債として内国債のみならず、ロンドン市場で外国債も発行し、それが国債全体の約4分の1を占めていました（図表6－2）。ただし、外国債の利率は、この表からも明らかなように、内国債よりかなり高めでした。そうしなければ、日本国債を外国勢には引き受けてもらえなかったということでしょう。戦時中の1942（昭和17）年からこれらの外国債の利払いは停止されました。米英等の国々と交戦状態に入ったゆえ、当然のことでしょう。これはすなわち、我

（千円）

会計年度		国債発行高 (A)	引受別 預金部 (B)	日本銀行 (C)	その他[注2] (D)	日本銀行純売却高 (E)	引受額との差 (C−E)
1937	昭和12[注1]	2,230,000	350,000	1,780,000	100,000	1,086,844	693,156
38	13	4,530,500	780,000	3,750,500	−	3,286,929	463,571
39	14	5,516,500	1,500,000	4,016,500	−	3,246,501	769,999
40	15	6,884,500	1,890,000	4,994,500	−	3,803,259	1,191,241
41	16	10,191,000	2,150,000	8,041,000	−	6,723,263	1,317,737
42	17	14,259,000	3,050,000	11,209,000	−	10,614,001	594,999
43	18	21,147,000	5,900,000	15,247,000	−	13,851,257	1,395,743
44	19	30,347,500	10,400,000	19,947,500	−	17,483,332	2,464,168
45	20	33,111,227	11,859,000	16,252,227	5,000,000	21,945,400	▲5,693,173
	1945年4月	71,200	−	71,200	−	1,437,869	▲1,366,669
	5月	1,500,000	500,000	1,000,000	−	2,072,301	▲1,072,301
	6月	1,565,600	1,000,000	565,600	−	2,256,224	▲1,690,624
	7月	3,500,000	1,000,000	2,500,000	−	2,130,567	369,433
	8月	4,055,330	1,000,000	3,055,330	−	1,371,363	1,683,967
	9月	5,000,000	1,500,000	3,500,000	−	2,084,735	1,415,265
	10月	7,029,430	1,500,000	5,529,430	−	2,259,197	3,270,233
	11月	−	−	−	−	1,831,668	▲1,831,668
	12月	30,667	−	30,667	−	1,645,160	▲1,614,493
	1946年1月	300,000	300,000	−	−	▲331,610	331,610
	2月	−	−	−	−	220,959	▲220,959
	3月	10,059,000	5,059,000	−	5,000,000	4,966,967	▲4,966,967

図表6-3　国債消化状況の推移

（額面ベース、1937〈昭和12〉年7月～46〈昭和21〉年3月）

（資料）大蔵省財政史室（編）『昭和財政史　終戦から講和まで　第11巻　政府債務』東洋経済新報社、1983（昭和58）年5月を基に筆者作成　（注1）昭和12年度は7月以降

（注2）「その他」の昭和12年度は国債シンジケート団引き受け、20年度は金融機関引き受け

が国が国際金融取引の面では対外デフォルト（債務不履行）状態に陥ったことを意味し、その状態が1952年まで継続することになったのです。

　国債の構成をみると、終戦の時点では、内国債が残高の99％を占め、そのほとんどを日本銀行と政府の預金部（戦後に財政投融資を担った資金運用部、現在の財政融資資金の前身）が引き受ける状況で、正真正銘の「財政ファイナンス」状態にあったので

す（図表6－3）。図表6－2の一番左の列からも明らかなように、日銀引き受けの形で発行することによって、内国債の金利は人為的に低水準に抑えられていました。現在の我が国で、日銀がイールド・カーブ・コントロールによって長期金利を超低水準に抑えつけているのと、まさに同じ構図です。ただし、当時の日銀は、図表6－3から明らかなように、インフレの進行を少しでも止めようと、政府から直接引き受けた多額の国債の相当部分を市中の民間銀行等に売却し、資金吸収を行っていたのです。今日の黒田日銀は、異次元緩和で買い入れた国債を手放すことは検討すら一切せず、インフレの進行をあたかも平気で放置するような金融政策運営を行っていますが、当時の日銀は今日とは対照的なオペレーションを行い、インフレの進行を何とか少しでもくいとめられないかと、必死になっていたのです。

「取るものは取る、返すものは返す」

極めて切迫した財政・経済・金融状況を抱えるなかで、我が国が降伏文書に調印した1945（昭和20）年9月頃から、大蔵省内部で、専門の財政学者等を交え、具体的な対応策が検討されていきました。

まず、同省内において、1946（昭和21）年度以降5年間の収支推計作業が行われました。昭和21年度予算を概観すると、普通歳入120億円に対し、歳出は172億円、うち78・3億円、実に歳出の約46％を臨時軍事費借入金利子や補償金利子をも含めた国債費に費やさざるを得ない状態でした。当時の財政当局がこうした厳しい局面をどのように認識していたのかは、昭和20年11月5日の「財政再建計画大綱説明要旨」の以下の一節によく表れています。

…（前略）…然ラバ財政ノ現状及見透シ如何ト謂フニ戦時中無理ニ無理ヲ重ネ来リタル結果徹底的ナル構想ノ切替ヲ行ヒ革新的手段ヲ講ズルニ非ザル限リ今日迄ニ累積セル巨額ノ公債ノ処理ハ愚カ今後赤字公債ハ更ニ累増シ赤字公債ノ利子ヲ赤字公債ヲ以テ賄ハザルヲ得ザルベク其ノ状況ハ循環的且破局的ニ累進シ国家財政ヲ破綻セシメ、悪性インフレーションヲ昂進シ久シカラズシテ凡ユル社会経済秩序ヲ崩壊セシムルニ至ル公算極メテ大ナリ

このような厳しい財政状況を受け、大蔵省内では、①官業および国有財産払い下げ、②財産税等の徴収、③債務破棄、④インフレーション、⑤国債の利率引き下げが選択肢に上りました。そして、GHQから押し付けられた方策としてではなく、あくまで我が国の財

政当局、政府の判断として、「取るものは取る、返すものは返す」という原則に象徴される対応が決定されていくことになったのです。具体的には、一度限り、いわば空前絶後の大規模課税として、動産、不動産、現預金等を対象に、高率の「財産税」（税率は25～90％）が課税されました（＝「取るものは取る」）。そして、その財産税収を主な原資に、内国債の可能な限りの償還が行われ、内国債の債務不履行そのものの事態は回避されたのです（＝「返すものは返す」）。他方、戦時中に国民に対して政府が支払うと約束した戦時補償債務を切り捨てるため、国民に対して、政府の負っている債務と同額での「戦時補償特別税」の課税も断行しました。要するに、戦時中までに民間企業等が政府に対して納入した物品の代金や、提供したサービスの代金の支払いを、政府側が同額の課税を行って相殺する形で、丸ごと踏み倒したのです。これらの課税に先立ち、順番としては一番先（1946〈昭和21〉年2月）に預金封鎖および新円切り替えが行われています。

当時の政策運営上の意思決定の状況について、『昭和財政史　終戦から講和まで　第11巻　政府債務』（執筆者は加藤三郎東大教授）には、昭和20年10月14日の官邸での会合の列席者による回想として、以下のような記述がみられます（89ページ）。

…（前略）…大蔵省として天下に公約し国民に訴えて発行した国債である以上は、これを踏みつぶすということはとんでもない話だ、というような意見が勝ちを占めまして、おそらく私もその一人であったろうと思うのですが、これは満場一致の形で、取るものは取る、うんと国民から税金その他でしぼり取る、そうして返すものは返す、こういう基本原則をとにかく事務当局できめてしまいました。その場で財産税という構想が出まして、議論を重ねました。この財産税は結局日本戦後の財政史上、国内混乱を起した以外何ものでもないことになりましたが、財産税の構想はその会合でたまたま議論が起ったものです。…（後略）…

（原資料：今井一男口述「終戦以後の給与政策について」『戦後財政史口述資料』第八分冊、昭和26年12月17日）

また、『同11巻』85ページには、以下のような記述もみられます。

…（前略）…山際次官（当時）はこの点について次のように語っている。

渋沢さんの大臣御在任中のことを、発生的に考えてみると、いろいろなことの発端が、やはり財政再建計画というやつから来ておる。五箇年計画というものを造って国債をどうするか、それを償還するために財産税ということになって、そのために通貨整理、封鎖ということに発展したのですね。

財産税について――引用者〈加藤三郎教授〉）ほかの富の平均化とか、インフレ抑制策というものは、あとからついて来たものです。

（原資料：「元大蔵大臣渋沢敬三氏口述（全）」『戦後財政史口述資料』第一分冊、昭和26年5月8日）

国民の資産を、貧富の差なく、徴税権行使の形で吸い上げた「財産税」

一度限りの大規模課税として賦課された財産税とはどういう性質のものだったのか。その課税内容をみてみましょう（図表6－4）。課税対象は、預金封鎖実施直後の昭和21年3月3日現在の同居家族を含む個人資産であり、不動産等よりはむしろ、預貯金や保険、株式、国債等の金融資産がかなりのウエートを占めるものでした。課税財産価額の合計は、昭和21年度の一般会計予算額を超える規模に達しています。

同税の実施に先立って作成された、階級別の収入見込み額をみると（図表6－5）、国民は、その保有する財産の価額の多寡にかかわらず、要するに貧富の差なく、この財産税の納税義務を負うことになったことがわかります。控除・税率の面では、国民1人当たりの課税価額10万円までが控除され、税率は課税価額10万円以上の最低税率が25％、最高税率は課税価額1500万円以上で90％と、14段階で設定されました。要するに、裕福なほど

	件数（千件）	財産価額（百万円）
田	451	7,673
畑	418	2,997
宅地	567	13,570
山林	238	2,900
家屋	570	24,372
立竹木	217	5,716
国債	498	1,806
株式および法人の出資	678	16,324
銀行および信託預金	1,155	29,159
郵便貯金およびその他の預貯金	1,250	9,451
年金保険等	771	3,574
機械設備器具工具および什器	175	3,506
商品、製品、半製品および原材料	131	3,327
書画骨董	39	1,102
家庭用動産	1,324	4,647
その他	155	1,189
小計	9,277	136,141
控除額		
公租公課	359	5,082
債務	234	7,007
差引合計（その他控除を含む）	1,808	123,779
税法第 18、19 条による控除額	254	1,716
差引課税財産価額	1,808	122,062
（参考） 昭和 21 年度一般会計予算額		119,087

図表6-4　財産税課税財産価額（昭和21～26年度累計）

（資料）大蔵省財政史室（編）『昭和財政史　終戦から講和まで　第19巻　統計』東洋経済新報社、1981（昭和56）年4月を基に筆者作成

かけられる税率が高くなるという、累進方式の資産課税です。この表から明らかなように、1人当たりの税額は、もちろん、保有財産額の多い富裕層が突出して多いのですが、政府による税揚げ総額の観点からみると、いわば中間層からの税揚げ総額が最も多い形になっています。このように、戦後に実施された財産税は、その語感からは、ともすれば富裕層課税を連想しがちではありますが、実際にはそのような性質のもの

区分 （千円超）	人員 （戸）	財産価額		税額	
		1人当たり （千円）	総額 （百万円）	1人当たり （円）	総額 （百万円）
100	80,833	104	8,407	1,000	81
110	58,864	114	6,710	3,700	218
120	53,194	124	6,596	6,900	367
130	61,959	138	8,550	12,200	756
150	48,507	158	7,665	20,600	999
170	59,334	182	10,799	32,000	1,899
200	66,458	240	15,950	63,000	4,187
300	46,914	380	17,827	144,000	6,756
小計	476,063		82,504		15,263
500	24,054	675	16,236	329,750	7,931
1,000	6,651	1,175	7,815	663,500	4,413
1,500	3,515	2,025	7,118	1,284,750	4,515
3,000	1,267	3,700	4,688	2,576,000	3,263
5,000	522	8,500	4,437	6,591,000	3,440
15,000	102	52,471	5,352	45,834,000	4,675
小計	36,111		45,646		28,237
合計/平均	512,174	250	128,150	85,000	43,500

図表6-5　財産税の実施時点における階級別見込み額

（資料）大蔵省財政史室（編）『昭和財政史　終戦から講和まで　第7巻　租税（1）』東洋経済新報社、1977（昭和52）年2月を基に筆者作成

（原資料）財産税法案・戦時補償特別税法案の議会提案と同時に参考として提出された関係書類

（注）本見込み額に関して、前尾繁三郎「終戦直後の財産税構想と徴税問題」（一）（『戦後財政史口述資料』第三分冊・租税）は、「その一年間のインフレの激化というものは非常な勢いだったのです」、「従って実際に行った財産税というものは、そう税額も大きくはなく、そう大きな役割を果すことはできませんでした」と述べている（『昭和財政史　終戦から講和まで　第7巻　租税（1）』177~183ページ）

ではなかったことがわかります。当時の我が国は、財政運営を何とかして回し続けていくうえで、お金持ちを狙い撃ちしてドカンと課税すれば事足りるような状態では全くなく、貧富の差を問わず、国民からその資産を課税の形で吸い上げるよりほかに方法はなかった、ということでしょう。もし金利をコントロールできなくなれば、国債の元本を減らさない限り、一般会計の歳出を圧迫する国債の利払費は、減らすことはできま

せん。その点は当時も今も同じです。当時はこの財産税の税収を主たる原資に、1946（昭和21）～48（同23）年度前後に、可能な限りの内国債の元本の償還が行われていったのです。

皮切りは「預金封鎖」で国民の資産を差し押さえ

次に、こうした政策を実行していった順番をみてみましょう（図表6－6）。1946（昭和21）年11月の財産税法公布よりも半年以上前の同年2月17日、一連の国内債務調整断行策の皮切りに、預金封鎖および新円切り替えが実施されています。新円：旧円の比率は1：1でした。ハイパー・インフレーションになった国では、インフレの深刻さから少しでも国民の眼をそらそうと、デノミネーション（通貨の表示単位の変更）が行われることがしばしばありますが、この交換比率は、当時の我が国の新円切り替えはデノミネーションが目的だったわけではないことを物語ります。2月17日からは、国民の手もとにある旧円は、一切使えなくなりました。使えるのは、この日以降、預金口座から引き出すことを許された、全国民一律の、日々食べていくために必要なごく少額の新円（一人1ヵ月百円、世帯主は三百円）だけ、ということになったのです。新円の紙幣印刷など、とても間に合わないため、新円は旧円に証紙（シール）を張ったものを国民に渡す形になりました。この預金封鎖は、日銀や民間金融機関も含めて極秘裏に準備したうえで、国民向けの公表は実施の前日16日

年	月日	政治経済一般	財政	金融	内閣	蔵相
1945 昭和20	8月15日	終戦			東久邇内閣（昭和20年8月17日～20年10月9日）	津島寿一
	8月28日		大蔵省に戦後通貨対策委員会設置			
	9月2日	降伏文書に調印				
	11月24日		戦時利得の排除および国家財政の再編成に関する覚書		幣原内閣（昭和20年10月9日～21年5月22日）	渋沢敬三
1946 昭和21	1月21日		司令部、政府借入の制限・支払制限に関し指令			
	2月17日	食糧緊急措置令、隠匿物資等緊急措置令公布	臨時財産調査令公布	金融緊急措置令、日本銀行券預入令公布		
	3月3日	物価統制令公布				
	7月24日		戦時補償全面打ち切り閣議決定	戦時補償全面打ち切り閣議決定	第一次吉田内閣（昭和21年5月22日～22年5月24日）	石橋湛山
	8月11日			金融緊急措置による封鎖預金を第一封鎖預金・第二封鎖預金に分離		
	8月15日	企業経理応急措置法公布		金融機関経理応急措置法公布		
	10月19日	戦時補償特別措置法、企業再建整備法公布	戦時補償特別措置法公布	戦時補償特別措置法、金融機関再建整備法公布		
	11月12日		財産税法公布			

図表6-6　終戦直後（昭和20～21年）の主な財政・金融関係政策の流れ　（資料）西村吉正（編）『復興と成長の財政金融政策』大蔵省印刷局、1994（平成6）年8月を基に筆者作成

の夕方の渋沢蔵相によるラジオ演説を通じて行われ、わずか1日で実施に移される、という、いわば相当な〝荒業〟でした。実際の政策運営の流れはこの表で確認できますが、財産税法公布（1946年11月）の半年以上前（同年2月）に預金封鎖・新円切り替えを、国民にとっては〝不意打ち〟の形で実施したのは、財産税課税のための調査の時間をかせぎつつ、

課税資産を国が先に差し押さえるためだったとみることができます。預金封鎖等を発動した「金融緊急措置令」が公布された2月17日には、同時に「臨時財産調査令」も公布されています。

こうした措置について、当時の政府は、国民向けには「インフレ抑制のため」という説明で通しました。「敗戦による事実上の財政破綻の穴埋めのため」とは、とても言えなかったのでしょう。『昭和財政史　終戦から講和まで　第12巻　金融(1)』(執筆者は中村隆英東大教授)には、昭和21年2月16日の渋沢蔵相によるラジオ放送において、政策目的が以下のように国民に明らかにされたことが記されています(99ページ、速記記録のママ)。

皆サン、政府ハ何故コウシタ徹底シタ、見ヤウニ依ツテハ乱暴ナ政策ヲトラナケレバナラナイノデセウカ、ソレハ一口ニ謂ヘバ悪性インフレーショントイフ、国民トシテノ実ニ始末ノ悪イ、重イ重イ生命ニモカカワルヤウナ病気ヲナオス為ノ巳ムヲ得ナイ方法ナノデス。…(後略)…

これに対して、国民からは相当な反発があったことが、『昭和財政史　終戦から講和まで』シリーズでは明らかにされています。ちなみに、『昭和財政史　終戦から講和まで　第12巻金融（1）』100ページで、執筆者である中村隆英東大教授は次のように述べています。

…（前略）…これ以後の政府の説明もこの趣旨で貫かれている。こうして、大蔵当局の一時インフレの高進を抑え、時をかせごうというひかえ目な判断にもとづく政策効果の見通しはかくされたまま、公式には徹底的なインフレ対策としての面のみが強調され、一般もそのような政策としてこれを理解することになったのである。そこにこの政策がのちに多くの批判をあびなければならなくなった最大の理由があったといえよう。…（後略）…

戦時補償も踏み倒し、預金は切り捨て

その後、半年ほどが経過した1946（昭和21）年7月24日には、戦時補償の全面打ち切りが閣議決定されました。続く8月15日には、「金融機関経理応急措置法」および「企業経理応急措置法」が公布され、これらの法律で指定された特別経理会社と金融機関は、8月11日で打ち切り決算を行い、この指定時をもって新旧勘定への分離が実施されました。会社が現に従事している事業の継続等に必要な資産は新勘定で経理し、それ以外の資産は旧勘定で経理するとされたのです。

そして、10月19日には、「戦時補償特別措置法」が公布され、いわば政府に対する債権者である国民に対して、国側が負っている債務金額と同額の「戦時補償特別措置税」が賦課されました。これは、我が国の政府として、内国債の債務不履行だけは何とかして回避するために、国内企業や国民に対して戦時中に約束した補償債務は履行しない、という形で、本来であれば政府が企業や国民に対して支払うはずだった金額を踏み倒し、国民を相手に部分的に国内債務不履行を強行した、とみることができるでしょう。

また、同日には、「金融機関再建整備法」および「企業再建整備法」も公布されています。これによって、民間金融機関等の経営再建・再編に向けての債務切り捨ての対象に、その後、1948（昭和23）年3月には、2つに区分されていた封鎖預金のうちの第二封鎖預金が充当されることになったのです（図表6－7）。要するに、当時の我が国は、敗戦で倒れかかっている主要企業や民間銀行を支えられなければ、経済社会全体がさらなる崩壊に追い込まれざるを得ない状況にありました。しかも当時の政府は、国債を発行して公的資金を注入できるような余力はまったくなく、逆に戦時中に積み上げてしまった山のような国債の元本を可能な限り償還しなければならない状態に追い込まれていたのです。そうした局面で、我が国としてとり得た唯一の道は、多額の内国債を保有している民間銀行を経営破綻に追いやらないために内国債の債務不履行は何としても回避し、かつ、主要企業につい

（百万円）

金融機関	確定損	確定損負担源泉別状況						調整勘定利益金（27年9月末）
		確定益	積立金取崩	資本金切捨	整理債務切捨	指定債務切捨	政府補償	
銀行	27,490	6,205	1,308	1,581	17,997	30	367	8,345
特別銀行	7,687	500	278	237	6,669	-	-	-
普通銀行	15,441	3,838	947	1,331	9,339	-	1	-
貯蓄銀行	1,747	323	15	72	1,079	-	241	-
信託銀行	1,253	71	66	123	858	-	124	-
無尽会社	625	75	10	36	43	1	455	126
信用組合	743	69	36	93	175	1	323	72
金庫	4,563	38	12	147	116	1	4,268	1,784
保険	8,370	1,533	436	60	2,547	-	3,863	2,280
県農組	2,868	164	50	109	25	2	2,509	-
市町村農組	-	-	-	-	-	-	403	-
合計	44,659	8,084	1,852	2,028	20,873	35	12,192	12,607

図表6-7　金融機関再建整備最終処理状況

（資料）大蔵省財政史室（編）『昭和財政史　終戦から講和まで　第19巻　統計』東洋経済新報社、1978（昭和53）年4月を基に筆者作成

ては民間銀行に債権放棄をさせ、その原資は、本来は、民間銀行が、預金者が窓口に払い戻しに来たら全額を払い戻さなければいけないはずの預金を切り捨てることで賄う、要するに預金者である国民の払い戻しには応じない、という方法だった、ということでしょう。

そして、財産税法が公布されたのは、1946（昭和21）年11月12日でした。財産税の納付には、不動産等の現物納付が認められた一方で、先行して差し押さえられていた封鎖預金も充当されることになりました。

これが、第二次大戦終戦直後に、国債のほとんど全額を国内で消化していた我が国が経験した、厳しい債務調整の現実です。これらの事実は、国債が国として負った借金である以上、国内でその大部分を引き受けているケースにおい

て、財政運営が行き詰まった場合の最後の調整の痛みは、間違いなく国民に及ぶ、ということをまざまざと物語っています。

現在の我が国への教訓

現在の我が国の財政事情は、敗戦直後の我が国と同レベルにまで悪化しています。私たちは、当時の経過から、次のような、いくつもの教訓を読み取ることができると思われます。

①国債の大部分を国内で消化している場合には、国債の元利払いの債務不履行（デフォルト）は、国債を多く保有している民間金融機関の経営破綻の引き金を引くことになり、金融システムの崩壊につながれば事態のさらなる悪化を招くため、何としても避ける道を探る必要がある。

②これほどの規模で財政運営が行き詰まる一方で、国債の大部分を国内で消化し、国内に相応の貯蓄余剰がある場合には、財政運営の穴埋めのためには、フローの経済活動に課税する所得課税や法人課税、消費課税の税率引き上げ等では間に合わなくなる場合があり得る。その場合には異例の大規模な資産課税に踏み切らざるを得なくなる。

③大規模な資産課税によらざるを得ない場合、課税資産の流出を防ぐため、預金封鎖を先

行させ、あとから課税する、という政治的な手法がある。その際、通貨交換を同時に実施すれば、タンス預金による抜け穴を防ぐことも可能になる。

④（大日本帝国憲法下にあった当時とは異なり、現行の憲法下では当時の「預金封鎖→財産税課税」のような形での財産権の侵害はできない、という意見もあるようですが）こうした一連の政策の発動も、あくまで国会の議決を経て課税、という形で実施されるのであれば、日頃実施されている通常の課税と同様、財産権の侵害には相当しない。

⑤（政府の借金はインフレで帳消しにできる、という意見もあるようですが）財政危機時には、高インフレが相当に進行していたとしても、先行き、インフレでどの程度政府債務を帳消しにできるかはあらかじめわかるものではなく、現実の問題として預金封鎖や異例の大増税等の債務調整に踏み切らざるを得ない。

なお、預金封鎖や通貨交換といった手法は、第二次世界大戦後に、同じ敗戦国だったドイツやオーストリアでも用いられた手法です。もっとも、当時、我が国をさらに大きく上回るハイパー・インフレーションに見舞われたドイツは、今では同じ敗戦国だった我が国とは対照的に、先進国のなかでも屈指の健全財政国です。ドイツでは、こうした歴史と教訓を、教育を通じて、しっかりと国民に伝え続けているからこそ、国民が痛みを伴う財政再建路線を支持するのでしょう。これに対して、我が国では、高校の教科書でも「当時の預金封鎖はインフレ抑制のため」としか書かれていない状態が今日に至るまでずっと続いており、国民の多くは、この国が当時、事実上の財政破綻をしていることすら認識できていないのが実態でしょう。だからこそ我が国では、私たち国民が税の負担をとにかく嫌がり、平気で多額の赤字国債を発行し続けて後の世代に負担を押し付け続けるという、財政運営上の〝大いなる甘え〟がまかり通る状態に陥っているのではないでしょうか。私たちは、過去の苦い歴史、国としての過ちをもしっかりと認識したうえで、この先の財政運営をどうしていくべきか、自らの問題として、考える必要があります。

この国の行く末を考えるうえで、終戦後の当時と今日とで大きく異なる点があります。終戦当時は当然ながら、国際的な資本移動は自由ではなく、我が国はいわば〝閉鎖経済〟にあるもとで、苛烈な国内債務調整が行われました。しかしながら今日の我が国は、国際的な資本移動が完全に自由なもとで、言い換えれば外国為替については変動相場制を採る〝開放経済〟体制のもとで、経済活動を営んでいます。その場合に、一国の財政運営が行き詰まったらどうなるのか、どういう政策を採らざるを得なくなるのか、次章で、近年の他の先進国の事例をもとにみていきましょう。

第7章

変動相場制下での財政破綻になったら何が起きるか

——近年の欧州の経験

通貨には、①（モノやサービスの）価値の尺度、②決済（交換）手段、③価値の保蔵手段、という3つの機能があります。我が国であれば、私たちは日銀が発行する日本銀行券、円という通貨を、何の疑いもなく長年にわたって使い続けてきているのはなぜでしょうか。

通貨が流通するのは、価値が安定しているからこそ

我が国に限らず、中央銀行の発行する銀行券が、あまねく、その国の津々浦々に至るまで、この機能を果たせるようになるためには、単に国会で定める法律で、「日本銀行が発行する円建ての日本銀行券と政府が発行する貨幣が日本国の通貨である」と明確に定めておけばよい、というものでもありません。このように法律で定められた通貨は〝法貨〟といわれます。確かにそうした法制度が確立されているもとにおいて、当該国の国民は、何らかの取引の対価として〝法貨〟を相手から渡されたときは、その価値を認めて受領しなければなりません。しかし、自ら〝法貨以外の通貨〟を保蔵したり、〝法貨以外の通貨〟に価値を認める他人とやり取りしたりすることまでを、当該国が法律によって禁ずることは事実上かなり難しいでしょう。国民の基本的人権を十分に尊重する一般的な民主主義国家においてはなおのこと困難なはずです。実際、これまでの経験からも、例えば財政破綻した新興国等で、自国通貨に代わり米ドル等他国の信用力ある通貨が実態として流通するようになり、当該国の政府としてもそれを追認ないしは黙認せざるを得なくなるような例はこれまでにいくつも存在しています。

2008年11月、月間物価上昇率が795億%というハイパー・インフレーションを招来したジンバブエでは、国民が法貨ジンバブエ・ドルを見限り、流通するのは米ドルになってしまいました。〝お上〟から、「この国の〝法貨〟はジンバブエ・ドルであって、米ドルではない」といくら言われようと、またいくら法律にそう書いてあろうと、ろくに物も買えないのであれば、自国通貨をいくら持っていたところで意味はなくなります。似たような例は、財政破綻したアルゼンチンやロシア等、いくつもあります。そうした国では、米ドルが事実上の通貨として国民の間で流通することを、結局政府も追認、ないしは少なくとも黙認せざるを得なくなるのが普通です。これらの例が物語るように、通貨が人々によって〝信認〟され、広く使われるのは、それを支える法制度があるから、ではないのです。通貨価値の安定があってこそ、それが広く人々に認められてこそなのです。だから各国の中央銀行は、自国の通貨価値を安定させるために金融政策を運営するのです。

通貨のもう一つの顔——財政運営の手段

通貨には実はもう一つの顔、もう一つの側面があります。一国の財政運営の手段でもあるのです。私たち市民は、自分たちの社会（国）を支えるため、我が国であれば円で税を納めます。それを、国民の総意に基づく方法で、言い換えれば国民の代表で構成される国会で決めて、分配して社会（国）を運営します。それが財政運営です。その時々の経済や社会の変化に応じて社会（国）全体でしっかりと議論し、負担（納税）と給付（分配）の枠組みを適切に構築していくことができれば、安定的な財政運営を長年にわたり続けることができます。

ただ、国は徴税権を有する特別な経済主体で、民間企業や個人などよりははるかに信用力が高いのが普通で、借金をしやすい主体でもあります。その点に安住して、借金に安易に依存し過ぎたり、負担と給付の在り方のバランスをうまくとっていくうえでの国全体の合意形成ができなくなったり、しかもその度があまりにも過ぎてしまうと、財政運営はいずれ行き詰まることになります。歴史を振り返れば、戦争時によくある事態です。そうなると、第二次世界大戦後に敗戦国となった我が国やドイツの如く、預金封鎖や通貨交換を行い、積もりに積もった借金の帳尻合わせをするしかなくなります。これらは大抵の政府の常套手段でもあります。

では、財政運営が行き詰まるのは、戦争時だけでしょうか。そんなことは決してありません。我が国をはじめとする主要先進国は現在、国際的なモノやカネ、ヒトの移動が自由な経済（こうした体制を〝開放経済〟といいます）のもとで、国際貿易や国際金融取引を活発に行い得る恩恵を最大限享受しながら、日々、経済活動を行っています。自国内に限らず、外国の企業等と自由に取引できるメリットは、企業にとっても、そして私たち個人にとっても、測り知れないほど大きいものです。そういう世界で私たちは暮らしています。そこで財政運営が行き詰まったらどうなるのでしょうか。

国外への資金流出が止まらなくなったら

国際的な資本移動を自由に行い得る開放経済下で、自分の国の財政運営が本当に危なくなってきた、と思われるようになれば、人々は不安に駆られていろいろな行動に出るようになります。「預金が突然、政府によって封鎖されて、財政運営の資金ショート（不足）の穴埋めに使われてしまうかもしれない」とか、「自分の国の国債をたくさん保有している自分の取引先の銀行も経営破綻してしまうかもしれない」などと考えて、預金をできる限り、急いで（他の人が先に引き出してなくなってしまう前に）引き出そうとしたり、引き出したお金を、〝お金以外の価値あるもの〟に替えておこうと、中古車が売れるようになった、というような話も近年の他国の実例からはきこえてきたりします。一番多くみられるのは、引き出したお金を信用力のある他の通貨（米ドル等）にできるだけ交換しておこうとする動きです。今どきでいえば、ビットコイン等の暗号資産等もその交換対象に入ってきます。ビットコインは２００９年からインターネット上で取引されるようになったものですが、その普及が加速した一つの契機は、皮肉にも、その数年後に深刻化した欧州債務危機における欧州の一部の国の財政運営の行き詰まり（詳細は後述）でした。

一国の財政運営が危うくなれば、そのような形で、当該国から国外への資金逃避が加速することになります。財政運営がおかしくなっている国で、国内の資金が国外に逃げ出す一方では、国の財政や経済運営の継続や立て直しなど、到底できなくなってしまいます。そのため、そういう事態に陥ったとき、まず、中央銀行が政策金利をできる限り引き上げて、資金流出を止めようとするのが普通です。しかし国際的な資金の移動が自由な今日、それでも資金流出が止められなければ、そうした国が採り得る手段はただ一つ、国際的な資本移動規制をかけて自国の財政と経済の崩壊をくい止めるよりほかになくなります。

この〝資本移動規制〟は、歴史の本に出てくるような昔話でもなければ、新興国だけに起こる話でもありません。先進国も無縁ではなく、実際、しかもリーマン・ショック以降というごく最近、数年前に、財政運営が行き詰まってそうした悲惨な事態に陥った先進国が複数存在するのです。アイスランド、キプロス、ギリシャの３ヵ国です。いったい、何が原因で、どういう事態に陥ったのか、アイスランドの例を中心に、詳しくみてみましょう。

アイスランドの悲劇

アイスランドは、EUには非加盟の欧州の小国ですが、スカンジナヴィア諸国や北部EU各国との経済的な結びつきが強く、我が国と同じ島国です。

アイスランド中央銀行が通貨アイスランド・クローナ（ISK）を完全な変動相場制へ移行させたのは2001年のことでした。金融自由化が急速に進み、同国の銀行システムは、3大銀行を含め2003年までに完全に民営化されました。これらの民間銀行はリーマン・ショック前の2003年から2007年にかけて、①グローバルな低金利、②潤沢な流動性、③各行の高い格付けを背景に、アイスランド国外を中心に、投資銀行業務を大きく拡大したのです。その原資は、当初は金融市場から調達していたものの、2005年以降は国外からの預金受け入れへの依存度が拡大しました。例えば3大銀行の一つであるランズバンキは、英国とオランダで、個人の顧客から多額の預金を集めていました。危機直前における大手3行のバランス・シートの規模は、アイスランドのGDPの実に9倍近くにも達していたのです（図表7－1）。

ところが、2007年のサブ・プライム危機の発生をきっかけに、これは後から振り返ればリーマン・ショックの予兆だったのですが、アイスランドの各民間銀行の資金調達環境は急速に悪化し、資金繰りの困難に直面することになりました（図表7－2）。

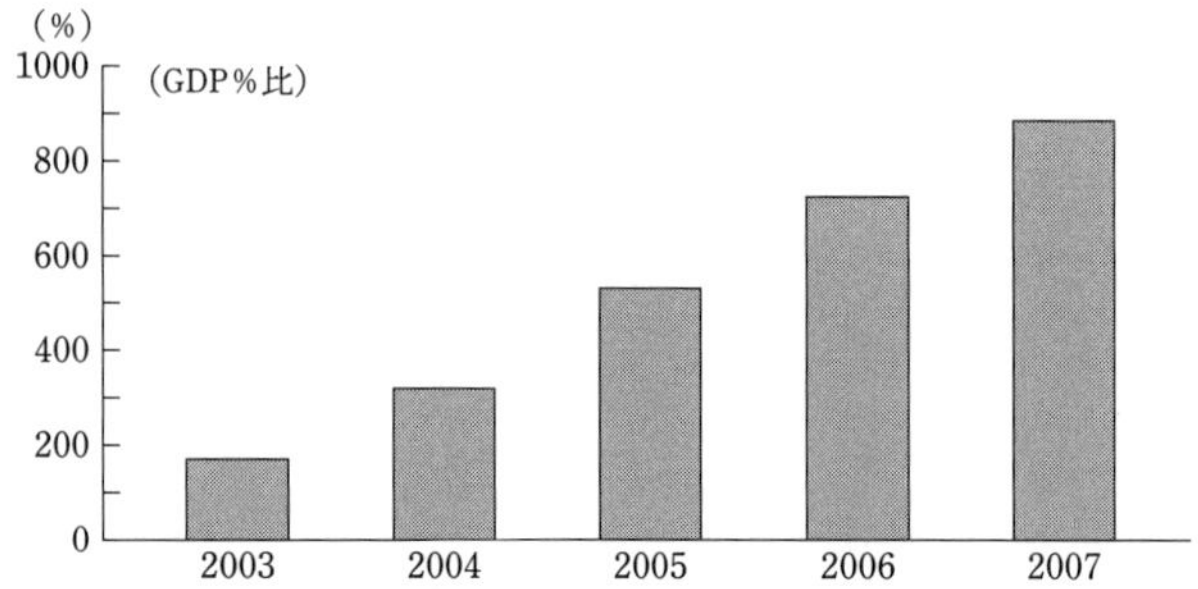

図表7-1　リーマン・ショック前のアイスランド3大銀行の資産規模の推移

(資料) Franek Rozwadowski (IMF), Iceland: Crisis Management, "Iceland's Recovery - Lessons and Challenges", conference hosted by Icelandic Authorities and the IMF, October 27, 2011を基に筆者作成

そして同国は２００８年９月のリーマン・ショックで決定的な打撃を受けることとなりました。図表７－３は、アイスランドの当時のクレジット・デフォルト・スワップ（ＣＤＳ）スプレッドの推移をみたものです。ＣＤＳはデリバティブの一種で、基本的には企業の債務不履行リスクを取引するものですが、国家についてもこのように財政破綻が差し迫るようになるとその取引の対象にされます。この場合、アイスランド国債を保有している投資家は、このＣＤＳを買っておけば、万が一、アイスランド政府が国債の債務不履行を起こしたとしても、ＣＤＳ取引をした相手方から当該国債の元利償還の満額相当を支払ってもらうことができます。このようにＣＤＳの価格は、対象国家の国債や対象企業の社債に対する保証料に相当する意味を持ちますが、図表７－３にあるように、スプレッドで表記され、その値が大きくなればなるほど、対象となる

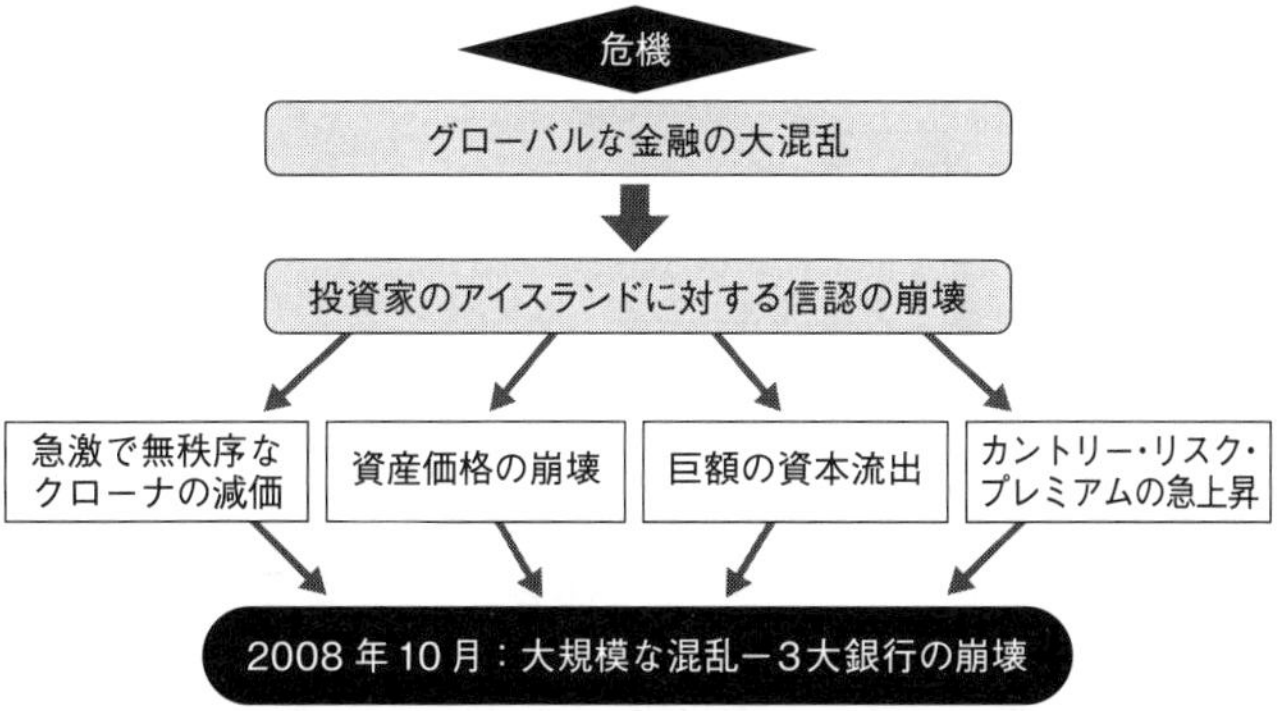

図表7-2　アイスランドの危機突入の経緯

（資料）Franek Rozwadowski (IMF), Iceland: Crisis Management, "Iceland's Recovery-Lessons and Challenges", conference hosted by Icelandic Authorities and the IMF,October 27, 2011を基に筆者作成

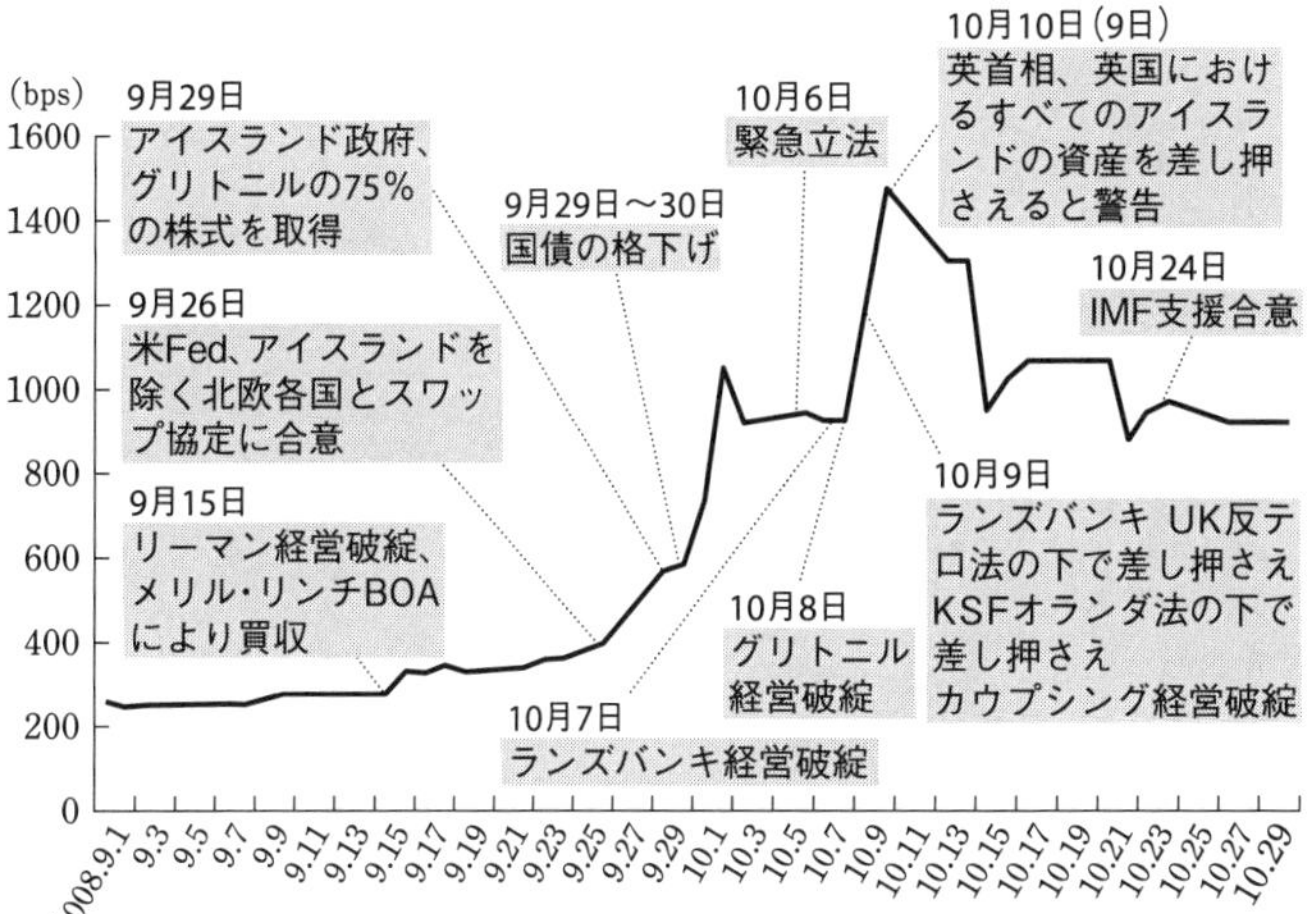

図表7-3　リーマン・ショック前後のアイスランドの危機の展開（"The Perfect Storm"）とCDSスプレッドの推移

（資料）Fridrik Mar Baldursson (Reykjavik University), Iceland's Program with the IMF 2008-2011, "Iceland's Recovery-Lessons and Challenges", conference hosted by Icelandic Authorities and the IMF, October 27, 2011を基に筆者作成

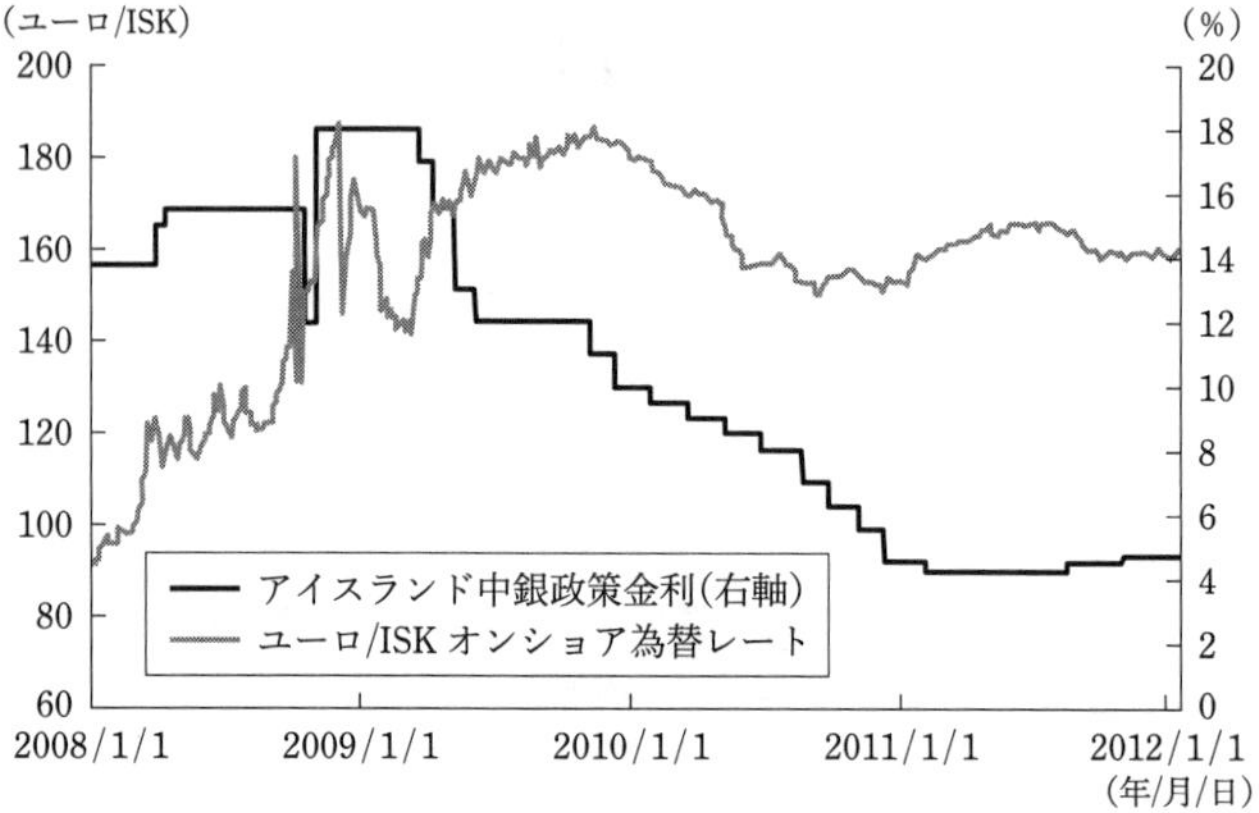

図表7-4　アイスランド・クローナ（ISK）の対ユーロ為替レート（オンショア）とアイスランド中央銀行の政策金利の推移

（資料）IMF, Liberalizing Capital Flows and Managing Outflows – Background Paper, Prepared by the Monetary and Capital Markets Department ; the Strategy, Policy, and Review Department; and the Research Department; in consultation with the Legal Department and other Departments, March 16, 2012, p32 Figure 7を基に筆者作成

国家や企業の破綻リスクが高いことを意味します。アイスランドの場合はリーマン・ショック直後の２００８年10月、このCDSスプレッドが実に１０００ベーシスポイント（＝10%）を超えるまでになり、国際金融市場は〝アイスランドは財政破綻の一歩手前だ〟とみて、身構えていたことがわかります。そして実際に大手3行は経営破綻し、クローナは急落しました（図表7－4）。アイスランド中央銀行は、政策金利をなんと18%にまで引き上げてクローナの為替レートを防衛し、資金流出を食い止めようとしましたが、抑え切れず、結局、２００８年11月28日からは、広範囲にわたる資本フロー規制

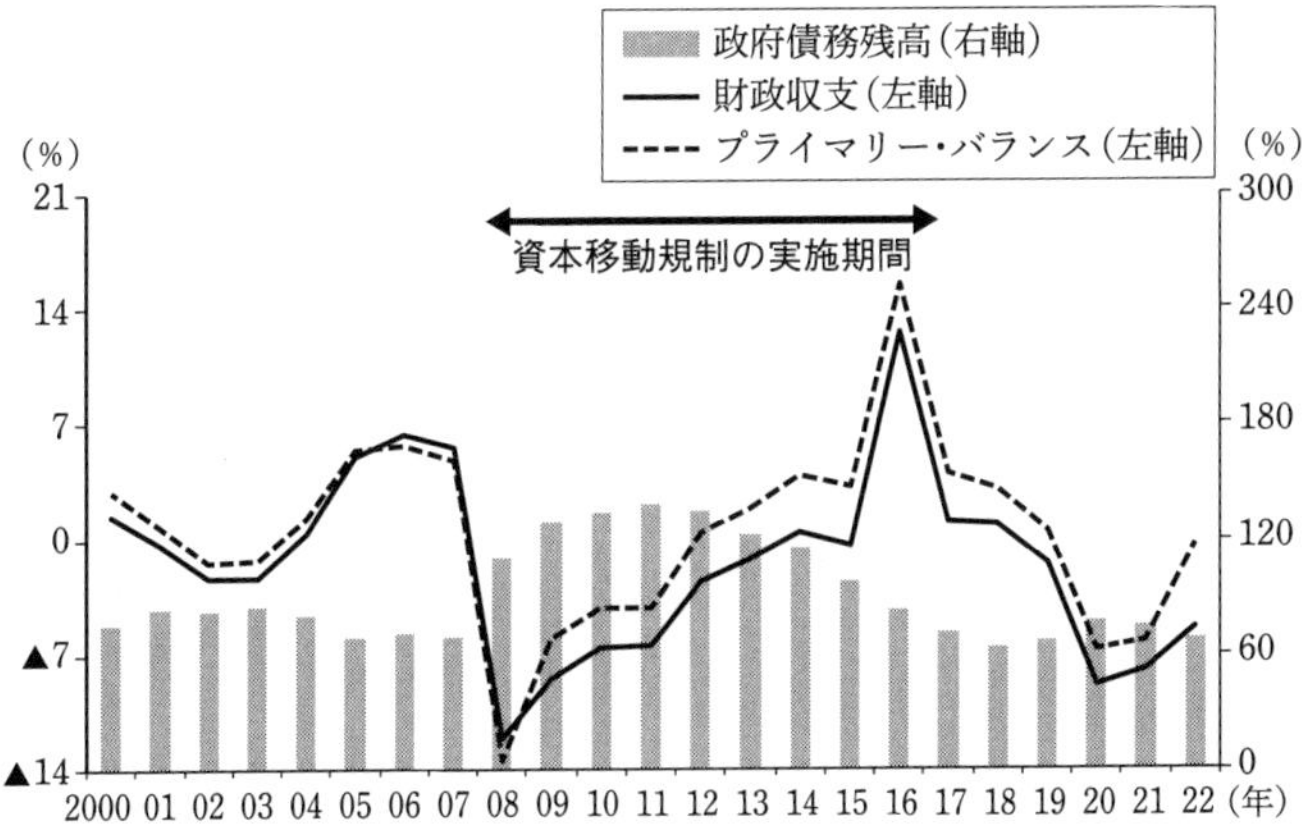

図表7-5　2000年代以降のアイスランドの財政指標（いずれも名目GDP比）の推移

（資料）IMF, World Economic Outlook Database, October 2019を基に筆者作成　（注）2020年以降は、2022年10月時点におけるIMFによる実績見込みおよび見通し

が導入され、非居住者のクローナ建て預金や証券の保有口座は封鎖されることになったのです。その後は、アイスランド国民の海外送金の制限や海外旅行目的での外貨両替の制限も強化されました。

この危機直前の2007年頃までのアイスランドの財政事情をみると（図表7－5）、一般政府債務残高の名目GDP比はわずか70％前後、財政収支、プライマリー・バランスともに大幅な黒字と良好だったことがわかります。図表7－5の左右の軸の目盛りは、第2章で我が国の2000年代以降の財政指標の推移を示した図表2－4と同じにしてありますので、比較してみてください。我が国などより、アイスランドの財政事情ははるかに良好だったことは一目瞭然です。ところがそのアイスランドの財政運営も、危機による大銀行の相次ぐ破綻で、政府はこれらの大銀行を国有化せざるを得なくなり、巨額の公的資金注入が必要になったため、一気に悪化を余儀なくされ、実体経済も大きな打撃を受けることになりました。

〝国際金融のトリレンマ〟

我が国でも2022年夏から秋にかけて1ドル＝150円台超えの急激な円安が進んだ際、〝国際金融のトリレンマ〟という用語を報道等で目にしたり、耳にされたりした方があるかもしれません。これは、国際的な資本移動が完全に自由な〝開放経済〟のもとにおいては、①自由な資本移動と、②為替レートの安定、および③金融政策運営の自主性、の3つを同時に達成することはできないことが広く知られている、というものです。

危機後のアイスランドは、この〝トリレンマ〟の制約の下、政策運営上〝資本移動の自由〟を犠牲にし、金融政策運営の自由度を死守するという選択をしたとみることができます。アイスランド中央銀行が政策金利を18％まで引き上げても、クローナ安や国外への資金流出を止められない。これほどの高金利では、危機下にある国内の産業や家計がとても持ちこたえられない。そこで、資本フロー規制を発動して、海外との自由な資本移動は諦めて、クローナ相場の安定も図りつつ、危機で大きな打撃を受けた国内の企業や家計を支えるべく、アイスランド中央銀行は政策金利を引き下げていくことが可能になったのです（前掲図表７－４）。

他方、財政運営の面では、アイスランドはＩＭＦ（国際通貨基金）の支援を受けることとなり、国債のデフォルト（債務不履行）はかろうじて回避したものの、その代替策として、厳しい「国内債務調整」を余儀なくされました。同国が危機後に実施した主な増税等は図表７－６に示すようなもので、幅広い税目にわたり、税率が大幅に引き上げられるという厳しい財政緊縮を余儀なくされたことがみてとれます。危機前の時点では我が国などよりはるかに財政が健全だったアイスランドでさえ、ひとたび金融危機が財政危機を引き起こせば、国民はこれほど重い負担を背負わざるを得ない事態に追い込まれるのです。アイスランドは島国で、かつ独自の言語を用いているという、我が国に通ずる立ち位置の国です。隣国と陸続きで、国境さえ越えられれば容易に出国できるような地理的な条件ではありません。にもかかわらず、アイスランドではこの危機の直後、人口の２～３％が国外に流出したとみられています。これは、我が国に置き換えれば、大阪市と広島市を合わせた分くらいの人口が、まるごと国内から消えていなくなってしまうようなレベルの事態です。アイスランドはこの危機で、社会的にも極めて深刻な打撃を受けたのです。

税目	2007年	2012年予算案	増加率(%)
キャピタル・ゲイン税	10%	20%	100
個人所得税	23.75%	22.9%/25.8%/31.8%	9
地方所得税	11.24～13.03%	12.44～14.48%	11
付加価値税	7%/14%/24.5%	7%/25.5%	4
相続税	5%	10%	100
酒類手数料			
ビール	58.70kr	91.33kr	56
ワイン	52.80kr	82.14kr	56
スピリッツ	70.78kr	106.93kr	51
タバコ手数料			
シガレット	286.97kr	459.29kr	52
その他のタバコ製品	14.34kr	22.96kr	52
石油手数料	41.00kr	72.99kr	78
ガソリン手数料	42.23kr	76.31kr	81
一般	9.28kr	31.73kr	242
特定-無鉛	32.95kr	40.52kr	23
特定-その他	34.92kr	42.93kr	23

図表7-6　危機前後におけるアイスランドの税率引き上げの例

（資料）Finnur Oddsson (Iceland Chamber of Commerce), Incentives and disinsentives A systemic view of challenges to recovery, “Iceland's Recovery-Lessons and Challenges”, conference hosted by Icelandic Authorities and the IMF, October 27, 2011を基に筆者作成

この金融危機後3年が経過した2011年10月に、アイスランド政府がＩＭＦと共催した国際会議の際に、同国の大学教授がプレゼンテーションを行った際の資料[1]には一枚の写真が掲載されています。2010年1月2日、金融危機の元凶となった民間銀行の子会社であるネット専業銀行アイスセーブの頭取の邸宅が燃え盛る様です。〝焼き討ち〟にあった、ということなのでしょう。金融とは、つくづく恐ろしいものです。好況に浮かれて過剰なリスクを抱え込んでしまうと、ひとたび情勢が変化したとき、あっという間に一国の経

済や社会秩序を崩壊させてしまうのです。その写真には、そうした事態に対するアイスランド国民の怒りが凝縮されているのでしょう。2012年4月には、危機時に首相の座にあったホルデ氏が、危機を招来した過失を問われ、有罪判決を下されてもいます。

ちなみに、第6章で紹介した我が国の預金封鎖や財産税を断行した渋沢敬三蔵相は、1963（昭和38）年のNHK番組のインタビューで「国民に対してこんなに申し訳ないことはないと思う。焼き討ちを受けると思うぐらいの覚悟をした」と述べています。

そして、アイスランドが、国民の重い負担によって財政運営を改善し、何とかこの資本移動規制を解除できたのは2017年3月、実に8年4ヵ月後のことでした。これほどの長い年月にわたり、国を経済活動の面で鎖国状態にしてお金が外国に逃げていかないようにして国内債務調整を断行し、大きく崩れた財政のバランスを、基本的に自力で回復させなければならなかったのです。ちなみに、2011年10月にアイスランド当局とIMFが共催した危機後の政策運営に関する前述の国際会議[2]では、アイスランド当局やIMF関係者から、「厳しい資本移動規制の導入は、アイスランドが直面した事態からすればやむを得

1　Fridrik Mar Baldursson (Reykjavik University), Iceland's Program with the IMF 2008-2011, "Iceland's Recovery - Lessons and Challenges", conference hosted by Icelandic Authorities and the IMF, October 27, 2011.

2　"Iceland's Recovery - Lessons and Challenges", conference hosted by Icelandic Authorities and the IMF, October 27, 2011.

ない対応だった」との見解が示されています。他方、国内の学者や経済界、労働団体の代表等からは、厳しい資本移動規制について、「消費や企業活動に明らかにマイナスの影響を及ぼした」、「高い代償を伴う失敗であった」といった極めてネガティブな意見が出されており、こうした政策運営が国民生活に対して極めて重い負担を強いたことが窺われます。

ちなみにアイスランドは、リーマン・ショック前の時点では、EUへの加盟を目指していました。今回の同国の危機においては、3大銀行の一つであるランズバンキ傘下のネット銀行であったアイスセーブが、オランダや英国から預金を多額に集めてきたなか、2008年の危機で同年10月に経営破綻し国有化されました。その際、オランダ政府と英国政府は自国内のアイスセーブの預金者に対して、自国の預金保険から補償金を支払って救済せざるを得ない事態となったのです。その分の損失補塡にアイスランド政府が応じるかをめぐってその後、英国、オランダとアイスランドの間で紛争となり、アイスランドは2度の国民投票によってこれを拒否しました。アイスランド国民の立場からすれば、国内債務調整で、ありとあらゆる増税が行われている状態なのに、そのうえ、このオランダや英国の預金者の補償分まではとても負担し切れない、ということだったのでしょう。とはいえ、外国の金融危機のとばっちりを受ける形になった英蘭両国が、それで簡単に納得するはずもありません。この件でアイスランドとEUとの関係は完全にこじれ、EU加盟の話は立

国名	資本移動規制		その原因	
	時期	期間	民間銀行の過剰なリスク負担	放漫財政
アイスランド	2008年11月～2017年3月	8年4ヵ月	○	
キプロス	2013年3月 ～2015年4月	2年1ヵ月	○	○
ギリシャ	2015年6月 ～2019年9月	4年3ヵ月		○

図表7-7　リーマン・ショック後に国内債務調整（事実上の財政破綻）状態に陥った先進国の資本移動規制実施期間とその原因

（資料）IMF資料、各国資料を基に筆者作成

ち消えとなりました。危機によって、国家としてのアイスランドの将来も、大きく変えられてしまうことになったのです。

ギリシャの厳しい資本移動規制

こうした厳しい国内債務調整、言い換えれば事実上の財政破綻に類する例は、アイスランドにとどまるものではありませんでした。リーマン・ショックに続いた欧州債務危機においてキプロスやギリシャでも同様の事態が発生したのです（図表7－7）。その原因は、①放漫財政、②民間銀行の過剰なリスク負担のどちらか、もしくはその両方でした。

とりわけギリシャは、一時は単一通貨ユーロからの脱退も取り沙汰されるほどの財政危機に陥り、2012年には実際に、国債の元利払いの債務不履行（デフォルト）を1年の間に2回も引き起こしました。ギリシャはかねてより長らく財政運営に問題を抱えてきた国ゆえ、国債につけられる金利（クーポン）には財政リスクが上乗せされ、他の欧州各国などより

もクーポンの水準は高く設定されてきており、それにつられる形で外国の金融機関や投資家がギリシャ国債を多く保有していました。彼らにとって、財政が健全で金利が低いドイツ国債などに投資するよりも、ギリシャ国債に投資する方が、ずっと高い利回りが得られたからです。このようにして、ギリシャは、我が国などとは対照的に、かねてより外国勢による国債の保有割合が高いという構造にありました。財政事情が悪いながらも、２００1年に単一通貨ユーロに、他の国々に2年遅れて参画することが認められたことが、投資家側の安心を誘ったのでしょう。

しかしながらそのギリシャは、２００9年秋の総選挙による政権交代時に、２００1年のユーロ加盟の際に財政粉飾をしていたことが発覚し、一気に国際金融市場の信用を失うことになりました。ギリシャ国債の国債流通市場での利回りは高騰し（国債価格は暴落）、財政運営は行き詰まりました。ギリシャはＩＭＦやＥＵからの支援を受けることになったものの、それでも行き詰まりは打開できず、２０１２年3月に、外国の投資家が保有するギリシャ国債の元本を53％踏み倒すことになったのです。正確に言えば、ＥＵ各国やＩＭＦ等と協議したうえで、〝一度限り〟ということで、大幅な踏み倒し（外国の投資家側からいえば債権放棄）に応じてもらえることになったのです。それでもギリシャは財政バランスを回復させられず、その後はもはや、外国勢には追加の債権放棄などしてもらえなくなり、財政破綻のツケは国内ですべて背負わざるを得なくなりました。そして2015年から2019年にかけて、ギリシャはアイスランドなどよりはるかに厳しい資本移動規制を実施せざるを得ない事態に陥りました（図表7－8）。ギリシャではもともと財政事情が悪く、2012年には3月と12月の2度にわたって国債の債務不履行を起こして、すでに外国の投資家等にかなりの負担を負わせていたため、国民は、国の財政運営が再び危うくなれば、今度は国内で、自分たちを対象に強烈な債務調整が行われるだろうということを自覚し、資金流出が加速し始めたからです。

規制が最も厳しかった資本移動規制の初期における、預金の引き出し規制の面をみると、預金者1人につき、1日当たり60ユーロ（当時の1ユーロ＝135円で換算すると8100円相当）、1週間当たり420ユーロ（同5万6700円相当）しか引き出すことが許されなくなったのです。食費の支出目的だけではありません。生活していくうえで必要なそれ以外のすべての支出、光熱費も子どもの教育費も、家賃の支払いも含めて、1週間当たり1人5万円強のなかで、国民全員が暮らしていかなければならなくなったのです。こうやって預金の引き出し規制や預金封鎖が実施される場合、裕福な大口の預金者であろうが、ごく一般的な庶民であろうが、扱いは一緒、同列です。そうした制約のなかで各家庭が支出を切り詰めて暮らさざるを得なくなれば、当然ながら国全体の個人消費は縮小し、企業の側も商売を

工程表公表時 2017年5月	2018年7月時点
許容	
許容	
預金者1人につき、2週間で840€が上限 海外から受けた与信の資金は30%	預金者1人につき、1ヵ月で5,000€が上限
	海外から受けた与信の資金は100%
現金で与信を受けた資金は100%	
より幅広いケース、グループについて容認 顧客IDは他のアカウントがなければ容認	全ての企業・個人について容認
顧客1件につき、1ヵ月で1,000€が上限、かつ全銀行の月当たり上限、および各銀行によって割り当てられた上限まで	顧客1件につき、2ヵ月で4,000€が上限、かつ全銀行の月当たり上限、および各銀行によって割り当てられた上限まで
外国渡航の場合、1人につき、2,000€	外国渡航の場合、1人につき、3,000€
顧客1件、1営業日につき、35万€超の場合	顧客1件、1営業日につき、70万€超の場合
顧客1件、1営業日につき、35万€未満の場合。銀行ごとに週当たり上限あり	顧客1件、1営業日につき、70万€未満の場合。銀行ごとに週当たり上限あり
顧客1件、1営業日につき、10万€未満の場合。銀行ごとに週当たり上限あり	顧客1件、1営業日につき、40万€未満の場合。銀行ごとに週当たり上限あり

図表7-8　ギリシャの2015～18年の資本フロー管理規制（CFM）の推移

（資料）IMF, 2018 Article Ⅳ Consultation and Proposal for Post - Program Monitoring - Press Release; Staff Report; and Statement by the Executive Director for Greece, IMF Country Report No. 18/248, p40を基に筆者作成

縮小せざるを得なくなります。

　資本移動規制の一環で、さらに、企業による国外との資金取引にも厳しい制限がかけられることになりました。企業は資本移動規制実施当初の2ヵ月間においては、海外への送金は当局の認可を受けたうえで、1日当たりわずか10万ユーロ（同1350万円相当）までしかできませんでした。その後も国外の顧客1件、1営業日当たり35万ユーロ（同4725万円相当）超の海外送金には当局の認可を要するほか、それ未満の送金の場合にも銀

	制限のタイプ	CFM 導入時 2015 年 6 月～7 月
第1の柱	ローンの繰り上げ償還	海外からの資金移動、もしくは現金による場合のみ許容
	定期預金の繰り上げ償還	特定の状況下でのみ許容
第2の柱	現金引き出し	預金者 1 人につき、 1 日当たり 60€、 1 週当たり累積で 420€に制限
	新規口座 / 顧客 ID（*2）	一定のケースのもとで、選別された個人や企業のグループについてのみ容認
第3の柱	一般的な目的での海外への資金移転	禁止（一部の例外を適用）
	個人による資金の物理的な外国移転	禁止（一部の例外を適用）（*3）
	通常のビジネス活動としての企業の資金の国外移転のうち	
	BTAC の認可を要するもの（*4）	1 営業日につき、10万€
	銀行小委員会の認可を要するもの	適用不可
	銀行支店の認可を要するもの	適用不可

（原資料注＊1）本表は枠組みの主要部分をカバーするが、適用可能なすべての例外は含まない。セルは、規制の厳しさの度合いに応じて（資本フロー管理規制導入時点）、（導入時に比較すれば部分的に自由化、（完全自由化）として塗り分け

（原資料注＊2）預金者ないし顧客ごとの制限は、顧客IDの定義づけに基づき実施。顧客IDは、銀行に取引勘定を有する全ての顧客ごとに割り当てられ、同一銀行の全支店を通じて用いられる独特の特定方法

（原資料注＊3）2015年7月の時点で、「外国渡航の場合、1人につき、2,000€」の持ち出しを許容

（原資料注＊4）BTACはBank Transactions Aproval Commitee（銀行取引認可委員会）の略称

行ごとに週当たりの上限が設けられ、自由な海外送金は不可能な状態にありました。これではとても、外国相手に活発にビジネスを行って、稼ぐことなどできなくなってしまいます。国際金融市場での取引に参加することも無理でしょう。それは人々にとっても、国内での雇用の場が失われることを意味します。戦時下でもなかった今からわずか数年前に、先進国の一角、EU加盟国の一角が、

金融危機による財政破綻でこうした厳しい国内債務調整に追い込まれているのです。資本移動規制や国内債務調整は、新興国だけに起こり得るような話では決してないのです。

こうした厳しい資本移動規制を余儀なくされた期間は、他のEU加盟国やIMFに支援融資をしてもらえたギリシャの場合で4年余り、EUに加盟していないゆえ、IMFにしか支援してもらえなかったアイスランドの場合で8年余りに達しています。

我が国の財政運営が行き詰まったら

ではこの先、我が国の財政運営がついに行き詰まって、そうした事態に追い込まれた場合にはどうなるのでしょうか。

すでに述べたように、我が国の現在の財政事情は、アイスランドが危機に突入した2008年時点よりも相当に悪い、というのは紛れもない事実です。アイスランドと同様に、IMFを除けば、財政や経済の面ではどこの国にも助けてもらえる立場にはないであろう我が国は、おそらく、自力でまともな財政状態を回復できるまで「国内債務調整＋資本移動規制」状態を継続せざるを得なくなるでしょう。その期間は、8年よりも相当長くなる可能性も否定できません。そのために必要な財政緊縮の幅も大きくならざるを得ず、図表7－6で示したようなアイスランドの例よりも、もっと大幅な増税を、幅広い税目について断行せざるを得なくなるでしょう。歳出の面でも冷静に議論する時間的な余裕はなくなり、年金等の社会保障支出等も含めて〝一律○割カット〟といった乱暴な方法で削減するしかなくなるかもしれません。それは収入や資産に余裕のない弱者に対して、厳しい負担を強いるものとなってしまうでしょう。

それでも今、何も起こっていないからと、こうして〝放漫財政〟状態を続けたままで、財政を悪化させ続けたままでよいのでしょうか。私たちはよく考えた方がよさそうです。

財務省はなぜ大規模な円買い介入に踏み切ったのか

2022年春先から秋口にかけて、外国為替市場では急激な円安が進展しました。10月には一時、1ドル＝150円台にまで円安が進んだのです。これに対して財務省は9〜10月に、24年ぶりとなる円買い方向での外国為替市場介入を、実に9兆円を超える規模で実施しました。それはなぜだったのでしょうか。円安が進展すると輸入物価経由で国内の物価も上昇してしまうから、それだけだったのでしょうか。あくまで、私の推測に過ぎませんが、それだけではなかったのではないか、という気がします。

外国為替市場での自国通貨の急落が、金融危機の引き金になることは、これまでの国際金融市場や各国の幾多の経験が物語っています。図表7－9は、IMFが「為替急落を引

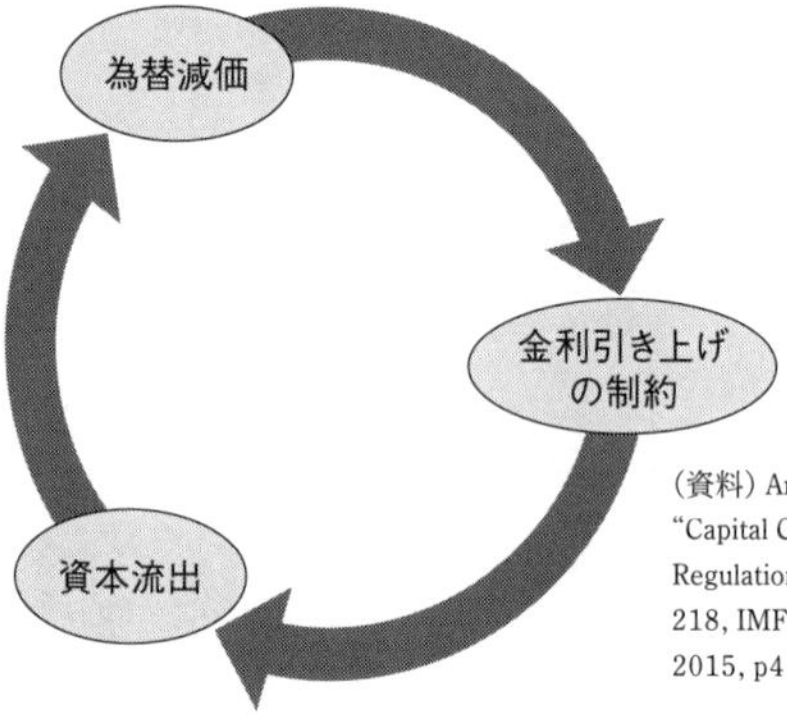

図表7-9
為替減価時の金融危機のフィードバックの輪

（資料）Anton Korinek and Damiano Sandri. “Capital Controls or Macroprudential Regulation?”, IMF Working Paper WP/15/218, IMF Research Department, October 2015, p4 Figure 2を基に筆者作成

き金とする金融危機」で何が起こるのかを示したものです。自国通貨の為替レートが急落したときに、中央銀行による金利の引き上げに限界が生じたり、制約があったりすると、国内からの資本流出が止められなくなり、それがさらなる為替レートの減価を招いてしまうのです。２００８年当時のアイスランドはまさに、「為替の減価（急落）」と「金利引き上げの制約（限界）」、「資本流出」が三つ巴での負のスパイラル（連鎖）状態に陥るという、その典型的な事態に陥ったのです。

図表７－10は、ＩＭＦが１９９０年代末のアジア通貨危機の経験を踏まえ、急激な資本流出が発生した際に当局が採り得る対応の考え方を２０１６年にまとめたものを、わかりやすく図示したものです。通貨急落の際の各国当局の対応としては、当然ながら①中央銀行による金利引き上げと、②財務省ないしは中央銀行といった通貨当局による外国為替市場での外貨売り・自国通貨買い介

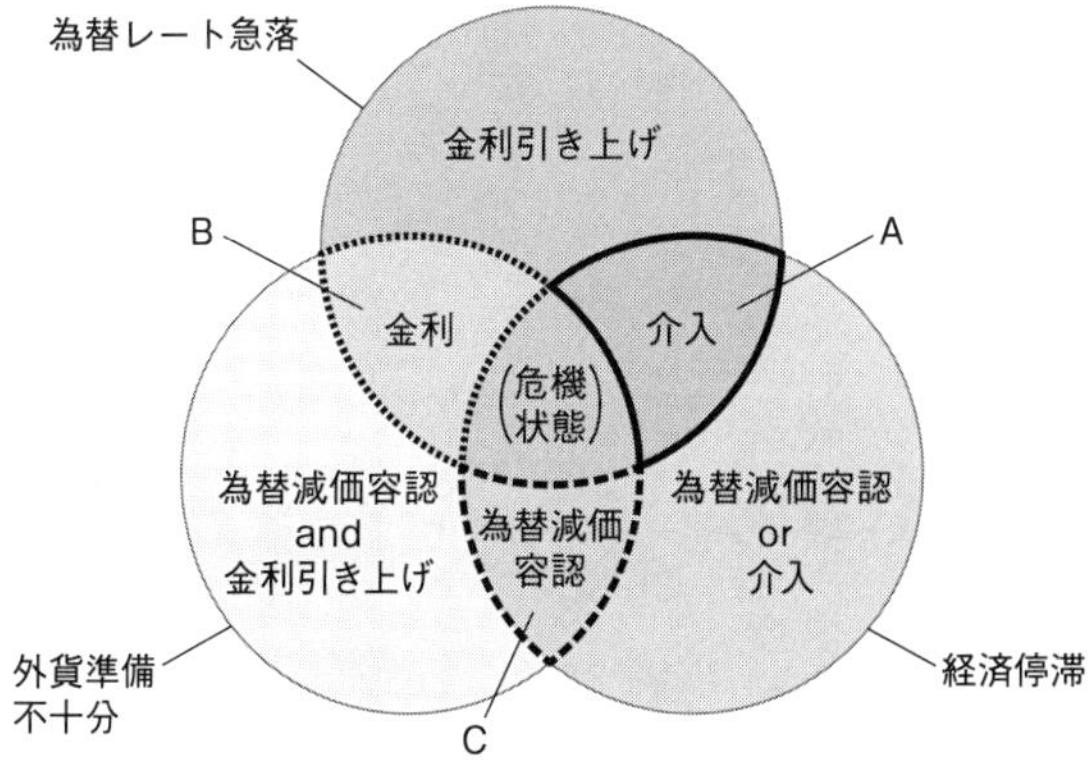

図表7-10　資本流出時の対応に関するIMFの考え方

（資料）IMF, "Capital Flows – Review of Experience with the Institutional View", IMF Policy Paper, December 2016, p17 Box1を基に筆者作成

（原資料注）各円は、為替レート、外貨準備、経済のそれぞれの条件の充足状況を示す。3つの円が重なる部分は、3条件が全て充足されていることを意味し、この資本流出のケースでは、政策運営（金融政策、外国為替市場介入）の自由度が限られ、すでに危機状態、ないしは危機が差し迫った状態。資本フロー管理政策（流出規制の導入ないしは既存の流入規制がある場合はその緩和）の導入が当該国経済の支援に有効。ただし、必要なマクロ経済調整の代替策とはなり得ない

（注）本図の3つの円が重なるケースが現実のものとなれば、IMFの管理下入りも想定される

入、の2つが想定されています。図表7－10に示された3つの円のうち、一番上の円は、当該国の通貨が急落した状態を示します。右下の円は、当該国の経済が停滞し中央銀行が金利の引き上げにはとても踏み切れない場合を表しています。左下の円は、当該国の外貨準備が不十分で、外貨売り・自国通貨買い介入はとても実施できない場合を表しています。

そのもとで、例えば一番上の円と、右下の円が重なり、かつ、左下の円には含まれない部分（図中のAの部分）では、金利の引き

上げはできないが、外貨売り・自国通貨買い方向での外国為替市場介入で対応することになる、というわけです。一番上の円と、左下の円が重なり、かつ、右下の円には含まれない部分（図中のBの部分）では、中央銀行が金利を引き上げて、為替の急落に対応することになります。左下の円と右下の円が重なり、かつ、一番上の円には含まれない部分（図中のCの部分）においては、為替が〝急落〟というレベルにまでは至っていないため、為替の下落（我が国でいえば円安）を容認（放置）して、当局は何もしない、ということを意味します。そして、恐ろしいのは、この3つの円が重なった部分です。為替は急落しているが、中央銀行は金利を上げられず、かつ、外国為替市場で介入できるだけの十分な外貨準備もない場合です。この場合、IMFは、その国は資本移動規制を実施するよりほかになくなる、と結論付けています。また、この資本移動規制は、当該国が行わなければならないマクロ経済調整（例えば大きく崩れた財政バランスの回復など）の代替策となり得るものではない、とも釘を刺しています。財政危機の場合、資本移動規制は、当該国が国内債務調整等によって財政バランスを回復するまでの間の時間稼ぎの方策に過ぎない、とIMFは言っているのです。

こうしたことを考え合わせると、我が国で今回、なぜ、財務省がこれほどの外国為替市場介入に踏み切ったのかもわかるような気がします。通貨急落というのは、我が国のように財政事情の悪い国にとっては、財政危機のスパイラルを引き起こしかねない、危険な事態なのです。しかも、アイスランドでは、危機直前まで中央銀行は健全な政策運営を行っていたため、危機当初は定石通り、政策金利を18％にまで引き上げてクローナを防衛しようとしました。それでも防衛し切れず、資本移動規制を発動せざるを得なくなりました。これに対して黒田日銀は２０２２年12月まで、およそ微動だにしようとはせず、しかもこの時に動かしたのは10年国債金利の許容変動幅の方だけで、短期の政策金利（マイナス金利）には一切、手を付けてはいません。日銀はそもそも、アイスランドのように政策金利を大幅に引き上げることは、自らが強烈な規模の赤字に陥ることなしにはできず、現実問題としてどうやっても無理な状態に陥っているのです。財政事情が極端に悪い国にとって、通貨が急落しても、中央銀行がおよそまともに動けない、というのは本当に危険な事態なのです。

財政事情の悪さの度合いは、政府債務残高の規模でみることが一般的ではありますが、実際に国内外の金融情勢が大きく変化して、いかにすれば財政運営を安定的に回し続けていかれるかは、債務残高の規模だけでは測れません。そのため、ＩＭＦは欧州債務危機の後から、各国の毎年の所要資金調達額の規模の計数を公表するようになりました（図表7－11）。我が国に限りませんが、各国が国債発行をしながら、財政運営を続けている以上、その国債発行をいかに安定的に続けていくかが、財政運営を行き詰まらせないうえで、決定的な鍵を握ります。その点が欧州債務危機で身にしみたからでしょう、ＩＭＦは主要国の

	債務残高	グロス所要資金調達額			(参考)財政収支
			満期負債	財政収支赤字幅	
日本	**263.9**	**52.8**	**44.9**	**7.9**	**▲7.9**
ドイツ	71.1	11.4	8.1	3.3	▲3.3
イタリア	147.2	21.2	15.8	5.4	▲5.4
キプロス	**93.6**	**8.1**	**7.6**	**0.5**	**▲0.5**
ギリシャ	**177.6**	**n.a.**	**n.a.**	**4.4**	**▲4.4**
アイスランド	**68.2**	**12.5**	**7.1**	**5.4**	**▲5.4**
アメリカ	122.1	31.7	27.7	4.0	▲4.0
イギリス	87.0	10.2	5.9	4.3	▲4.3
G7 平均	128.3	28.0	23.6	4.4	▲4.4
G20 先進国平均	122.9	26.4	22.1	4.3	▲4.3

図表7-11　主要先進国の一般政府債務残高とグロス所要資金調達額
(2022年10月時点における、IMFによる2022年見通し、対名目GDP比、%)
(資料) IMF、Fiscal Monitor, October 2022を基に筆者作成
(原資料) Bloomberg Finance L.P., およびIMFスタッフによる推計・予測値
(注) 満期負債の計数は、グロス所要資金調達額から財政収支赤字幅を差し引いて筆者が算出

所要資金調達額の見込みを公表するようになったのです。

各国は毎年、新規発行国債（図表7－11の「財政収支赤字幅」にほぼ相当）だけでなく、それなりの借換債（図表7－11の「満期負債」）を発行しながら、財政運営を回しています。我が国の場合、この新発国債の発行規模が大きいのもさることながら、他の主要国に比較して、借換債の規模が極端に大きいのです。第2章の図表2－2で示したように、満期1年以下の短期国債を50兆円規模で発行し続け、毎年、借り換えを平気で続けていると、こういうことになってしまうのです。他の主要国は、財政運営を何としても安定的に続けられるようにと、新規国債の発行額をなるべく減らすだけでなく、財政運営に余裕があるとき

や、危機が過ぎ去って平時に戻った時点で、満期が到来した国債の元本をできるだけ、国民が納める税収を元手に償還して、借換債を発行せずに済ませる努力をしています。毎年、国債を発行しなければならない額が少なければ少ないほど、万が一、金融情勢が急変して危機に見舞われても、財政運営上受ける痛手の規模は限定的にとどめられるからです。

ところが、我が国では、財政運営上、そうした努力は全くできていません。我が国の財政事情の悪さは突出していますが、その〝悪さ〟の内容は、よく引き合いに出される政府債務残高の規模だけではなく、この毎年の所要資金調達額の規模からも明らかなのです。

しかも黒田日銀は、あれだけ為替が急落しても、2022年夏から秋にかけての時期、「外国為替相場の動向に影響を及ぼすために金融政策運営を行うことはない」などと言って、2022年12月にイールド・カーブ・コントロールを小幅で微調整するまで、一切、金融政策を動かすことすらありませんでした。こうした黒田日銀の姿勢が、IMFが示しているような、「為替急落時にはまず、金利引き上げと介入で対応を試みることが基本」という国際金融界の常識から、いかにかけ離れたものであるかは自明でしょう。黒田日銀とすれば、自分たちの金融政策運営も一因となって放漫財政を助長し、円の信認が崩れかけて急激な円安が進んでしまい、その対応のために金融政策を動かさざるを得ない、などとは、プライドにかかわる問題でもあって、とても認めるわけにはいかなかった、ということなのかもしれません。

　そうした状況下で、なぜ、財務省があれだけの規模の外国為替市場介入に踏み切ったのか。繰り返しますが、あくまで私の個人的な推測の域を出るものではありませんが、1ドル＝140円台の後半とか150円台ともなれば、円安が物価上昇につながるだけでなく、為替の急落が危機のスパイラルを引き起こしかねないことを財務省は懸念し、黒田日銀がおよそまともに動こうとはしないなか、我が国の財政や経済全体の運営に、万が一のことがあっては決してならないと、必死に止めようとしたのではないでしょうか。幸い、我が国はそれができるだけの外貨準備を保有しています。今回の事態で、私たちは、潤沢な外貨準備のありがたみを改めて思い知らされることになりました。「日本はこれだけの借金(国債残高)を抱えていても、政府のバランス・シート上では、換金可能な資産も多額にあるので財政運営は全く問題ない」というような声をきいたことがあります。彼らが言うところの〝換金可能な資産〟とはこの外貨準備のことでしょうが、外貨準備とは、国債の元本償還の原資とするために簡単に売却できるようなものでは決してないことが、今回の事態から明らかになったのではないでしょうか。

　このように、我が国の財政運営や経済運営はそれくらい危ない局面に差し掛かっている、ということを、私たちはしっかりと認識する必要があるでしょう。

第８章　我が国の再生に向けての私たちの責務

（1）なぜ、こうなってしまったのか――原因は私たちの〝甘え〟、〝無理解〟、〝無責任〟

２０２２年は、世界最悪の財政事情を抱える我が国が、為替の急落にまで見舞われた年となりました。日銀の金融政策運営と国の財政運営とが相まって、一歩間違えば財政危機のスパイラルに陥りかねないという、まさに〝瀬戸際〟にまできているのです。

にもかかわらず、岸田政権は２０２２年秋、約23兆円規模の赤字国債増発を含む令和４年度の補正予算を成立させました。それに続いて打ち出された令和５年度当初予算では、約36兆円の新規国債を発行する一方で、過去に発行済みの国債の元本は約17兆円しか返済せず（前掲図表２－１）、結局のところ、差し引き19兆円もの新たな国債残高を積み増す政府案を提示しています。対する野党側も、年初来の予算委員会等での審議では、防衛増税に反対するという議論はあっても、岸田政権が打ち出しているこうした財政収支の改善ペースが手ぬるい、という議論はどこからも出てきてはいません。

黒田日銀の方も、２０２２年12月に、10年国債金利の許容変動幅を一度、拡大したのみで、本稿執筆時点（23年２月）では、それ以外はイールド・カーブ・コントロール政策を〝死守〟する姿勢を頑なに崩していません。日銀がその〝死守〟のために、２０２３年１月に買い入れた国債は実に23兆６９０２億円に達し、過去最高を記録するまでになっています。

加えて日銀は同月から、民間銀行等を対象とする〝共通担保オペ〟を、本来の金融調節手段としての目的からは大きく道を踏み外す形で、このイールド・カーブ・コントロール政策〝死守〟のために動員し、5年という長期にわたる資金をゼロ%近傍で民間銀行に供給することまで始めています。「超低金利での国債の多額の買い入れ」と「共通担保オペによる超低金利での長期の資金供給」——このどちらも、いずれ来たる正常化局面における日銀の赤字幅を増幅させ、ひいては国民負担を増幅させる方向に作用するものです。海外の中央銀行ではおよそあり得ないこうしたオペレーションを、黒田日銀は平然とやっています。本書のまえがきで引用した『The Economist』誌の論説やIMFからの指摘を引き合いに出すまでもなく、こうした我が国の政府や黒田日銀の政策運営は、海外各国の政府や中央銀行、国際機関、そして国際金融界全体からは、さぞかし異様に見えていることでしょう。

にもかかわらず、我が国内では、この事態をどれほどの危機感をもって受け止めることができているのでしょうか。世界第3位の経済大国であり、極めて勤勉な国民性を有するはずの我が国が、なぜ、こうした事態に陥ってしまったのでしょうか。私はその原因は、

①私たち一人ひとりに、社会を、国を支えるのは私たち市民であり、国民である、という意識や自覚が希薄なこと。具体的には、我が国でも税を追加的に負担する余力のある層は相応に存在するのに、社会全体として、その〝追加的な税の負担〟に関する合意の形

成ができないこと。

②財政再建に関する議論はもっぱら、毎年度、そしてせいぜい目先数年間の基礎的財政収支（プライマリー・バランス）の幅をどうするか、にとどまり、国全体、私たち全体として、過去の借金（国債残高）を国として返済していかなければならない、という意識が欠けていること。

という2点にあると考えます。そしてその背景には何よりも、私たちの〝甘え〟と〝無理解〟、〝無責任〟があると考えます。

担税力のある層は相応にいるのに合意形成ができない国、日本

「我が国には国債の残高を上回る2000兆円の家計金融資産があるから、財政破綻などすることはあり得ない」といった声を耳にすることがあります。その通りだと思います。我が国は、多額の家計金融資産があります。これは言い換えれば、追加的な税負担に応じる経済的な余力のある層は相応に存在する、ということを意味します。ではその家計金融資産をどの年代が保有しているのかをみたものが図表8－1です。実に全体のほぼ3分の

図表8-1　我が国の家計金融資産の世代別保有内訳

（資料）内閣官房新しい資本主義実現本部事務局『資産所得倍増に関する基礎資料集』2022年10月、p3を基に筆者作成
（原資料）総務省『全国家計構造調査（2019年）』
（原資料注）金融資産は、預貯金、生命保険など、有価証券、投資信託及びその他

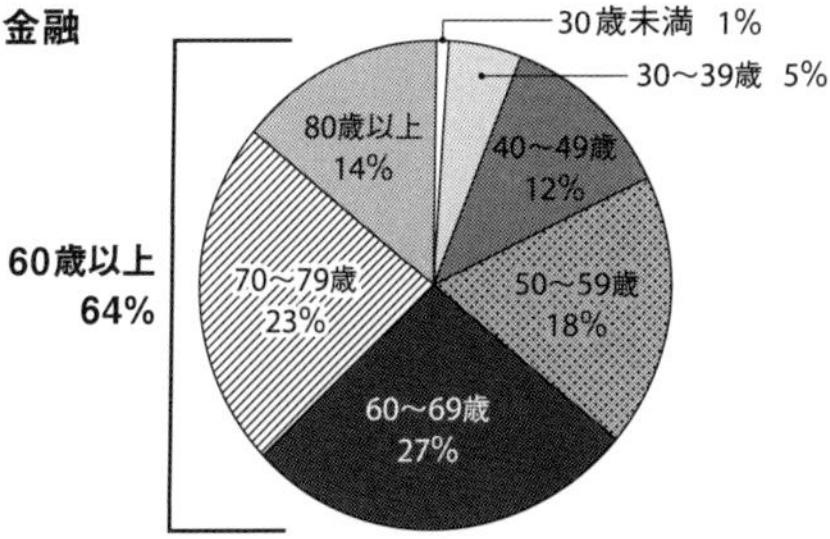

2を、60歳以上の高齢世代が保有しているのです。

これは財政運営の観点からいえば、そうやって、自分たちの世代がこれまですでに使ってきたお金を、同じ世代のなかには担税力のある層も結構いるはずなのに、同じ世代のなかで負担しようとせず、国債発行にして後の世代に借金を平気で付け回してきた、ということにほかなりません。

民主主義社会、市民社会において、税を誰がいくらずつ負担するのが公平なのか、私たちは改めて考え直す必要があります。自分が働いて得た報酬から、社会や国にできるだけ貢献したいと思っても、得ている所得が十分でなければ、納税できる額にはどうしても限りがあります。高所得層、富裕層の方々は、自分たちは政府の支出からの恩恵をそれほど受けてはいないのだから、負担する必要はない、とお考えなのかもしれませんが、私はそれは違うと思います。民主主義社会、市民社会においては、富める者、富裕層は相応の税負担をする、少なくとも自分たちと同世代が恩恵を受けた歳出に見合う納税負担をす

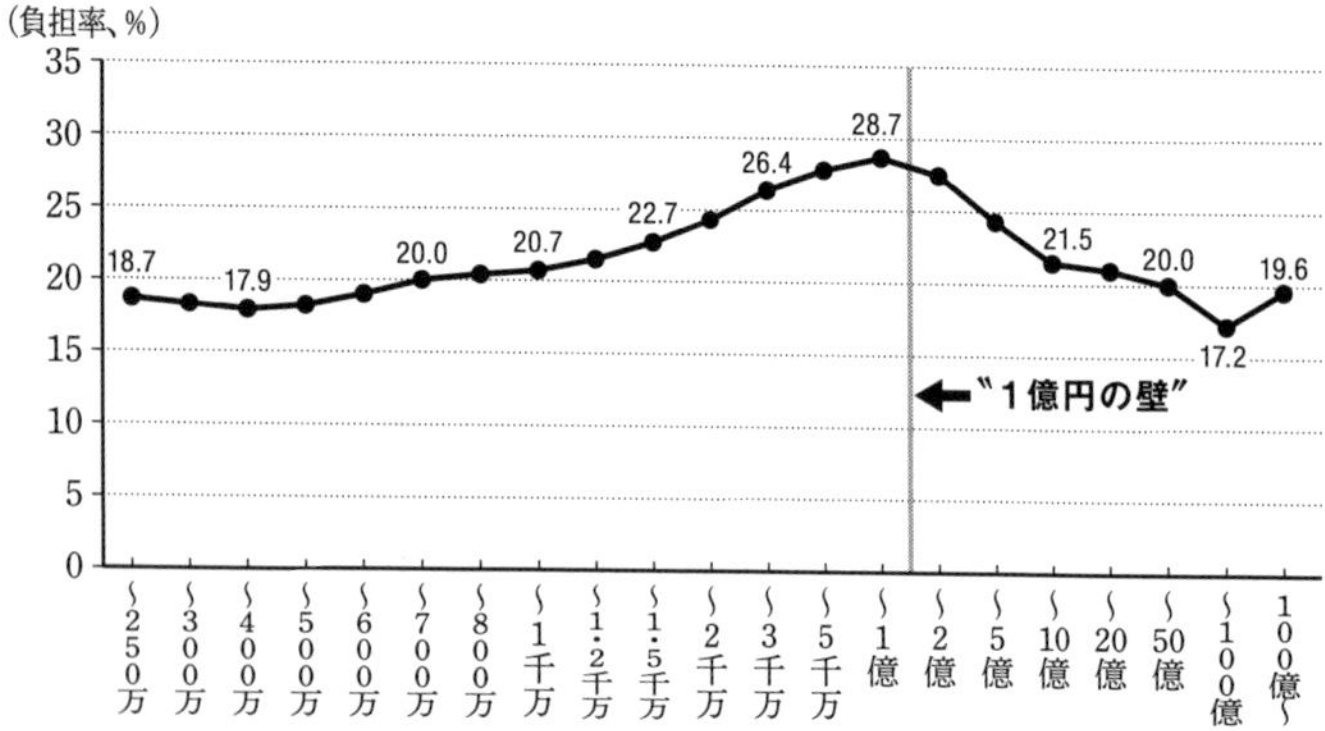

図表8-2　所得税率等にみる〝1億円の壁〟
（申告納税者の負担率〈所得税＋社会保険料〉）

（資料）財務省主税局『令和5年度与党税制改正大綱説明資料』2022年12月16日、p27を基に筆者作成
（原資料）令和2年分の国税庁『申告所得税標本調査（税務統計から見た申告所得税の実態）』
（原資料注1）所得金額があっても申告納税額のない者（例えば還付申告書を提出した者）は含まれていない
（原資料注2）社会保険料負担率は、合計所得金額の各階層の社会保険料控除の合計額から1人当たりの額を算出した上で、合計所得金額の各階層の中間値で割ることにより計算

る社会的な責任があるのではないでしょうか。

ところが、我が国における所得階層別の所得税等の負担率をみると、高所得者層になればなるほど、負担率は低下しているのが現実です（図表8―2）。これは、2022年頃からメディアでもよくとり上げられるようになった〝1億円の壁〟問題にほかなりません。このグラフからも明らかなように、超富裕層のなかには、年収250万円以下の層が負担している18・7%よりも低い負担率で済ませることを許されている層すら存在するのです。令和5年度の税制改正の議論の際にも、この問題に

は小幅の修正が講じられるのにとどまりました。理由は、株式市況に悪影響が及びかねないから、だそうです。課税の公平を大きく損なう形で株式市況を押し上げ続けることに、どこまで意味があるのでしょうか。富裕層の〝甘え〟や〝無責任〟が放置され、国全体の運営や支える負担の仕組み、社会の仕組みが、高齢の富裕層中心の、利己的な仕組みになってしまっているのです。

日本人はおとなしい国民です。諸外国のように、〝不公平は許さない！〟と各地でデモ行進が起こることもあまりありません。しかしながら、こうした社会の運営に、とりわけ若い世代が納得しているわけでも満足しているわけでもありません。多くの人が何かと理由を付けて納税を嫌がり、とりわけ富裕層の不十分な税の負担状態は放置され、その結果として後の世代への負担の付け回しが年々、膨張する一方なのです。それを、若い世代はよくわかっています。だからこそ、結婚して子どもを持つという選択肢にとても積極的にはなれない。だから、少子化が止まらないのです。そして、経済の低成長も止まらないのです。我が国では、〝不公平〟に対するデモ行進は起こらなくても、その代わり、〝不公平〟を感じている層が正直に行動した、行動せざるを得なくなった結果が、〝国全体としての経済活動の低迷〟という形で現れているのです。現状の税制は、超低金利状態の長期化で資源再配分機能が低下した金融と並び、我が国に低成長という結果をもたらした大きな原因の一つだろうと私は考えます。

財政運営をどうするかを議論する際に、〝増税して景気が悪くなっては元も子もない〟、〝経済成長なくして財政再建なし〟、という、一見、もっともらしいフレーズが、我が国ではこれまで、よく語られてきました。これらは我が国の近年の政権の基本的なスタンスでもあります。そうやって歴代の政権は、国として必要な歳出を、同じ世代の誰がいくらずつ負担すべきなのかをまともに議論することもしませんでした。国民に不人気な税制改革の問題は、年末近い短期間に、与党の税制調査会で短期間議論して事実上決めてしまうのがこの国の慣例です。〝インナー〟と呼ばれる与党税調の中心的メンバーは、年配の男性議員が中心です。若者や女性、ひとり親世帯等々、多様な国民の意見が反映されることはあってもごくまれで、要するに〝高齢の富裕層〟本位の視点で税制が決められ続けているのです。そして、第2次安倍政権は〝デフレ脱却〟と銘打って、日銀に事実上の財政ファイナンスをやらせて、国債につく市場金利が上がらないように力ずくで抑えつけさせてきました。しかしながら、市場メカニズムを無視した金融政策を永続させられるはずもなく、その日銀が本当におかしくなりかけ、財政運営も行き詰まる瀬戸際にきている、というのが今の我が国の現実なのです。

過去の借金の返済に真面目に取り組まない国、日本

海外の主要国は、第2章でみたように、リーマン・ショック後の10年間、痛みを伴う財政再建に懸命に取り組んできました。基礎的財政収支の黒字化にとどまらず、利払費を含む財政収支の黒字化まで達成している国がいくつもあることは、すでに述べたとおりです。これらの国々もコロナ危機で再び、財政収支は悪化しましたが、今は、具体的な負担増を伴う財政再建の局面に入っています。追加的な税負担は、コロナ危機にあっても潤った大企業や富裕層に求めるという財政運営が行われている国が多いようです。資源価格高騰で大いに潤っている資源関係企業に“Windfall tax”(棚ぼた税)として追加的な税負担を課している例も米英両国をはじめ、いくつもあります。私が欧米の主要なメディアの報道に日々、目を通している限り、これらの国々で大企業や富裕層から、我が国でよくあるような〝増税への嫌悪感〟が声高に主張されることはおよそないようです。みな、現世代の誰かしらが増税の負担に応じない限り、国全体の財政運営を立て直せない、ということをきちんと理解できているからなのでしょう。

ところが我が国の経済界には、増税に消極的な姿勢が目立ちます。例えば脱炭素の分野では、経団連が22年9月に公表した『令和5年度税制改正に関する提言(概要)』では、「炭素税の新規導入や、既存の地球温暖化対策税の税率引き上げは、少なくとも現時点では合

理的とは言えず」とまで言い切ってしまっています。炭素税は最終的には私たち消費者が負担して然るべきものですが、それを最初は川上の法人に課税せずしてどうしろというのでしょう。22年には、円安のおかげ等もあって我が国でも史上最高益を計上する大企業が続出しているというのに、法人増税に対しても従前からの消極的な姿勢のままだったようです。法人税にはもとから、能力に応じて税を負担するという〝応能負担〟の考え方が組み込まれており、赤字法人は基本的に課税されることはなく、中小企業には負担軽減措置が盛り込まれているにもかかわらず、です。メディア等によく登場される経済界の幹部の方は、国民一般からみればまさに、高所得層に属する富裕層の方々です。そういう経済的には相当な余裕があるはずの方々が増税に対する消極的な姿勢を口にされては、みんな、自分ももう少し積極的に納税して国のため、社会のため、次世代のために微力でももう少し貢献しよう、という思いはどこかに失せてしまいます。この国ではそうやって〝甘え〟や〝無責任〟が社会全体に助長されてしまっているように感じられます。若い世代からすれば、自分の国を好きにもなれず、将来に希望ももてなくなってしまっていると思います。

我が国では、デフレを言い訳に、財政収支よりはずっと緩い、基礎的財政収支ですら、黒字化の達成目標の先延ばしを、これまで何回も繰り返してきました。その我が国の最もよくない点は、「基礎的財政収支黒字化の達成目標を何年度にするか」についてはメディアもよく取り上げて議論するものの、実際の財政運営では目標は達成できず、基礎的財政収支の赤字が続いて新たな国債残高が積み増しされても、およそ関心が向けられなくなってしまうことです。要するに、これまで日銀の超金融緩和政策が長期化してきた我が国では、諸外国のように、市場から放漫財政とみなされれば長期金利が急騰して財政運営の見直しを余儀なくされる、といった経験がこれまでのところは全くなかったため、「国としてひとたび借金をしてしまえば、あとは知りません」で済まされるようになってしまったのでしょう。その結果が一般政府債務残高264％（前掲図表7－11）という恐ろしい数字なのです。しかも我が国では、これだけ厳しい人口減少が進んでいるのです。将来、国民の一人ひとりの肩にのしかかってくる税負担の重さを想像すると、本当に背筋が寒くなります。

こうした状況を招いた〝主犯〟の一つは、財政法に定められた国債の「60年償還ルール」とその実際の運用にあると、私は考えます。

「60年償還ルール」とは、1964年の東京五輪開催の翌々年の1966年度に建設国債の発行を開始するのに際し、その元本をどうやって返済していくのかについて財政法上で設けられた規定です（図表8－3）。我が国では、第6章で詳述したように、第二次大戦での敗戦時に極めて厳しい国内債務調整、すなわち事実上の財政破綻を経験した教訓から、戦後、東京五輪開催までの間は国債を発行しない収支均衡予算で財政運営を行っていました。

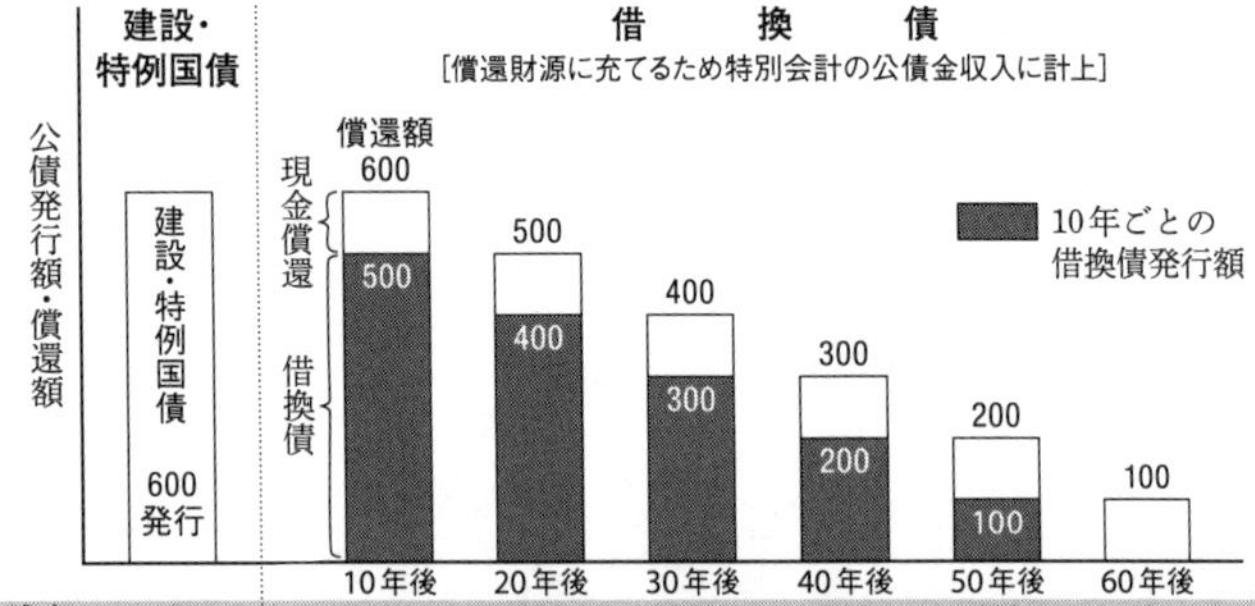

残高	600	500	400	300	200	100	0	
		2〜11年後	12〜21年後	22〜31年後	32〜41年後	42〜51年後	52〜61年後	
定率繰入額		600×1.6%×10=96	500×1.6%×10=80	400×1.6%×10=64	300×1.6%×10=48	200×1.6%×10=32	100×1.6%×10=16	計336
不足額		4	20	36	52	68	84	計264

図表8-3　我が国の借換債による公債償還の仕組み（「60年償還ルール」）

（資料）財務省理財局『債務管理リポート2022　国の債務管理と公的債務の現状』、2022年、図2-19、p59

しかしながら建設国債の発行開始に際し、その見合い資産となる道路や橋梁などの耐久性を考えれば、それらの建設費の負担は必ずしも国債発行時の世代のみで負担せずともよく、耐用年数に見合う60年間にわたる世代で負担を分担してもよいのではないか、という考え方から、図表8－3のような方法で、徐々に元本の金額を減らしつつ借換債の発行を繰り返し、最終的には60年をかけて全額を現金償還する、という「60年償還ルール」が財政法上規定されることになったのです。ただし、財政法が発行を想定している国債は、今もそうですが、基本的には建設国債のみで、この60年償還ルールも、あくまで建設国債のみを対象とした条文であることに注意する必要があります。

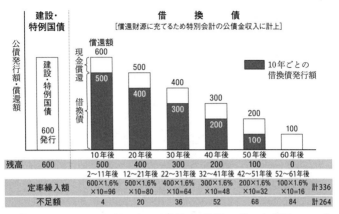

我が国が発行する国債は、当初は建設国債だけでしたが、その後の石油危機等による税収の落ち込み等を受けて、１９７５年度からは、見合いの資産がなく、社会保障費等に充当する資金調達のための赤字国債が発行されるようになりました。赤字国債については財政法上の規定がないため、その「特例」として逐次、特例法が制定され、それを根拠に発行されています。赤字国債が「特例国債」とも呼ばれるのはそのためです。

この赤字国債も１９７５年度の発行当初は、例えば10年物国債として発行した場合、10年経って満期が到来した時点で、元本の全額がその間の税収を元手に現金償還され、借換債が発行されることはありませんでした。ところが85年度からは、合理的な理由のないまま、「なし崩し」的に赤字国債にも60年償還ルールが適用されるようになり、今に至っています。今を生きる私たちが恩恵を受ける社会保障費や、それ以外にも防衛費、義務教育の国庫負担金等まで、なぜ、60年先の世代にまで負担を付け回しすることが許されるのでしょうか。

ちなみに我が国の場合、過去に発行した国債の元本を償還する（国債整理基金特別会計に償還資金を繰り入れる）方法としては、

①「60年償還ルール」に基づく、一般会計からの「定率（毎年度、国債発行額の１・６％〈＝60分の１相当〉）繰り入れ」

②各年度の決算剰余金の少なくとも半分以上を国債の償還に充てる「剰余金繰り入れ」
③予算編成上、政府企業の売却等まとまった余裕金ができたときに行われる「予算繰り入れ」

の3つが用意されています。

ところが実際には、「剰余金繰り入れ」の金額は多くても各年度数兆円にとどまるほか、決算を組んだ結果、剰余金が発生しない年度もありました。また、「予算繰り入れ」は公営企業の民営化時に株式売却収入が入った際に実施された程度で、それ以外に実施されたことはほとんどないようです。それで結局は「定率繰り入れ」頼みとなって、しかもそれが「残高の60分の1ずつ返せばよい」という、諸外国にはおよそ例のない悠長なルールであることから国債残高の膨張を招来する大きな要因となってきたのです。この「60年償還ルール」はまさに、我が国で放漫財政が進行する土壌、いわば〝主犯〟の一つではないかと私は考えます。

以前、財政運営や債務償還の在り方に関するレポートを執筆するために、主要な何ヵ国かの国債管理当局宛に、「日本の『国債の60年償還ルール』に類似するような国債の償還ルールは貴国にはありますか」とメールで照会したことがあります。幸いなことにその多くの国の当局が回答をくださいましたが、その内容はみな「そのようなルールは自国にはない」

というものでした。ある主要国の当局の方からは、次のような内容の回答をいただきました。「そうやって国債の償還に60年もかけていては、いつまでたっても国債の元本は返済できないでしょう。だから私たちの国にはそのようなルールはありません。代わりに政治家が責任をもって、毎年度、過去に発行した国債の元本をできるだけ償還できるように、予算編成をするのです」。私は、回答に対するお礼のメールをできるだけ丁寧にしたためつつ、日本人の一人として、本当に恥ずかしくなりました。「国の借金は毎年度60分の1ずつ返していけばよい」などというのは、私たち日本国民の〝甘え〟にほかならず、同時に将来の世代に対する〝無責任〟の裏返しでもあります。こんなことをいつまでも変えられずにやっているから、国債残高が際限なく積み上がり、それがついに行き詰まりかけているのです。

（2）日銀――〝真の独立した中央銀行〟としての抜本的な立て直し

ここからは、今のこの厳しい局面に、日銀、政府や国会、そして私たち一人ひとりが、これまで行われてきた何をどのように変えていかなければならないのかを考えたいと思います。

まず日銀です。岸田政権は今般、次期日銀総裁として、かつて審議委員を務めたこともある植田和男氏を指名しました。目下の喫緊の課題は、この厳しい局面をどのような金融政策運営で切り抜けていくか、ということですが、私は同時に、なぜこうした事態を招いてしまったのかを虚心坦懐に反省したうえで、中央銀行としての対外的な組織運営の姿勢を根本から立て直していく必要があると考えます。

市場メカニズムの回復と持続可能な金融政策運営基盤の確保が最優先課題

金融政策の面では、この10年間の〝金融抑圧〟状態によって失われてしまった、市場の金利形成メカニズムの回復を図ることを目標に据える必要があります。その理由は、第4章のコラムでも先述したように、我が国経済を活性化し、持続可能にするうえでは、その時どきの最適な金利水準、とりわけ長期金利水準は、市場の多様な参加者の見方を、金利形成を通じて集約する形で見出すよりほかにないと考えられるからです。黒田日銀が設定した「10年国債金利がゼロ％」という長期金利水準は、放漫財政を徒《いたずら》に助長するだけで、我が国の経済活動の活性化にはつながらなかったことはもはや明らかです。

具体的には様々なアプローチがあり得ると思われます。10年国債金利の許容変動幅をさらに拡大するか、もしくはゼロ％と設定している10年国債金利の目標水準を徐々に引き上げていくアプローチもあり得ます。または、イールド・カーブ・コントロール政策は解除しつつも、長期金利の変動の目安となる上限を設定しておき、長期金利の過度な上昇が認められる場合には、必要に応じて日銀が国債を買い入れる余地を残しておく、といった枠組みもあり得るかもしれません。さらに、短期の政策金利をどうするか、マイナス金利をどのタイミングで解除するか、いつからプラス圏内に引き上げ誘導していくのか、現在は長短金利の両方に設定されている政策金利のどちらを先に動かすのか、同時に動かすのか、といったあたりでも様々なやり方があり得るだろうと思います。

新総裁候補となった植田和男氏は2023年2月24日の衆議院議院運営委員会における所信聴取において、金融緩和を継続しつつ、将来の修正も示唆する発言を行っています。

こうした金融政策運営の具体的な進め方は、新執行部の判断や金融政策決定会合での議論を見守る必要がありますが、どのようなアプローチを実際に採用するにせよ、必ず留意しなければならない点が2つ、あると考えます。具体的には、

①市場の先行きの期待形成を先取りする形で金融政策運営を進めること。

②政府に対し、喫緊の課題として、財政再建に向けて本腰を入れて直ちに取り組むことを促し、国債管理政策との協調も図ること。

の2点です。本書でこれまで述べてきたように、我が国は今、①日銀の財務悪化と、②国の財政運営の行き詰まりが、金融情勢の展開次第では同時に表面化しかねない、まさに

〝崖っぷち〟に立たされています。いかに、私たち国内の危機意識が薄くとも、本書のまえがきで述べたように、国際社会はこの現実にすでに気づいています。この点が問題視され、為替が大きく円安に振れることが、目下の我が国にとっての最大のリスクでしょう。外国為替市場に追い込まれる形で日銀が短期の政策金利を大幅に引き上げざるを得ない事態になれば、日銀の財務の大幅な悪化が一気にあらわとなり、財政運営も今のままでは行き詰まるのは間違いありません。一時は1ドル＝152円近くにまで円安が進展した時期とは異なり、本書を執筆している23年2月下旬時点では、1ドル＝130円台にまで円高方向に戻したからもう大丈夫、では決してありません。為替相場が比較的落ち着いている今だからこそ、この国が抱える深刻な問題に正面から向き合い、課題の克服に向けて、本腰を入れて段階的に取り組んでいくよりほかに、我が国がまともに生き残っていかれる道はありません。その意味で、市場に先走られる前に、しっかりとした金融政策運営を進めることと、政府に必要な財政再建を促し、協調して取り組んでいくことが不可欠なのです。

日銀の財務は、他の中央銀行と桁違いのレベルで悪化することが不可避

２０１７年1月31日の金融政策決定会合後の記者会見の場で、記者から次のような質問が出されました。

「(…前略…)そこで、黒田総裁にまずお聞きしたいのは、日銀の将来の損失について、シミュレーションしている論文がいくつかあるのですが、ご存知でしょうか。今から挙げるのは2つあるのですが、いずれも日銀のOBが作っています。1つは、中央大学の藤木さんと早稲田大学の戸村さんの2015年9月『量的・質的金融緩和』からの出口における財政負担」という論文です。この中で、彼らは、2016年中に2%に達する場合に、出口から15年間、日銀の収支は赤字になり、最大6・2兆円の赤字が発生するというシミュレーションをしています。もう1つ、これは比較的最近、昨年の3月に慶應大学の深尾教授が「量的緩和、マイナス金利政策の財政コストと処理方法」という論文をお書きになっており、1つの例なのですが、2018年末に2%が達成されて、金利が仮に2%上昇しているとき、その段階で日銀の保有国債のデュレーションが8年だとしたら、トータルで発生する損失が80兆円になるというシミュレーションの数字を出しています。まず、この2つの論文について、黒田総裁は読んだことがおありかどうか、あるいは存在をご存知かどうかというのが1つ目の質問です。そして、2つ目の質問は、こういった数字というのは、荒唐無稽なのかどうかという質問です。そして、3つ目として、荒唐無稽か否かという意味での根拠は何かということです。つまり、岩田副総裁は内部でシミュレーションをしているとおっしゃっていて、国会でも、なぜ出さないのかと言われたときに、黒田総裁をはじめ皆さんは「時期尚早だ」とおっしゃっています。ただ、異次元緩和をやって4年経つわけで、2％の達成はまだまだ先です。そういった中で、いずれ出口が来たときに、大きな損失が生じるかもしれないということを、知らぬ存ぜぬで突き通すのは、説明責任を果たすうえで如何なものかと思います。日銀では計算しているけど、世の中の人には教える必要がない、知らなくてもよいのだ、ということであれば、戦前戦中の軍部の「知らしむべからず、由らしむべし」という姿勢と二重写しになっているようにも思います。その結果がどうだったかということは、皆が知っている通りです。これら3つの質問について、明確にお答え下さい」

この質問に対する黒田総裁の回答は次のようなものでした。

「この場は、記者会見で金融政策決定会合の結果をご説明して、それに対するご質問を受ける場であり、演説の会場ではありませんので、おっしゃった点については、特にお答えするつもりはありません。…（中略）…いずれにしましても、まだ2％に向けた途半ばの状況で、どのような出口戦略を採るかということについて、具体的な形で申し上げるのは適切ではないと考えています」

日銀のこうした記者会見の英訳は公開されてはいないようですが、もし、英訳が公開されていれば、海外の当局者や国際金融市場の関係者らは、どんなにか驚いたことでしょう。異次元緩和に伴って日銀が将来被るであろう損失をどうするのか、というのはメディアとして当然の問題意識です。ＦｅｄもＥＣＢもＢＯＥも、金融政策を決める会合の後は記者会見を開き、総裁や副総裁らが丁寧に対応しています。欧米のメディアの力量はわが国のメディアよりもはるかに上で、当局に対し問題の本質を突いた相当に辛辣な質問が出されることもよくあります。それを頭ごなしに一蹴するなど、彼らの感覚ではあり得ないでしょう。

これは、異次元緩和の開始から丸４年近くが経過しつつあった２０１７年の話です。中央大学の藤木裕教授や慶應義塾大学の深尾光洋教授（当時）はいずれも日銀の金融研究所の出身で、Ｐｈ．Ｄをお持ちの方々です。あくまで私の推測ですが、彼らは、このまま黒田日銀が異次元緩和を継続し続ければ、正常化局面で日銀が大きな損失を被らざるを得ず、大問題になりかねないにもかかわらず、国全体としてこの問題をおよそ認識できていないことを憂慮し、他の中央銀行に見せても恥ずかしくない精度の高いレベルでの試算[1]を行って公表したのではないでしょうか。よくメディアに登場される向きとは違い、日銀関係者のなかには、こうした方々もおられるのです。

藤木教授はその後、『週刊東洋経済』の２０１７年9月2日号（記事「ポスト安倍の地雷原」）向けに、リバイスした見通しのデータを提供しています。それによれば、２０１７年時点での日銀の見込みに従い、２０１９年度に物価目標２％を達成し、正常化局面入りすると仮定すると、

①日銀当座預金への付利費用が急増し、21年度に9・6兆円と最大の単年度損失
②損失は20年間続き、累積で60兆円を記録。単純計算で日銀は約53兆円の債務超過になる
③黒字化は出口政策開始から21年後。単独での債務超過解消は２１３３年！

という試算結果が示されているのです。

黒田日銀はその後、コロナ危機に見舞われたこともあり、異次元緩和をさらに大幅に拡大しています。これから日銀が正常化する際に被る損失の大きさは、この２０１７年時点での試算結果をさらに大幅に上回るものとなることは間違いありません。

にもかかわらず、日銀関係者のなかには、今、この期に及んでも、「日銀が債務超過になったとしても、一時的なものであれば問題はない」などと発言している向きがあるようです。この試算結果のどこが〝一時的〟で〝問題ない〟などといえるのでしょうか。

２０１７年1月の記者会見時にこうした質問が出ているにもかかわらず、その後の他の

メディアの対応をみると、黒田総裁のあまりの剣幕に委縮してしまったのか、この日銀の財務問題を正面から取り上げることはほとんどなくなってしまったようです。この時点で、メディアや国会から、どうしてもっと日銀に畳みかけて追及していくことができなかったのか。それができていれば、ここまでひどい事態にはならなかったのではないかと思えてなりません。多くのメディアは日銀に「問題ない」「時期尚早」と言われれば、言い返せなかったということでしょうか。それはメディアの〝無理解〟に他ならないと私は思います。長年、調査畑の仕事をしてきた身からすれば、国の舵取りが危うくなった時に、世論の力を通じてそれを国全体として修正できるかどうか、そうしたあたりで民主主義国家としての〝国力〟、〝国としての底力〟の差が生じてくるように思えてなりません。

第1章で、黒田日銀が頑なに金融政策運営スタンスを変えない本当の理由について、日銀関係者は自分たちからは決して口にすることはない、と書きましたが、私の知る限りで、お一人だけ例外があります。中曽宏前副総裁です。同氏は2022年9月28日の朝日新聞

1 藤木裕・戸村肇「「量的・質的金融緩和」からの出口における財政負担」『TCER Working Paper Series J-13』公益財団法人東京経済研究センター、2015年9月。
深尾光洋「量的緩和、マイナス金利政策の財政コストと処理方法」『RIETI Discussion Paper Series 16-J-032』独立行政法人経済産業研究所、2016年3月。

朝刊掲載のインタビュー「金融危機はまた来るか」において、次のように述べています（〈 〉内は筆者の加筆）。

（日銀の国債買い支えで成り立つ国家財政は持続可能ではないのでは、という問いに対して）

「これ〈財政と金融の一体的運営〉は危機克服と経済回復に有効なポリシーミックス（政策融合）だったとは思いますが、同時にいずれコストが生じることも考えておかなければいけない。フリーランチ（ただ飯）はないのです」

（それはいずれ国民が負担することになるのか、という問いに対して）

「そうです。日本でも今後物価の上昇圧力がさらに増せば、日銀は国民から嫌がられてもどこかで利上げしなければいけなくなる。金融機関が日銀に預けている当座預金の利息を引き上げることになり、日銀にとっては支出が増え、収益が減少します。その分だけ政府への国庫納付金が減り、政府収入も減ります。最終的にはこれを増税あるいは歳出削減で穴埋めしなければいけません。たとえそうせずにインフレを放置したとしても、国民は物価上昇を通じて結局は負担することになります」

ではこの日銀の財務悪化問題に、どうやって対処していくべきでしょうか。

日銀のように、国債等を大規模に買い入れた中央銀行が、その後の正常化の局面で直面する困難さの度合いは、各中央銀行が正常化局面で被る赤字の幅によって決まります。その赤字幅は、①短期金利をどこまで引き上げなければならないか、換言すれば国内のインフレがどこまで進むか、②当該中央銀行が買い入れてきた国債等には、加重平均でみてどの程度の利回りがついているか、という2点でまず、当該中央銀行が金融引き締め局面に入った際に直面する〝逆ざや〟の幅が決まることになります。実際のインフレ率が上がれば上がるほど、中央銀行は短期金利を高く引き上げなければならなくなります。また、これまで買い入れてきた国債に高いクーポンがついていれば、〝逆ざや〟には転落しにくくなります。そうやって決定される〝逆ざやの幅〟に、中央銀行が付利しなければならない当座預金の規模をかけ合わせることによって、各年度の赤字額が決まります。さらにそれほどの大規模なバランス・シートの状態が何年続くことになるのか、その見通しの年数をかけ合わせれば、当該中央銀行が正常化局面の期間を通じて被らざるを得ない赤字幅の累積額、言い換えれば債務超過幅に相当する金額を算出することができます。

図表8－4は、こうした考え方に立ち、日銀をはじめとする主要中央銀行が正常化局面で直面する困難さの度合いを、①バランス・シートの規模、②物価情勢、③買い入れ資産

	日銀	Fed	BOE	ECB
①バランス・シートの規模（名目GDP比）	123.6%（2022/3Q）	34.2%（2022/3Q）	44.5%（2021/3Q）	65.9%（2022/3Q）
②物価情勢（直近の前年比）	4.0%（2022/12月）	6.5%（2022/12月）	10.5%（2022/12月）	8.5%（2023/1月）
③買い入れ資産の加重平均利回り	0.190%（2022/9月末）	2%台以下か？（2021/12月末）	2.63%（2022/2月末）	n.a.
④買い入れ国債の加重平均残存年数（デュレーション）	6.6年（2021/12月末）	7.6年（2021/12月末）	17.42年（2022/2月末）	n.a.

図表8-4　主要中央銀行の正常化局面における困難さの度合いの比較

（資料）各中央銀行および各国統計当局公表データを基に筆者作成

（注１）日銀の④買い入れ国債の加重平均残存年数は、左三川郁子・梶田脩斗「保有資産長期化で日銀の出口、遠のくおそれも」『金融政策ウオッチ』公益社団法人日本経済研究センター、2022年2月14日による

（注２）ECBの資産には、国債等の債券買い入れ分ばかりでなく、残高縮小が容易なリファイナンシング・オペレーション（民間銀行向け資金供給）の残高も含まれ、この両者の残高は概ね2：1であることに注意する必要がある

の加重平均利回り、④買い入れ国債の加重平均残存年数、という4つの観点から比較したものです。④の加重平均残存年数を取り上げた理由は、Fedをはじめとする各主要中央銀行が実施しているように、買い入れた国債を満期が到来した時点で、売却損を被らずに手放す方法で資産規模の縮小を進める場合、例えば日銀で6・6年、となっていることは、満期が到来した国債を全額、日銀が再投資せずに手放していけば、6・6年経った時点で、資産規模を半減させることができる、と計算できることを意味するからです。

この表から明らかなように、日銀の場合、②の物価情勢の面では、他の主要国ほどインフレが進行していないのは好都合ですが、①のバランス・シートの規模が突出して大きいほか、③

の買い入れ資産の加重平均利回りは突出して低くなっています。これは、日銀が、他の中央銀行は決して採用しないイールド・カーブ・コントロール政策を実施し、長期金利を抑えつけてきたことの裏返しです。日銀の場合、短期の政策金利を、1％どころか、わずか0・2％に引き上げただけで、あっという間に〝逆ざや〟に転落してしまうのです。

このように日銀はこの先、正常化局面に入れば、他の主要中央銀行よりははるかに財務状況が悪くなることは自明、という立場にすでに陥っているのです。しかも日銀の場合、他の中央銀行は決して手を出していないETFも買い入れています。今後の株式市況次第で含み損が発生すれば、会計処理上原価法を適用している国債とは異なり、ETFは企業会計に倣って日銀も時価法を適用しているため、含み損の分を引当金として計上しなければならず、財務はその分、悪化を余儀なくされることになります。日銀は他の中央銀行にはないETFのリスクも抱えているのです。日銀はこうした点を踏まえ、自らが抱え込むに至っているリスクの大きさを、客観的な試算結果を誠実に国民に示すなどして対外的な説明を尽くしつつ、十年を超える長期にわたらざるを得ないであろう正常化の計画（工程表）をしっかりと立てて公表したうえで、今後の金融政策運営を組み立てていく必要があります。そうした対応を怠り、場当たり的なつなぎの金融政策運営で済ませようとすれば、その点を必ずや国際金融市場に突かれ、いずれ我が国の財政運営を道連れにして行き

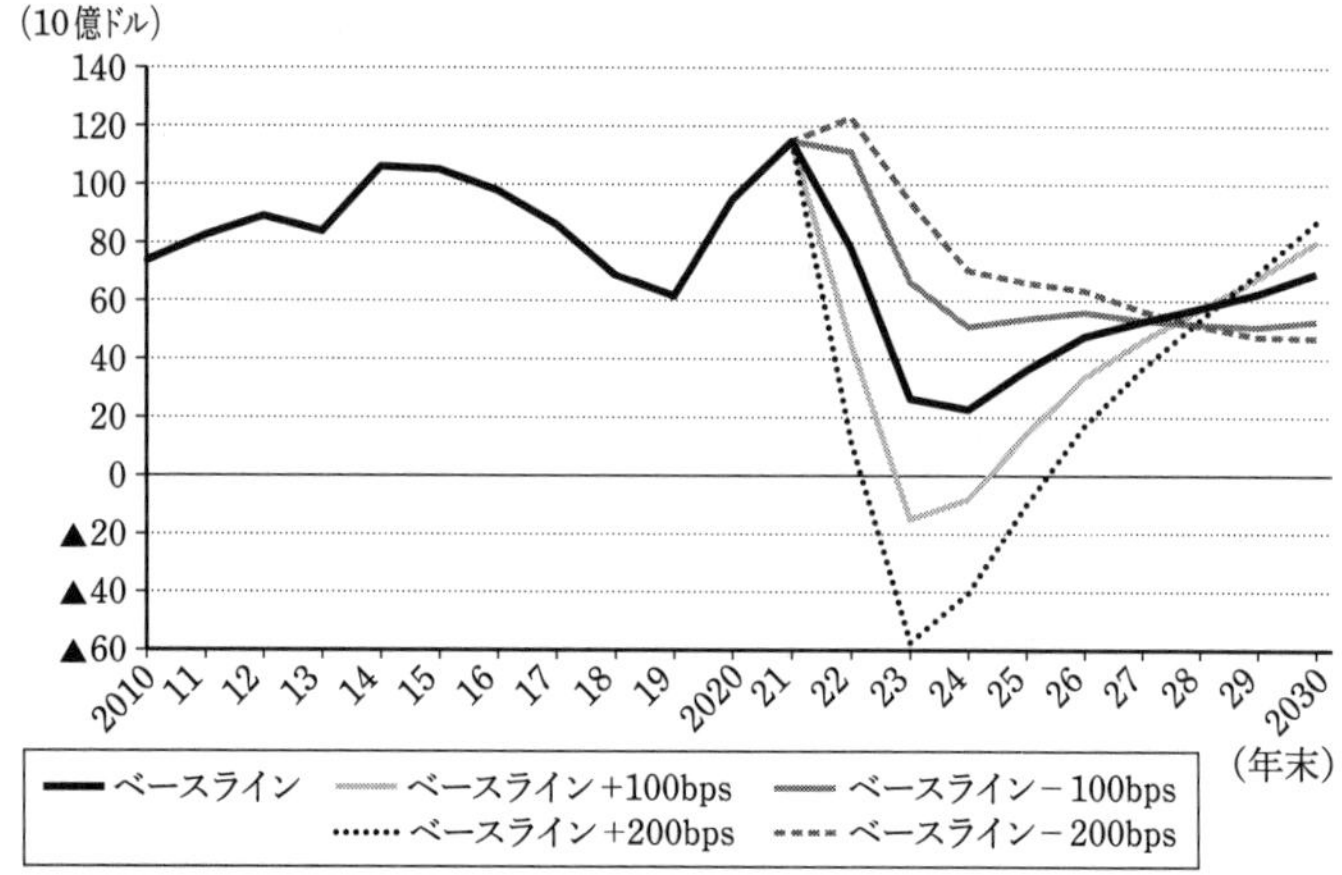

図表8-5　米Fedのネット損益の見通し（システム公開市場勘定、NY連銀試算）（資料）Federal Reserve Bank of New York, "Open Market Operation during 2021", May 2022, Chart 35および付属データ・ファイルを基に筆者作成　（原資料）Federal Reserve Bank of New York.

詰まる事態に陥るであろうことは目に見えていると私は考えます。

金利シナリオごとの財務運営見通しを毎年公表するFed

他の主要中央銀行も、日銀ほどではないにせよ、今まさに厳しい正常化局面にあることは共通しています。それらの主要中銀のなかには、自らの財務運営の見通しを、一定の金利シナリオの下で示す例がいくつも見られます。

例えば米国では、Fedとしての金融調節のオペレーション（公開市場操作）を一元的に担うニューヨーク連邦準備銀行が、毎年5月に報告書を公表し、そのなかで、Fedの財務運営の見通

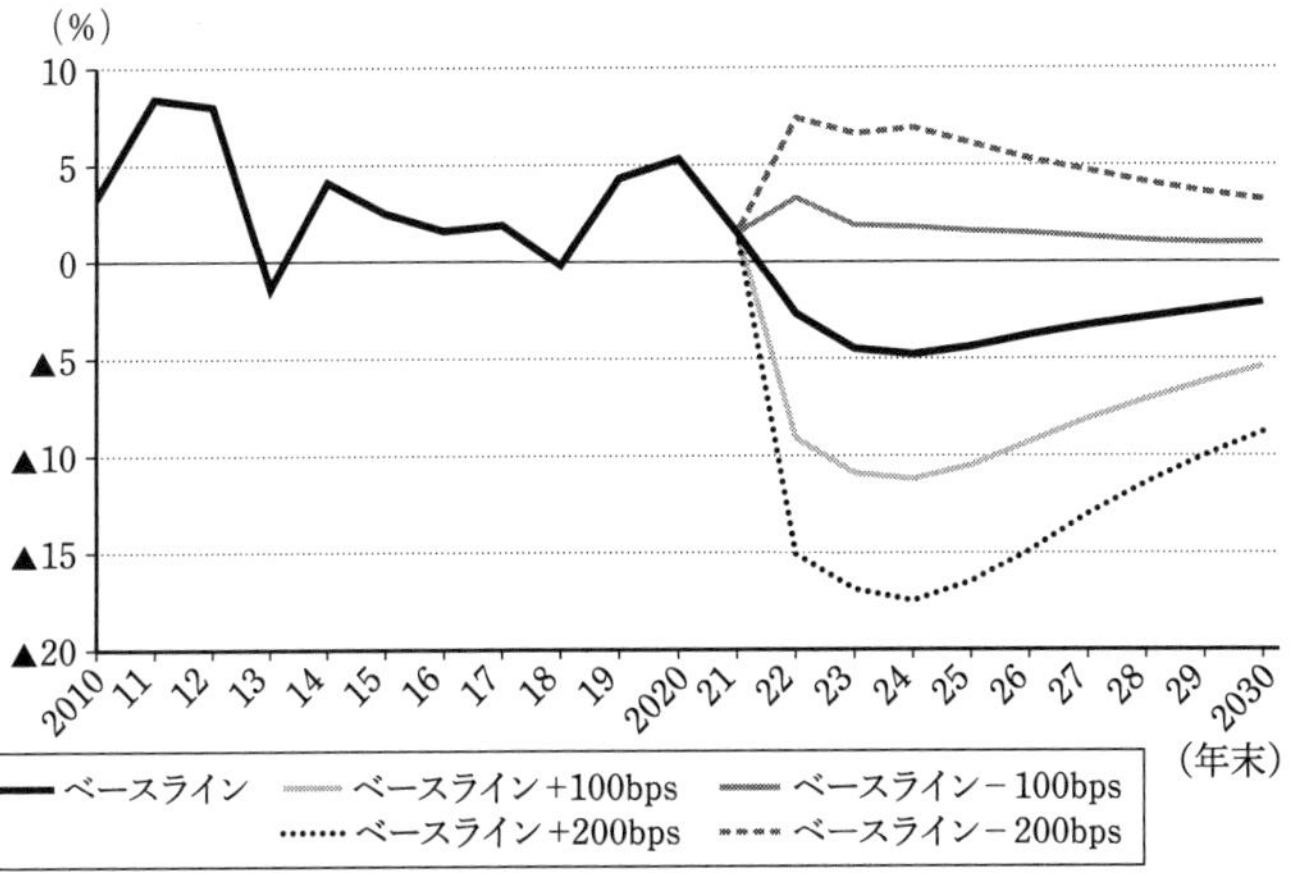

図表8-6　米Fedの含み損益の見通し（SOMAの含み損益が、SOMAのポートフォリオ全体に占めるシェア、NY連銀試算）

（資料）Federal Reserve Bank of New York, "Open Market Operation during 2021", May 2022, Chart 36および付属データ・ファイルを基に筆者作成　（原資料）Federal Reserve Bank of New York.

しを示しています。図表8－5はFedの毎年のネット損益（日銀の場合の経常損益に相当）、図表8－6は、Fedの資産の時価評価（含み損益）について、それぞれ複数の金利シナリオごとの見通しを示したものです。見通しの前提となる金利シナリオとしては、報告書の策定に際して市場参加者へのアンケート調査（NY市場のプライマリー・ディーラー・サーベイ）の結果得られた回答の平均値をベースライン・シナリオとして設定し、それぞれ±200ベーシスポイント（＝±2％）上振れ、ないし下振れしたシナリオを設定し、合計5本の金利シナリオのもとでの試算結果が示されています。これらの2つの図表からわかることは、Ｆｅｄがこの先被るであろう現実の損益（図表８－５）も、資産全体の含み損益（図表８－６）も、先行きの金利上昇幅が大きくなるシナリオほど悪化する、ということです。

こうしたシナリオを当局が公開する意味は、先行きの財務運営がどうなるか、いつ赤字転落するのかしないのか、その赤字幅はいくらか、といったことを〝当てる〟ことに意味があるのではありません。実際、その後、米国の市場金利は当時の市場参加者の予測値よりもさらに上昇しているため、Ｆｅｄの財務状況はこれらのグラフよりもさらに悪化しているものとみられます。ただし、重要なのはその点ではなく、こうやって複数の金利シナリオによる試算結果を示すことによって、「今後、市場金利が上がってしまえばしまうほど、Ｆｅｄの財務事情は悪化する」ことが米国民全体に明らかになることにあるのです。財務事情が悪化すればするほど、米国でもＦｅｄは連邦政府に納付金を納められなくなる年数がのび、実質的な米国民の負担は増えてしまいます。だからこそＦｅｄは、そうした事態を招かないように、第４章で述べたように、資産規模の縮小に猛烈なスピードで取り組んでいるわけです。

日銀としてもまず、こうした一定の、客観的な金利シナリオごとの出口の試算結果を対外的に示す必要があります。ちなみに、第１章のコラムでも引用した、雨宮副総裁が２０

	会計基準	政府による損失補塡の有（○）無（×）
豪準備銀行	時価法	×
リクスバンク（スウェーデン）	時価法	×
イングランド銀行	時価法	○
NZ準備銀行	時価法	○
米連邦準備制度	原価法	×
日本銀行	原価法	×
欧州中央銀行	原価法	×

図表8-7　主要中央銀行が買い入れ債券について採用する会計基準と政府との関係

（資料）Reserve Bank of Australia, Review of the Bond Purchase Program, September 21, 2022の記述を基に筆者作成

（注）日本銀行が円貨建て債券について採用する会計基準は、正確には「移動平均法による償却原価法」（日本銀行会計規程第13条1項）

22年12月2日の参議院予算委員会での参考人質疑で行った答弁の内容を鑑みれば、その試算結果として、日銀の単年度の赤字幅や、将来的な債務超過幅の金額は、数兆円単位、ないし数十兆円単位の金額で出てくることになるであろうことは間違いありません。日銀が保有する国債が金利上昇時に抱える含み損の金額は、その国債の満期が到来するまでの間に日銀が当座預金に付利せざるを得なくなるコストにほぼ相当するからです。でも、それで驚いたりひるんだりしてはいけません。それこそが、黒田日銀がこの10年間、すでにやってきてしまった金融政策運営の結果なのです。

諸外国の例をみても、こうした正常化局面における中央銀行の財務悪化への政府の対応は分かれています（図表8－7）。英国やニュージー

ランドのように、政府が中央銀行の損失を補塡する国もあれば、しない国もあります。その判断には、当該国の中央銀行の財務の悪化幅がどの程度になり、どの程度の期間継続すると見込まれるかという点も影響しているでしょう。我が国でもまず、日銀が財務運営の先行きに関する客観的な見通しを公表し、私たち国民はそれを受け止めたうえで、今後、どうやって対応していくのが賢明かを考えていく必要があるでしょう。想定される日銀の財務の悪化の度合いが、他の中央銀行よりは相当に大きいであろうことからすれば、日銀法を改正して、政府による損失補塡を可能にする枠組みを確立する必要が出てくるかもしれません。重要なのは、日銀が、その時どきの経済・金融情勢に応じた機動的な金融政策運営ができる基盤を整えることと、同時に、日銀自身の財務の悪化がどこまで進むかは今後の金利次第で大きく変わり得るため、財務の過度な悪化を招かないよう、日銀に段階的な正常化に取り組むことを促すことだと私は考えます。

一般国民向けの説明の充実と政府に対する姿勢を見直す必要性

こうした狭義の金融政策運営の面のみならず、より広い意味で、日銀は組織の運営や政策運営に臨む姿勢も立て直していく必要があると考えます。現下のような事態を招いてしまった原因はいろいろありますが、その一つは「国民全体の金融政策に関する無理解」だと思われます。それはメディアや国会関係者の理解度とも表裏一体の問題です。欧米の主要中央銀行はみな、普段、金融にはあまり縁のない一般国民向けの説明を強化しています。リーマン・ショック以降に金融政策運営の手法が大きく変われば、その点を国民によく理解してもらえるように、様々な資料を作成・公開しています。Ｆｅｄなどは、バランス・シートについていちから説明する資料までホームページに掲載しています。ところが我が国では、そもそも、中央銀行がどうやって政策金利を上げ下げしていたのかも、一般の国民はよく理解できてはいませんでした。日銀のＨＰにはその資料すらないのです。そこがわからなければ、今、なぜ、中央銀行の財務が悪化するようになったのかも理解することはできないでしょう。だからこそ、やれ円安が進んだ、株価が上がったと、表面的なことだけで浮かれてしまい、将来への禍根をこれほど残す金融政策運営を、誰も止めることができなかったのではないでしょうか。

バーナンキＦＲＢ議長は退任する前月の２０１３年12月、Ｆｅｄの創立百周年記念式典での挨拶で次のように述べています（筆者による抄訳）。

「議長に就任して以来の私の個人的な目標は、Ｆｅｄの透明性を高めることで、われわれの政策がどのように機能することを意図し、決定の背後にはどのような考え方があるのかを、よりクリアに説明することだった。」

「…（前略）…Ｆｅｄの能力は、究極的には、われわれの行動に対する大衆の理解と受容に依拠していることを、われわれは自覚しなければならない。この理由から、われわれは引き続き、透明性と説明責任という他の2つの重要な価値を強調しなければならない。…（中略）…もちろん、われわれは、エコノミストや市場参加者にも引き続き語りかける。しかし、それでは不十分だ。究極的には、われわれの政策の正当性は、幅広いアメリカの大衆の理解と支持に依拠している。彼らの利益に奉仕すべく、われわれは働いているのだ」

新総裁候補となった植田和男氏は国会での所信聴取で、「経済・金融情勢に関する中央銀行の見方、政策運営についてわかりやすく情報発信することが極めて重要」と述べています。バーナンキ議長は就任後、ＦＯＭＣ後の記者会見開催のみならず、ＣＢＳのニュース番組「60ミニッツ」に議長自ら出演するなど、公開性の高い討論の場にもたびたび登場するようになり、グリーンスパン議長時代とはＦｅｄの情報発信の在り方を大きく変えました。日銀の新総裁にもぜひ、日銀の情報発信の在り方、金融関係者のみならず、ごく一般的な私たち国民との意思疎通の在り方を大きく変えていただくことを期待したいと思います。

もう一つ、立て直しが求められるのは日銀と政府との関係です。これは黒田総裁就任前からのことですが、日銀は政府の財政運営に対しては一貫して及び腰で、他の主要中央銀行とは異なり、政府の財政運営に関する調査にも全く取り組んではおらず、レポート類も全く公表していません。だから、財政事情の厳しさが全然理解できていないのでしょう。実際の政府の財政運営に対しても〝及び腰〟で、本書の第4章で紹介したECBの姿勢などとは全くもって対照的です。政府の健全な財政運営は、中長期的な物価安定を実現するうえで不可欠なはずです。真に独立した中央銀行としての機能を発揮するうえでは、こうした政府に対する姿勢も正していくことが望まれます。

(3) 政府――財政再建の加速が喫緊の課題

世界が高インフレ・高金利局面に転じた今、変わらなければならないのは日銀の金融政策運営だけではありません。我が国の場合、政府の財政運営を大きく見直していく必要があります。

まずもって心すべきなのは、日銀が早晩、「これまでのように国債をいくらでも買い入れる」ことはできなくなるであろうという点です。日銀が新総裁の下で、他の中央銀行が普通、そうするように、「そのような金融政策運営はもうできません」と手を引くことになるのか、それとも、市場にもっと追い込まれるまで黒田日銀時代からの徹底抗戦を継続するのかはわかりませんが、いずれ、日銀が国債金利を好きなようにゼロ%近辺に抑えつけることはできない局面がやってきます。

我が国の長期金利の水準は日銀が決めるのではなく、世界中の市場参加者の見方を反映する形で、市場が決めることになるのです。別に驚くようなことではありません。諸外国にとってはそれが当然の世界で、彼らはずっとそのなかで財政運営を回してきています。現下のような局面ではどの国も間違いなく、利払費の負担が増えていますが、それを受け止めながら彼らは予算編成をし、財政運営を回しています。

我が国の場合、国債残高が異様に大きく、かつ、毎年の所要国債発行額も極端に大きいがゆえに、この先、わずかな長短金利の上昇でも、利払費があっという間に膨張するであろうことは第2章で先述した通りです。その我が国が、何とかして国債の市場金利の上昇を抑えなければならない、となったとき、できるのは、毎年度の国債発行額を減らすことよりほかになくなります。これは、我が国に限らず、どの国にとっても当然のことです。

にもかかわらず、去る1月に内閣府が示した中長期の経済財政試算の結果は、成長実現ケースであっても２０２６年まで基礎的財政収支の黒字化は実現しない、言い換えれば新発国債の発行を続けざるを得ない、というものでした（図表８－８）。果たして、２０２６年まで、我が国がこのまま10年国債金利の超低水準状態を引っ張り続けられるものでしょうか。私は到底、無理なのではないかと考えます。短期国債を毎年、50兆円規模で発行し続けたり、補正予算で赤字国債を簡単に23兆円も増発したりするようなことは、もうできな

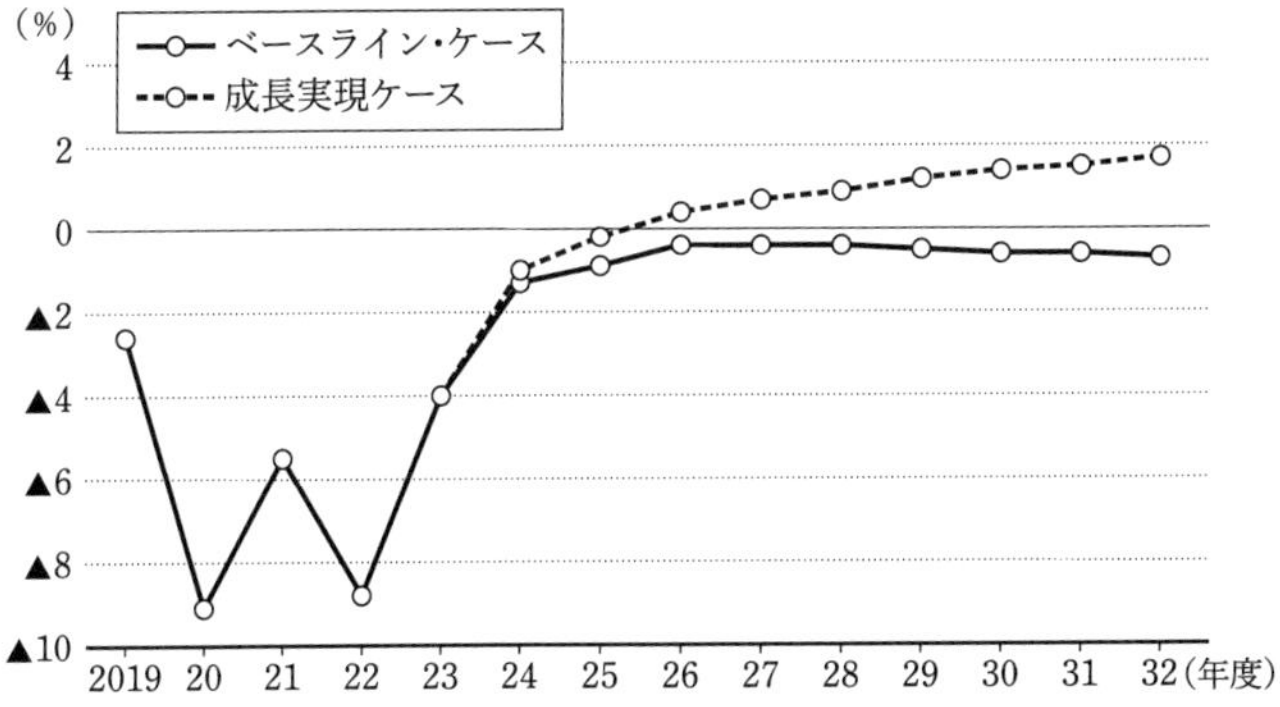

図表8-8　我が国のプライマリー・バランス（基礎的財政収支）の見通し

（資料）内閣府『中長期の経済財政に関する試算（令和5年1月24日経済財政諮問会議提出）』を基に筆者作成

くなるでしょう。利払費の増加で財政運営の〝お尻に火が付く〟日は、私たちの目の前に迫っています。岸田政権はこの点を十分に自覚して、今後の財政運営の舵を取っていく必要があります。

こうした状況にもかかわらず、自民党内では、国債の60年償還ルールを80年に延長するとか、撤廃する方向での議論も行われているようです。しかし、そのような政策運営をしてしまえば、我が国は、すでに発行した国債の元本を真面目に償還する気もないのかと世界からみなされ、間違いなく市場の信用をさらに失い、国債金利が急上昇するか、円安が一段と進展するなどして、財政運営が行き詰まる引き金を引くことになると思われます。今、我が国が取り組むべきは、それとは逆の「債務償還費の増額」でしょう。諸外国にはおよそ同様の枠組みはなく悠長で財政規律上問題の多い「60年償還ルール」を見直すのであれば、根拠のない赤字国債への適用を段階的に外し、日本として過去に発行した国債の償還にも責任を持つ姿勢を明確化するしかない、と私は考えます。そうなれば、私たちの負担は増えるでしょう。でも過去に発行した国債は、私たちが〝すでに使ってしまったお金〟なのです。その返済から逃れたい、などというのは〝甘え〟と〝無責任〟以外の何物でもないのではないでしょうか。

また、日銀が抱える財務悪化の問題には、政府も日銀とともに取り組む必要があるでしょう。日銀が正常化を進める過程では、政府の財政再建の加速が不可欠です。日銀の財務がよほど悪化すれば、政府側が損失補塡をせざるを得ない局面になるかもしれません。日銀と政府の政策運営を調整し、協調を図る場が必要です。日銀が出す財務運営の試算結果が客観的なものと言えるかどうかを政府の側がチェックし、金融政策運営の独立性自体は尊重しつつも、日銀に対して財務の過度な悪化を招かないよう、正常化に計画的に取り組むよう政府側から促すことも必要でしょう。現在の体制の下では、経済財政諮問会議がその役割を果たして然るべきでしょうが、そうした議論はこれまでのところ、全く行われていないようです。対応が求められるといえるでしょう。

（4）私たちの責務――〝甘え〟と〝無理解〟、〝無責任〟からの脱却

私たちはこれまで、低金利環境が長期化するのに甘んじて、我が国の財政運営がどれほど深刻な状態に陥っているのか、真面目に、自分自身の問題として考えてきたといえるでしょうか。

図表8－9は、米国において、連邦政府の財政運営に関する議論が進んでいく過程で、主要紙でよくみられる〝タイル〟の形をした図を示したものです。左半分は新たな歳出と減税措置の分で、右半分は増税や歳出カットによる実質的な歳入増の分です。それぞれのタイルの面積は、各歳出・歳入項目の金額の規模を表しています。米国では、予算編成権限を握る議会での審議の過程で、こうしたタイル状の図がよく、各主要紙に掲載され、国民もそれをみながら、今回、与党側が打ち出した財政運営のどこがどう問題か、どの歳出項目を改めるべきか、どの歳入項目を改めるべきか、追加すべきか、といった問題を考えています。

この図表8－9は、2022年8月の「インフレ抑制法」成立までの過程で様々な紆余曲折があったなかで、バイデン政権がまず民主党内で身内の有力議員（マンチン議員）の反対に遭い7月末にようやく調整にこぎつけたタイミングでの歳出と歳入の見取り図を示したものです。

この図でよく見ていただきたい点はいくつかあります。まず、歳入のなかに「国債」が

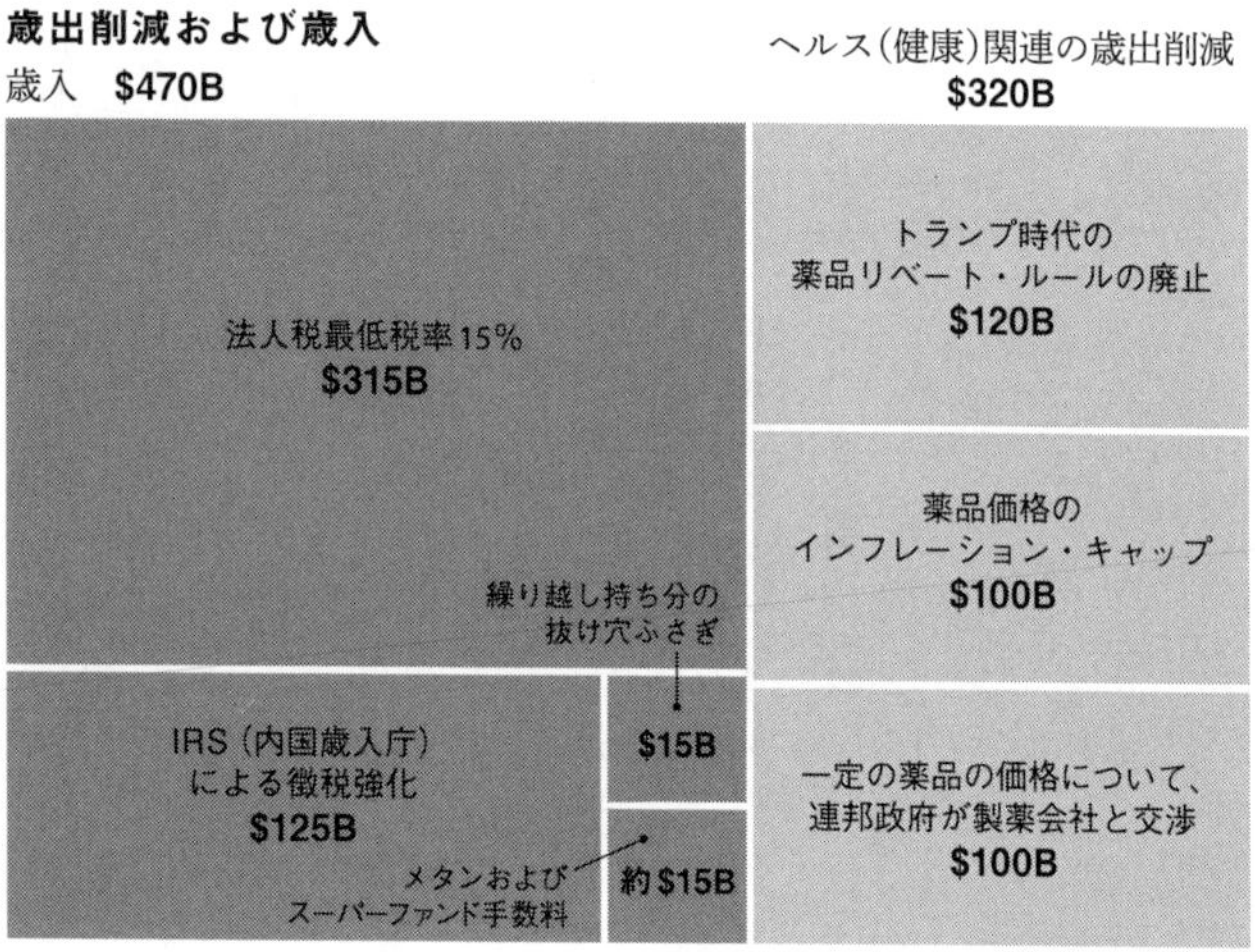

ないことです。米国では「国債」は財源とは考えられていません。同法案のように何らかの政策を10年単位で設計する際、その財源として増税をするとしても、10年単位で税収が増加する分を財源として想定するため、その10年間の資金手当てとして国債を発行するのです。当該国債は、その10年間の増税による税収増の分で当然、全額償還されることになります。

もう一つ、注目していただきたいのは、歳入側の全体のタイルの面積の方が、歳出側のタイルの面積よりも大きくなっていることです。これは、このインフレ抑制法による歳出増を、歳入増が、10年間で3000億ドル（1ドル＝130円で換算すれば約39兆円相当）、上回っていることを意味します。バイデン政権

図表8-9　米のインフレ抑制法の歳出・歳入の構図

（資料）The Washington Post, “What's in the Schumer-Manchin breakthrough deal?”（2022年7月29日付A14面記事）を基に筆者が一部加筆して作成
（原資料）Committee for a Responsible Federal Budget.
（注）金額表記のBは10億ドルの意味

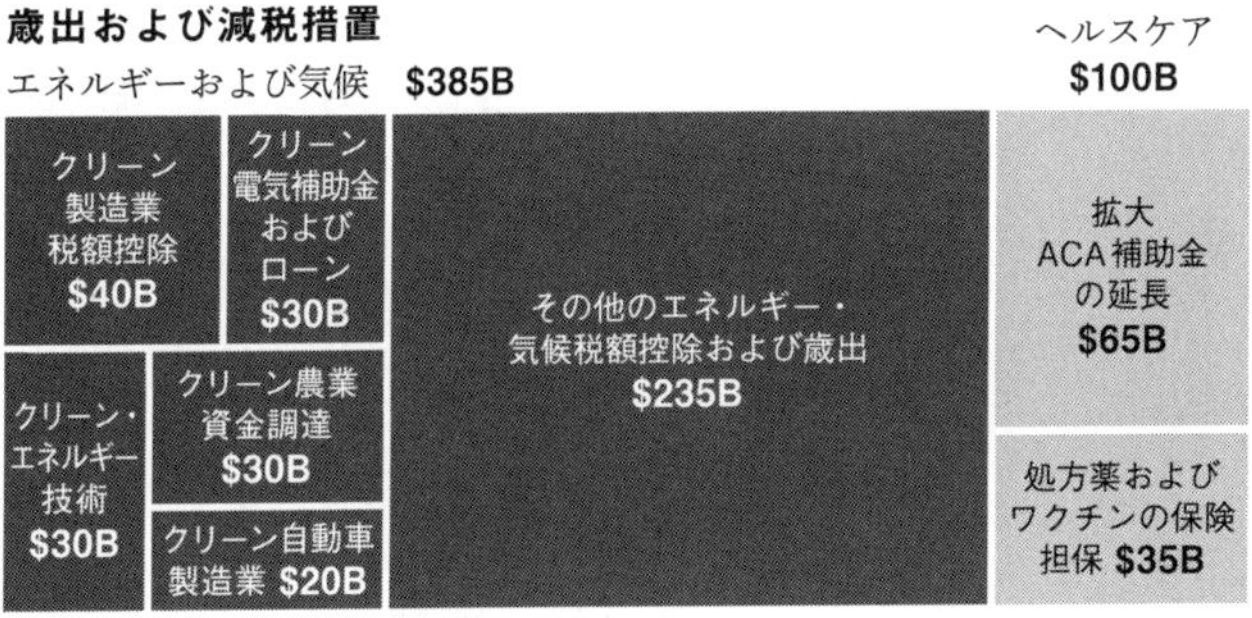

は米国での足許の高インフレは、コロナ禍で米連邦政府が財政出動を〝やり過ぎた〟ことも原因の一つだったことを認め、こうやって財政再建を進めることで、高インフレの抑制にも資するものとなる、と説明しています。我が国のような「60年償還ルール」などない米国では、こうやって政権が責任をもって、まとまった金額ですでに発行した国債の償還を進め、財政を再建していくのです。

　こうした財政運営の進め方は、別に米国に限った話ではありません。節度ある財政運営ができている多くの欧米主要国でもこうした運営が行われています。そこには、〝甘え〟も、〝無理解〟も〝無責任〟もありません。私たちが学ぶべき点は多くあるのではないでしょうか。

今、日銀の金融政策運営と、政府の財政運営がこういう状態に陥ってしまった以上、我が国ではこの先しばらくの間、相当に厳しい状態が続くものと思われます。しかしながら、私たちはそこから逃れることは許されません。時の政権・政府や日銀に、〝その場しのぎ〟や〝場当たり〟ではなく、問題の所在をしっかりと認識した、腰を据えた政策運営を求めるとともに、私たち一人ひとりが〝甘え〟や〝無理解〟、〝無責任〟から脱却しなければなりません。そして私たち一人ひとりが、それぞれの持ち場でさらなる責任や負担を分かち合っていくことができれば、この困難な局面を国全体として何とか乗り越えていくことができるのではないか。私はそう信じたいと思います。

N.D.C. 338　286p　18cm
ISBN978-4-06-531510-1

講談社現代新書　2696
日本《にっぽん》銀行《ぎんこう》　我《わ》が国《くに》に迫《せま》る危機《きき》
二〇二三年三月二〇日第一刷発行　二〇二三年四月二六日第五刷発行

著　者　河村《かわむら》小百合《さゆり》

発行者　鈴木章一
発行所　株式会社講談社
東京都文京区音羽二丁目一二―二一　郵便番号一一二―八〇〇一
電　話　〇三―五三九五―三五二一　編集（現代新書）
〇三―五三九五―四四一五　販売
〇三―五三九五―三六一五　業務
装幀者　中島英樹／中島デザイン
印刷所　株式会社ＫＰＳプロダクツ　図表制作　株式会社さくら工芸社
製本所　株式会社国宝社
定価はカバーに表示してあります　Printed in Japan

「講談社現代新書」の刊行にあたって

教養は万人が身をもって養い創造すべきものであって、一部の専門家の占有物として、ただ一方的に人々の手もとに配布され伝達されうるものではありません。

しかし、不幸にしてわが国の現状では、教養の重要な養いとなるべき書物は、ほとんど講壇からの天下りや単なる解説に終始し、知識技術を真剣に希求する青少年・学生・一般民衆の根本的な疑問や興味は、けっして十分に答えられ、解きほぐされ、手引きされることがありません。万人の内奥から発した真正の教養への芽ばえが、こうして放置され、むなしく滅びさる運命にゆだねられているのです。

このことは、中・高校だけで教育をおわる人々の成長をはばんでいるだけでなく、大学に進んだり、インテリと目されたりする人々の精神力の健康さえもむしばみ、わが国の文化の実質をまことに脆弱なものにしています。単なる博識以上の根強い思索力・判断力、および確かな技術にささえられた教養を必要とする日本の将来にとって、これは真剣に憂慮されなければならない事態であるといわなければなりません。

わたしたちの「講談社現代新書」は、この事態の克服を意図して計画されたものです。これによってわたしたちは、講壇からの天下りでもなく、単なる解説書でもない、もっぱら万人の魂に生ずる初発的かつ根本的な問題をとらえ、掘り起こし、手引きし、しかも最新の知識への展望を万人に確立させる書物を、新しく世の中に送り出したいと念願しています。

わたしたちは、創業以来民衆を対象とする啓蒙の仕事に専心してきた講談社にとって、これこそもっともふさわしい課題であり、伝統ある出版社としての義務でもあると考えているのです。

一九六四年四月　野間省一